中国学校教育探索丛书
甬派教育管理名家系列

U0652365

幼儿园探究性课程的
探索与实践

何妨　著

北京师范大学出版集团
BEIJING NORMAL UNIVERSITY PUBLISHING GROUP
北京师范大学出版社

图书在版编目(CIP)数据

幼儿园探究性课程的探索与实践 /何妨著 . 一北京：
北京师范大学出版社，2021.5(2022.11 重印)
ISBN 978-7-303-26331-8

Ⅰ.①幼… Ⅱ.①何… Ⅲ.①幼儿园－课程－教学
研究 Ⅳ.①G612

中国版本图书馆 CIP 数据核字(2020)第 171098 号

图书意见反馈 gaozhifk@bnupg.com 010-58805079
营销中心电话 010-58802755 58800035
北京师范大学出版社教师教育分社微信公众号 京师教师教育

YOU'ERYUAN TANJIUXING KECHENG DE TANSUO
YU SHIJIAN
出版发行：北京师范大学出版社 www.bnup.com
　　　　　北京市西城区新街口外大街 12-3 号
　　　　　邮政编码：100088
印　　刷：天津中印联印务有限公司
经　　销：全国新华书店
开　　本：710 mm×1000 mm　1/16
印　　张：16.75
字　　数：292 千字
版　　次：2021 年 5 月第 1 版
印　　次：2022 年 11 月第 3 次印刷
定　　价：55.00 元

策划编辑：冯谦益　　　　责任编辑：杨磊磊　　尚俊侠
美术编辑：李向昕　　　　装帧设计：李向昕
责任校对：康　悦　　　　责任印制：马　洁

丛书编委会

主　任：苏泽庭

副主任：徐文姬　　陈如平　　柳国梁

委　员：（按姓氏笔画排名）

序一

　　"教育兴则国兴，教育强则国强。"实现中华民族伟大复兴的中国梦，归根到底是靠人才、靠教育，必须把教育事业放在优先位置。党的十九大报告提出的"建设教育强国"，主要方向是走中国特色社会主义教育发展道路。习近平总书记在 2018 年全国教育大会上明确提出"坚持扎根中国大地办教育"。中国的教育应根植于中华文明，守住中华优秀传统文化的根与魂，讲好中国教育故事，创生中国特色理论，为人类贡献中国智慧和中国方案。

　　宁波简称"甬"，位于长江三角洲南翼，是我国东南沿海重要港口城市和历史文化名城。宁波教育源远流长，长盛不衰。唐建州学，宋设县学，人文荟萃，贤才辈出。在河姆渡文化的孕育下，宁波先后出现了一批又一批有影响力的教育思想家，如宋元时期的高闶、王应麟等，明清时期的王阳明、钱德洪、徐爱、方孝孺、朱之瑜、黄宗羲等，民国时期的陈训正、张雪门、杨贤江等。这些先贤都为宁波的教育做出了不朽贡献，在中国的教育发展史上发挥了重要作用，是甬派教育家的典型代表。

　　改革开放以来，宁波市的基础教育实现了跨越式发展。宁波教育本着"以人民为中心"的宗旨，全力"办人民满意的教育"。人民满意的教育是优质公平的教育，是"办好每一所学校""教好每一个孩子"的教育。谁来办好每一所学校呢？除了政府提供必要的条件外，"教师是立教之本、兴教之源"。那么，靠谁把广大教师组织起来呢？靠校长。有一位好校长，才有一所好学校。宁波基础教育高水平优质发展的伟大实践，急需一批"教育家型"的优秀校长。正是基于这种思路，从 2009 年开始，宁波市就启动了"甬派教育管理名家培养工程"，2017 年 3 月启动了第二期工程。

　　一项人才培养工程能够持续开展十余年，并持续发挥重要作用，这本身就值得研究。长期以来，宁波市一直重视中小学校长和幼儿园园长队伍的建设，注重校(园)长成长规律和培训规律的研究，凭借宁波人"敢为人先"的创新精神，开创性地提出了教育干部培训的宁波模式和宁波经验，形成了"新任校长—合格校长—骨干校长—名校长—教育管理名家"的"五段三分双导"校长培养的完整体系。"甬派教育管理名家培养工程"位于宁波市教育干部培训"金字塔型"培养体系的顶端，代表了宁波市教育干部培训工作的新高度，已经成为宁波市教育干部培训的新品牌。第二期"甬派教育管理名家培养工程"采用"双导师制"，聘请国内著名教育专家为理论导师，聘请全国有影响力的著名校长为实践导师，采用课题研究与经验提炼相结合的方式，来进行三年学习、两年展示的为期五年的培训，进而培养出教育管理的领军人物。这次出版的"甬派教育管理名家系列"著作就是第二期培养对象经过三年学习，在名家的指导下，对自我教育实践进行提炼和提升的成果。

丛书的出版，虽然有种"立此存照"的意思，但更重要的是为了提供一种"本土经验""本土智慧"和"本土创造"。本丛书，有的是对办学实践的经验反思，有的是对办学主张的提炼梳理，有的是对办学理想的叙说表达……这些教育经验、教育主张、教育信念和教育理论，共同组成了新时代"甬派教育管理名家"的教育思想。细细品味丛书，我们可以清晰地感受到这批"甬派教育管理名家"办学思想背后的文化底蕴。

"知行合一，就是要行必务实。"本丛书的每一位作者都是宁波校长队伍中的优秀代表，他们的成长都建立在成功办学的基础上。每一本专著背后，都有一所或几所优质学校做后盾。从每一位校长的成长历程中，我们可以清晰地看到，"知行合一"已经成为他们共同遵循的基本观念。他们强调做实事、务实功、求实效，确保定下的每一件事能做到、能做好。他们强调"经世致用"学风，"务当务之务"，勇于任事，致力创新。本丛书记录了他们从理论到实践的行进方式，促进了宁波教育的率先发展，体现了"实践、认识、再实践、再认识"的实践论观点。

"知难而进，就是要行不懈怠。"本丛书在编写和出版过程中遇到的困难是显而易见的。从出版的数量上看，一项工程要出版 20 本专著，这在宁波市教育干部培训历史上是前所未有的。本丛书出版的组织者——宁波教育学院，坚持志不求易、事不避难，这种担当精神令人敬佩。从出版的质量上看，作为专著的作者，各位校长要从忙碌的日常管理工作中抽出时间是一件十分不易的事，而且在写作过程中还会遇到各种问题，这些对他们来说都是很大的挑战。但是，他们敢于直面挑战，勇于解决问题，把不可能变成了可能。因此，本丛书的成功出版，是各方知难而进、共同奋斗的结果。

知书达理，就是要行而优雅。有着 400 多年历史的天一阁，是中国现存较早的私家藏书楼，也是亚洲现有较为古老的图书馆和世界最早的三大家庭图书馆之一。它使人们真切地感受到了书香宁波的特有气质。本丛书的出版既是对这种城市魅力的共建，又是对流淌在宁波教育人身上"书卷气"的共识。从工程一期的《我的教育思想》到这次二期丛书的出版，反映了宁波教育人注重内涵发展、崇尚理性思想、爱好著书立说的优雅旨趣。翻开丛书，我们从字里行间都能感受到各位校长在办学过程中体现出来的崇文重教、崇德向善的教育思想和知书达理、彬彬有礼的人格魅力。

知恩图报，就是要行路思源。宁波人懂感恩、会感恩，本丛书的出版也是一种感恩回报。在工程的实施过程中，他们有幸得到了全国著名教育专家的指导；他们感恩各位导师的辛勤付出，珍惜与导师的深厚情谊。本丛书的出版是他们对导师最好的回报。他们有幸遇到了北京师范大学出版社，敬业勤勉的编辑老师的专业指导助推了丛书的顺利出版。他们感恩党和政府，正是在党的正确领导下，他们才实现了个人价值。他们感恩教育本身，蓬勃发展的教育事业为他们提供了研究教育、施展才华和专业成长的沃土。本丛书的出版，必将对宁波教育的发展发挥重要作用。他们感恩所有关心、支持和帮助过他们的人，本丛书正是他们抒发这种感恩之情的载体。书中提到的每件事、每个人，背后都是浓浓的感恩之情。

总之，"甬派教育管理名家系列"的出版是宁波教育史上的一件大事，是宁波教育向中国共产党成立 100 周年的献礼之作，必将对宁波努力率先高水平实现教育现代化的新时代总目标发挥重要作用。

苏泽庭

2020 年 8 月

序二

　　2017年3月，宁波市第二批"甬派教育管理名家培养工程"启动，29位宁波市知名校长入围受训。此工程是宁波市加强校长队伍建设的创新之举，也是宁波市校长培训工作的顶端品牌，旨在落实"教育家办学"理念，通过培养一批"更加专业""更加卓越"的"本土教育家"校长，来领导宁波教育的创新发展。我受宁波市教育局、宁波教育学院、宁波市教育行政干部培训中心的委托，全权代邀10位国内著名的专家学者组成了一个专业的导师组；又因是宁波人的关系，被任命为组长。三年多来，经过面试面授、外出游学、著书立说、登台报告等环环相扣的程序，"甬派教育管理名家培养工程"已完成大部分的目标和任务，进入了最后的收官阶段。

　　回首当初，宁波市教育局、宁波教育学院、宁波市教育行政干部培训中心和导师组曾就此工程提出了"五个一"的目标，即申报立项一个课题，核心期刊上发表一篇学术论文，每年外出短期游学拜师一次，撰写一部教育管理专著，举办一次办学思想研讨会。其中，最为重头也是最硬气的，就是要求第二批教育管理名家培养对象人人完成一部专著，即基于办学实际和对教育内涵、教育教学管理具体工作、办学育人规律的认识，对教育问题进行思考并总结行之有效的经验、做法，通过思考、梳理、总结、提炼，集结成册，最后形成一部专著。令人欣慰的是，在宁波市教育局、宁波教育学院、宁波市教育行政干部培训中心的领导下，在导师组的精心指导下，29位培养对象中，除却3人因工作调动不再担任校长外，共有19位校长最终提交了书稿，编写成"甬派教育管理名家系列"著作，由北京师范大学出版社正式出版，成为"甬派教育管理名家培养工程"的标志性成果。

　　30多年来，我始终关注学校的发展问题，特别是校长这个学校发展的关键性和决定性因素。俗话说得好，"火车跑得快，全凭车头带"。从某种意义上说，校长的素质决定学校的发展，没有高素质的校长，就不可能有学校的可持续发展。近年来，大量的学校实践案例和校长实践经验，让我对"一位好校长就是一所好学校"这一信条深信不疑。这一点已在第二批"甬派教育管理名家培养工程"的培养对象办学以及他们各自的专著中体现出来。2020 年 9 月 15 日，《教育部等八部门关于进一步激发中小学办学活力的若干意见》(以下简称《意见》)发布，明确提出注重选优配强校长，努力造就一支政治过硬、品德高尚、业务精湛、治校有方的高素质专业化校长队伍。这是激发办学活力的关键性因素。《意见》不仅增强了实施"甬派教育管理名家培养工程"的信心和决心，也给未来中小学校长的选拔、培养与使用提出了新的目标和要求。

关于校长的素质特征、能力表现等，我结合近年来自己的研究，认为现在衡量和评判校长水平高低的重要标准或指标有了变化，除了显性的办学成就和管理水平外，还要看他教育思想的整体性、系统性和集成性，看他办学思路的完整性、清晰性和流畅性，看他育人成果的全面性、发展性和创新性。这些标准或指标，以往可以体现在学校章程、发展规划、年终总结或述职报告等载体中，如今必须通过系统思考、全面梳理和总结提炼，形成办学育人的规律性认识以及体系化建构，最终集合成综合性论文或学术专著来展示。这也是我们在第二批"甬派教育管理名家培养工程"中如此重视和强调著书立说的原因。

鼓励和引领校长去著书立说，在实际操作时容易走向功利化境地，对此社会上和教育界内出现了不少反对的声音。尽管我也特别反对教育中各种功利化的做法，如校长为出书而出书，但我还是会建议校长随时对自己的办学思路、行为及其结果进行思考、总结、梳理和提炼。这既是校长的基本功和校长专业发展的必修课，也是加强校长队伍建设的重要任务。那么，如何做好这一项工作？在此，我用教育管理名家的"名"字做些发挥，谈谈自己的三点体会，同时也表明我对"甬派教育管理名家培养工程"的认识、态度和立场。

第一，要弄清楚因何而"名"。所谓"名"，是指知名、著名。校长有名，实指校长声望高、有影响力。在现实中，名校长包括两层含义：一是名校的校长；二是知名或著名的校长。二者往往又是可以转化的。校长先担任名校的校长，再在办学上有所动作和贡献，使自己成为知名或著名的校长；也可以是知名或著名的校长执掌一所学校，把学校办成名校，使自己成为名校的校长。学术界给出了很多关于名校长的定义和主要特征，但从总体上看不外乎三个方面：一是办学成功，二是思想定型，三是影响力大。"甬派教育管理名家培养工程"的培养对象都或多或少地具备这三个方面的特征。

我一直认为，名校长是一个发展性的概念。任何事物的发展都是由量变到质变的过程。一位校长的成功与成名也是一个积累和发展的过程，不可能一夜成名。任何一位名校长，都是其办学思想和办学业绩得到广泛认可后才逐渐成名的。教育行政部门对名校长的认定只是一种形式。从根本上讲，名校长不是自封的，也不是任命的，而是社会公认的。名校长在被教育行政部门认定之前就已经在教育界和社会上具有一定的名望。名校长的"名"应是一种社会影响和社会认可。引导和鼓励校长成为名校长，可以使校长有更高的追求和境界，从而把学校办得更好。

第二，名校长要擅长"明"。一位优秀的校长必须有独具特色的教育思想并身体力行。苏霍姆林斯基根据自己多年从事校长工作的实践经验，提出领导学校，首先是教育思想的领导，其次才是行政上的领导。这是一个十分重要的观点，也是校长管理学校的客观规律。教育家是实践家，衡量教育家的首要标准就是他们在教育实践工作中的成绩：或育才有方，或治校有方、成绩突出。名校长都是成功的校长，是治校有方、办学成绩突出的校长，理应被称为教育家。教育家要有自己的办学思想，甚至有的教育家还创立了新的教育理论。他们都必须亲身从事教育实践，把办学思想和新的教育理论用于教育实践并且取得显著的成效，否则就不能被称为教育家。这是所有想成为名家的校长们必须懂得的道理。

"明"就是要明理。明理是读书人要达到一种通达慧明、明晓事理的境界。名校长要明以下三方面的理。一是教育之理，说的是教育的本质特征。《说文解字》对"教育"之理讲解得非常精辟："教，上所施下所效也""育，养子使作善也"。这两句话表明育人是教育的本质。二是办学之理。办学是有规律可循的。办学规律及其衍生出来的运行体系、体制和机制等，都是办学之理。三是育人之理。弄清楚"培养什么人"的问题，这是教育的首要问题，同时还要弄清楚"怎样培养人""为谁培养人"等问题。这三个问题构成育人的有机整体，不可分割，只有如此，才能培育和造就全面发展的人。名校长还要善于捕捉代表时代发展和前进方向的新思想、新观念，善于用批判的眼光、理性的思维去分析教育的问题，对自我教育行为进行反思，不断深化对教育的规律性认识。

第三，名校长要善于"鸣"。鸣，就是发出声音。意思就是，名校长要善于表达，善于发表自己的意见和主张，引导舆论，营造氛围。"千线万线，只有一个针眼穿。"千线万线指的是各种各样的政策、理论、理念和方法；这个针眼是指学校实践，任何政策、理论、理念和方法都要通过学校实践来落地实现。当下，名校长必须把以下问题的落实和解决作为己任，下足功夫，写好文章。一是全面贯彻党的教育方针，建立健全立德树人教育机制，大力发展素质教育，着力培养学生的社会责任感、创新精神和实践能力。二是深化教育教学改革，不断推进课程改革，优化教学方式，探索因材施教的路径、机制和策略，创建适合学生发展的教育体系。三是注重理论与实践的结合。校长要用科学的理论指导教育教学实践，要通过实践总结创造出新的科学理论，从而再用新的理论去指导新的实践，提高办学育人水平；同时，还要结合时代和教育的发展，不断融入新的元素，寻找新的增长点，实现发展目标。四是善于传播先进的教育思想理念，既能用自己先进的教育思想和教育价值去影响教师和改造教师，促进教师教育观念和教学行为自觉地转变，又能科学引导家长和社会树立正确的教育观、育人观，努力营造良好的教育生态环境。

陈如平

2020 年 9 月

序三

借由宁波市第二期"甬派教育管理名家培养工程"项目，我有幸与宁波市的几位园长共同学习与思考、研究与实践。近三年来，在与她们就专业发展、思想形成、实践改进、成果产出的探讨中，我感受到了她们的理想与追求、智慧与经验，更感受到了她们的敬业与执着。甬港幼儿园的何妨园长就是一个典型代表。看到她的《幼儿园探究性课程的探索与实践》一书，我眼前总会浮现出她和老师们、孩子们热情探究、亲近自然、探寻文化的场景……衷心祝贺这本书的出版。完整阅读这本书，我更深切地感受到了何妨园长、老师们和孩子们突破自我的喜悦与幸福，我自己心中也感到欣喜；同时，也引发了我对园长的专业发展、思想形成和园本课程建设方面的一些思考。希望这些以何妨园长和甬港幼儿园的探索和实践为例证的思考与分享，能对园长的专业发展和幼儿园的质量提升有所助益。

一、做专业的园长，追求幼儿园的内涵发展与质量提升

自《国家中长期教育改革和发展规划纲要(2010—2020 年)》颁布实施以来，幼儿园园长和教师的专业发展提升到了前所未有的高度，幼儿园师资队伍的整体素质和水平也得到了显著的提升。特别是 2015 年《幼儿园园长专业标准》的出台，标志着园长角色的首次转型。它要求园长从管理者、经营者的角色向教育者、专业工作者的角色转变。专业性成为园长的基本特性，规划幼儿园发展、营造幼儿园育人文化、领导保育教育、引领教师发展成为重要专业职责。这些专业职责及相应的能力也是幼儿园内涵发展与质量提升的重要前提和保障条件。

在园长队伍专业化的进程中，幼儿园的内涵发展与质量提升已经成为园长的主要发展目标。何妨园长的幼儿师范专业的学习经历，以及她从教师到教研组组长再到园长的二十五年不同层面的一线工作实践经验，

为她的专业发展提供了坚实的基础。在十四年的一线带班经历过程中，她以对孩子们真切而适宜的爱、自由而富有智慧的教育，诠释了幼儿教育的内涵，让她身边的人认定"她是一名天生的师者"。在六年多的教研组组长和副园长的教研指导工作过程中，何妨园长以其踏实平和、善思执着的风格带领老师们夯实了专业基础；甬港幼儿园的专业性也因此得到了很大提升，大量课题研究活动带动了甬港幼儿园的内涵发展和质量提升。特别是在幼儿科学教育领域的课题研究中，甬港取得了丰富的经验。

实践是园长专业成长的沃土，研究是幼儿园内涵发展的途径。只有扎根实践，从实践中汲取丰富营养的园长，才能在专业发展的道路上一路前行；只有不断研究和改进教育实践，幼儿园的内涵发展和质量才能不断提升。专业的园长深知幼儿园内涵发展和质量提升的重要性；只有不断实现专业化发展的园长，才能更好地带领幼儿园实现内涵的不断发展和质量的持续提升。

二、做有思想的园长，对幼儿园发展整体规划与思考

2012年发布的《国务院关于加强教师队伍建设的意见》和《教育部 中央编办 财政部 人力资源社会保障部关于加强幼儿园教师队伍建设的意见》提出，要培养造就高端教育人才，实施中小学名师、名校长培养工程；落实和扩大学校办学自主权，支持鼓励教师和校长在实践中大胆探索，创新教育思想、教育模式和教育方法，形成教学特色和办学风格，造就一批教育家，倡导教育家办教育。随后，各地纷纷启动和实施了幼儿园名师和名园长工程项目，园长迎来了前所未有的专业发展时机。在《幼儿园园长专业标准》中，规划幼儿园发展和营造幼儿园育人文化是对园长提出的新专业职责和基本要求。

在规划幼儿园发展方面，《幼儿园园长专业标准》从专业理解与认识、专业知识与方法、专业能力与行为三个维度对园长提出了具体要求。其中，在专业理解与认识方面，文件要求园长重视幼儿园发展规划的制定和实施，凝聚教职工智慧，建立共同发展愿景，明确发展目标，形成办园合力；尊重幼儿教育规律，继承优良办园传统，立足幼儿园实际，因地制宜办好幼儿园。在专业知识与方法方面，文件要求园长掌握幼儿园发展规划制定、实施与测评的理论、方法与技术。在专业能力与行为方面，文件要求园长把握幼儿园发展现状，分析幼儿园发展面临的问题和挑战，形成幼儿园发展思路；组织专家、教职工、家长和社区人士等多方力量参与制定幼儿园发展规划；监测幼儿园发展规划实施过程与成效，根据实施情况修正幼儿园发展规划，调整工作计划，完善行动方案。

在营造育人文化方面，《幼儿园园长专业标准》也从专业理解与认识、专业知识与方法、专业能力与行为三个维度对园长提出了具体要求。其中，在专业理解与认识方面，文件要求园长把育人文化作为办园的重要内容与途径，促进幼儿德、智、体、美各方面的协调发展；重视幼儿园文化潜移默化的教育功能，将中华优秀传统文化融入幼儿园文化建设；将尊重和关爱师幼、体现人格尊严、感受和谐快乐作为幼儿园育人文化建设的核心，陶冶幼儿情操、启迪幼儿智慧。在专业知识与方法方面，文件要求园长了解幼儿园文化建设的基本理论，掌握优秀传统文化融入幼儿园教育的方法和途径；掌握幼儿身心发展特点，理解和欣赏幼儿的特有表达方式。在专业能力与行为方面，文件要求园长营造体现办园理念的自然环境和人文环境，形成积极向上、宽容友善、充满爱心、健康活泼的园风园貌；营造陶冶教师和幼儿情操的育人氛围，向教师推荐优秀的精神文化作品和幼儿经典读物；凝聚幼儿园文化建设力量，鼓励幼儿积极参与，发挥教师的主导作用，鼓励社会(社区)和家庭参与幼儿园文化建设。

《幼儿园园长专业标准》对园长提出的这些更新、更高的要求，其核心是引导园长做有思想的园长，使园长对幼儿园发展有一个整体规划与思考。何妨在任副园长和园长期间，不断在这方面积累经验，特别是近几年，何妨园长以文化创建为核心，对幼儿园发展进行了整体的规划与思考，并逐渐形成清晰的理念与价值追求。她和老师们回顾和梳理了幼儿园自1951年建园以来的发展历程，传承了幼儿园善心善行、"利万物而不争"的精神文脉，追求教育如水般滋养生命，让幼儿更富有灵性地成长，让教师充满爱与智慧地成长，拥有更丰厚的教育情怀；并由此确立了"善养童心、水润童年"的办园理念，践行"主动生动、共生共长"的办园策略。在本书前言中，何妨园长对文化与课程的阐释和感悟，也能让我们看到她的思考和初步形成的办园思想，即文化滋养着幼儿和教师，孕育和生成着课程，课程也展现和丰富着文化的内涵。

三、做有课程领导力的园长，进行园本课程的研究与探索

园本课程是幼儿园文化和特色发展的实践载体，也是考量园长课程领导力和幼儿园保教质量水平的重要指标之一。近十几年来，幼儿园园本课程的研究和探索十分活跃，课程园本化成为许多幼儿园当前课程发展与课程建设的路径，这充分体现了幼儿园课程实践的自主与活力。但在园本课程的实践层面也出现了一些深层次的突出问题，如缺乏系统研究和科学性，与幼儿园的文化和历史割裂，脱离幼儿视角和幼儿生活等。推进园本课程的科学化和系统化，特别需要提高园本课程的适宜性和质量水平。

这本书结构完整地向我们呈现了甬港幼儿园基于幼儿探究性学习的园本课程体系，它既有何妨园长和老师们在学习与思考的基础上对探究性课程的理论阐释，又有老师们和孩子们在研究和探索基础上展现的探究性课程的实践形态。何妨园长和老师们的心路历程、思考过程、实践经历和探索发现，让我们看到了甬港幼儿园在回归幼儿的生活与体验方面，在深度挖掘和利用身边的教育资源方面，以及在走出教室、走进自然与社会、支持幼儿在真实而丰富的生活情境中探究和学习方面所付出的努力。同时，甬港幼儿园在建构探究性课程体系的过程中，进行的一些新的尝试也给了我们很多启发，引发我们进行更深入的思考。

首先是从幼儿的视角构建课程。正如何妨园长在绪论中所说，在课程构建的过程中，教师从"教师视角"进一步发展到"幼儿视角"，尊重幼儿的天性和立场，让幼儿站在课程的中央，以幼儿的直接经验、需要和动机、兴趣与心理特征为原点。从教师凭经验认为幼儿喜欢什么、乐于探究什么、怎样探究，给幼儿选择课程的"教师视角"转变为给幼儿更多的自主，教师始终追随幼儿，观察、倾听和了解幼儿，支持幼儿自己选择课程的"幼儿视角"。在本书列举的十多个生动案例中，我们都能看到教师努力从"教师视角"转变为"幼儿视角"。当然，这种转变的历程是缓慢而艰苦的，专业化过程中，教师需要不断积累教育智慧和师德智慧，甬港幼儿园教师已经在路上。

其次是渗透与浸润着文化的探究主题。甬港幼儿园的探究性课程从最初的科学启蒙，到基于科学融合五大领域的拓展性探究活动，再到基于生活渗透着文化的项目活动，经历了几十年的发展历程，文化内涵日

益深厚，课程内容不断发展，科学与文化、自然与人文实现了融合，历史与现实、古代与现代进行了对话。正是基于这样的思考和设计，"巧妙的工艺""共生的环境""和谐的社会"等主题成了甬港幼儿园探究性课程的独特内容。

再次是让科学探究更富有内涵和价值。英国科学家、教育家哈伦在编著的《科学教育的原则和大概念》一书中提到，科学教育的目标不仅是让幼儿了解和认识世界，还要让幼儿赞赏和敬畏自然。幼儿园的科学教育，不仅是让幼儿获得科学知识的启蒙，也是在为幼儿未来的世界观和自然观的建立埋下种子。在甬港幼儿园的探究性课程中，以往孩子们对动植物、物理世界和自然现象的探究和认识，被进一步深化和提升为"多样的生命""多彩的世界""奇妙的自然"等具有价值取向的主题。作为教育者，我们能从中感受到，这有利于激发孩子们对生命多样性的尊重与赞赏、对自然界的敬畏与欣赏等。

最后，衷心期望何妨园长和甬港幼儿园的老师们执着追求，继续探寻，在追求理想教育的道路上一路前行。

刘占兰

2020 年 4 月 29 日

目　录
CONTENTS

实践篇

绪　论

一、探究性课程概述

探究是教育的一个重要组成部分。古希腊苏格拉底提出了通过不断反问来引导学习者反检自己，并在反检中探究自己知识体系以外的未知领域的诘问法。1916年，美国著名教育家杜威在《民主主义与教育》一书中，从理论上论证了科学探究的必要性，概括了科学探究的五个步骤，并创立了"问题教学法"。

杜威的整个思想体系是以"经验"为核心建构起来的。他的经验课程观主要包含四方面内容：第一，教育即经验的不断改造或改组；第二，教育即生长；第三，教育即生活；第四，教育是一个社会的过程。他倡导要把儿童从传统教育的束缚中解放出来，置于真实的学习情境中，让他们在未知领域中进行探索，不断生成新知识，而新知识的产生又将为新的探究提供基点。他主张在学习过程中，以儿童为中心，主张从做中学，发挥儿童的主动性，将教育内容与实际生活联系起来，让他们直接去体验，获得主动学习的经验。

20世纪50年代，探究性学习作为一种学习方法越来越具有合理性。教育家施瓦布也认为，学生学习科学的方法需要积极地投入到探究的过程中去。施瓦布的教育思想对探究性学习产生了深远的影响。直到今天，探究性学习依然具有旺盛的生命力。

20世纪80年代，探究性学习的理论引入我国，我国教育研究者和教师对传统的教学方式进行了反思，并开始尝试各种形式的探究性学习。

研究的角度主要聚焦在探究性学习的基本理论、探究性学习研究过程中出现的偏差问题、探究性学习与其他学习方式的对比研究、探究性学习在各学科中的具体应用研究等方面。

随着对探究性学习研究的深入，在有意义学习理论和建构学习理论的指导下，我国教学一线工作者大力倡导学习方式的改革，提倡引导学生在质疑、调查、探究、学习。同时，一直努力在各学科中开展探究性学习的学习方式，并对探究性学习在各学科中的具体应用进行了深入的理论研究和实践研究，使教师和学生在探究性学习过程中建立了新型师生关系，即重视学习活动中师生之间的协作和反思，努力建立一个民主、宽松的教学环境，教师从知识传授者转变为探究性学习的指导者和参与者，而学生则围绕一定的问题、文本或材料，在教师的帮助和支持下，自主寻求或自主建构答案、意义、或其他信息，成为学习的主人。

当前，我国基础教育课程改革趋向于综合化的课程发展。其中，综合实践活动课程的设置是基础教育课程改革的一大亮点，它以全人发展、回归生活、有效教学为基本理念。学前教育强调以幼儿的经验和社会实际需求为核心，对课程资源进行整合，有效地培养、发展幼儿解决问题的能力、探究精神和综合实践能力。

二、甬港幼儿园探究性课程的发展历程

宁波市江北甬港幼儿园成立于1951年，在60多年的办园历程中，我们不断思考着幼儿园的发展方向。从20世纪90年代的"幸福幼儿，成就教师，发展幼儿园"到2001年《幼儿园教育指导纲要(试行)》颁布后的让"孩子能找到童年的快乐，家长能看到科学的教育，教师能得到专业的引领"，我们深刻地感受到，每个孩子都有自己的兴趣和需求、天赋和潜能。幼儿成长需要教育的爱心和智慧。教育之爱就是善心、善行；教育之智就是"利万物而不争"的"水"的精神。教育者应具有仁爱慈善、多谋善断的教育情怀。根植于这种教育哲学，在传承园所文化积淀的基础上，

我们提出了"善养童心，水润童年"的办园理念。

学前教育在一定意义上也反映了每一个时代的教育进程。20 世纪 80 年代，改革开放的时代号角响彻神州大地，学前教育紧跟时代步伐，于 1981 年颁布了《幼儿园教育纲要(试行草案)》。为了更好地打造幼儿园品牌，适应幼儿学习发展的需要，我园确定了以幼儿科学启蒙教育为特色的办园方向，选择幼儿可见、可闻、可触摸、可操作的自然物体、周围世界的自然科学现象为教育内容，让幼儿在看看、想想、做做、玩玩等实践性活动中动手动脑，积累丰富的观察、操作经验。在 30 多年的实践历程中，我园的科学启蒙教育先后经历了"生物观察阶段""科普启蒙阶段"和"现代科技教育阶段"，并相继开展了"围绕季节变化对幼儿进行科学启蒙教育""开展科学小实验，培养幼儿初步的科学素养""幼儿园环保课程的研究与实践""幼儿园科学教育主题活动的实践与研究""幼儿科学教育中问题意识培养的策略研究"和"我是小鲁班——幼儿园木工探究活动的实践研究"等科学教育研究项目。其间，还参加了教育部和国家科学技术部"九五"规划重点课题"中、小、幼现代科技教育"课题组，并成了全国"幼儿现代科技教育"实验基地。另外，还参加了"STS(Science, Technology, Society)教育"理论培训，逐步认识到了幼儿科学教育不仅仅是为了让幼儿学习科学知识，更是为了激发幼儿对科学的兴趣，提高动手操作和实际运用的能力。在这些过程中，我园的教育理念产生了深刻的变化。

《3－6 岁儿童学习与发展指南》的颁布，犹如清新自然的春风，吹绿了学前教育的田野，为我们的课程改革带来了更多生机与活力。同时，也带给了我们更多的思考空间：怎样重视幼儿的学习品质？幼儿学习与发展的整体性如何呈现？如何最大限度地支持和满足幼儿获取经验的需要？等等。

在解读《3－6 岁儿童学习与发展指南》和分析幼儿园特色课程的基础上，"城市公园课程"孕育而出。借助地理优势，我们把幼儿的学习场所从幼儿园扩展到了公园、滨江大道、湿地、外滩等，让幼儿走进自然、拥抱自然，在与自然的真正接触中，积累更多的学习经验，不断汲取大自然的天赋和灵感，让幼儿的学习历程更丰富，从而释放天性，满足在直接感知、实际操作、亲身体验的学习中的需求。同时，打破了五大领域课程的界限，把公园内的资源纳入课程范畴，形成了具有整体性、融合性的课程体系，构建了"双导向"的城市公园课程内容，让"一事一物皆教育，时时处处有课程"的理念落到了实处。详见图 0-1 和图 0-2。

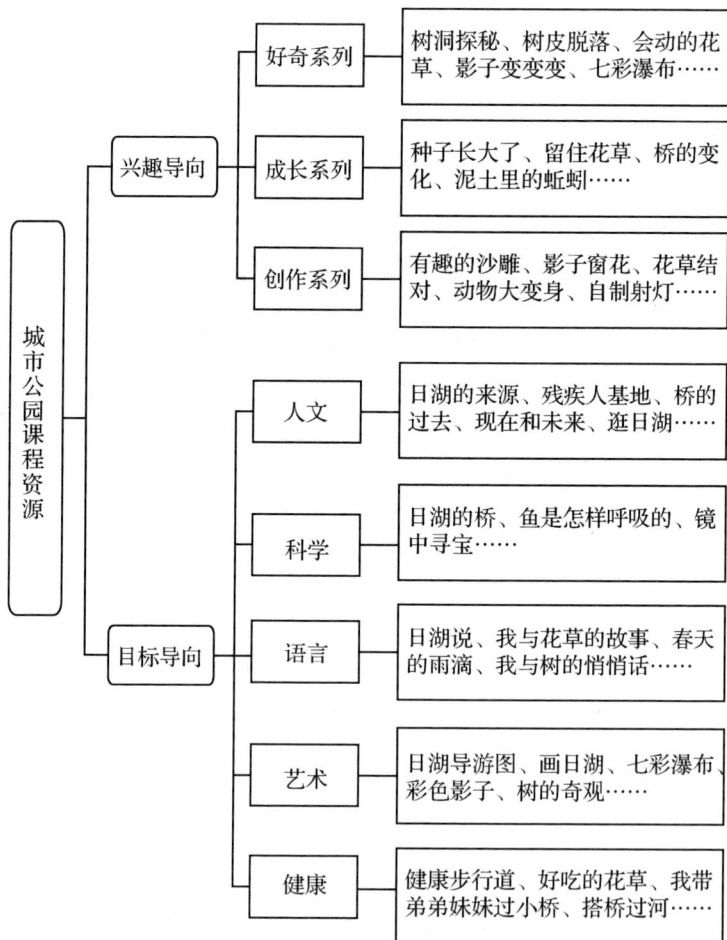

图 0-1　"城市公园课程"资源导向图

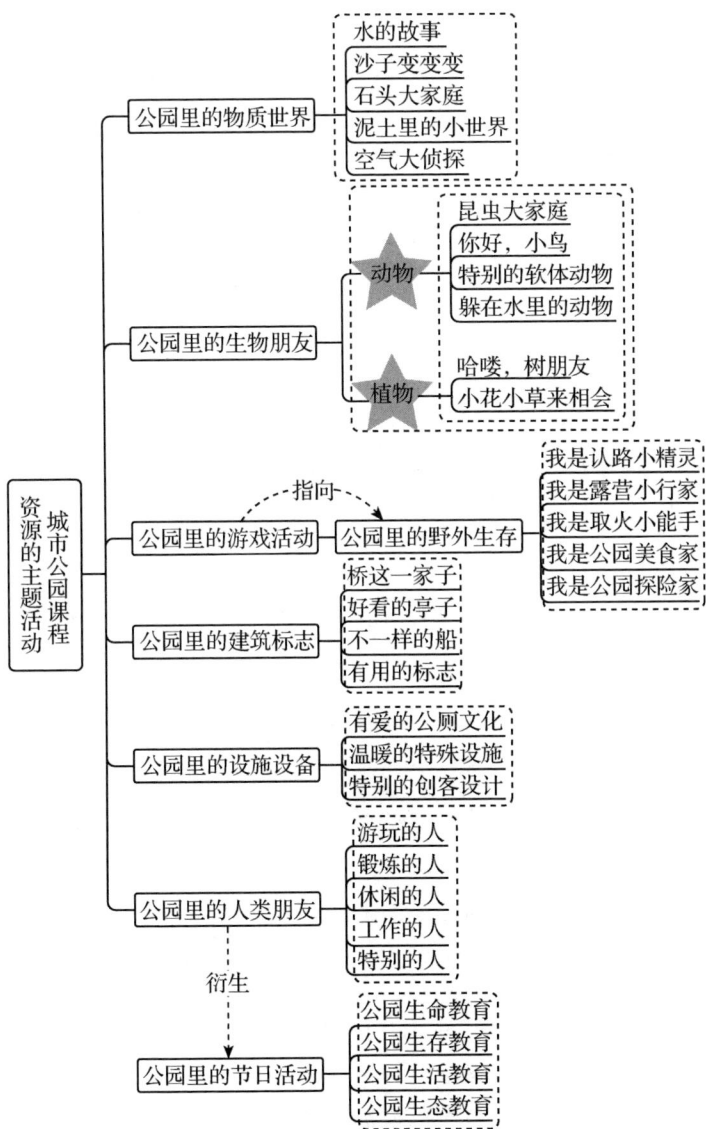

图 0-2 "城市公园课程"资源的主题活动内容

　　教育是文化传承的载体，课程改革是为了更好地实现文化传承。一个幼儿园以什么为重，以什么为轻；以什么为主，以什么为次，这些价值判断直接决定了幼儿园的内涵发展走向。随着课程改革的不断推进，如何在课程构建中尊重幼儿的天性和立场，以幼儿为课程的中心尤为重要。我们必须以幼儿的直接经验、需要和动机、兴趣及心理特征为原点，才能更好地促进幼儿健全人格的发展。因此，从幼儿园科学特色的园本课程出发，我们确立了以"探究"为核心的园本课程研究方向，构建了"幼儿园探究性课程"，让"善水文化"有了最扎实的基点。

刘占兰在《幼儿园科学教育资源》一书中提出，幼儿园科学教育是以探究为核心的。同时，她还指出，幼儿园园本课程的构建必须以科学先进的教育、教学和课程理论为基础，课程的基本思路和整体框架要能经得起理论的逻辑论证，经得起实践的检验验证，经得起同行的批评质疑，符合幼儿身心发展的规律和特点，符合教育学的原则，符合课程和教学论的原理。幼儿园园本课程的构建是良好教育现象的沉淀与积累，是一种文化的提炼。园本课程建设应立足实践，牢牢坚守幼儿的成长需求，不断地做精、做细、做活。

回首我园三十多年的科学课程创建之路，我们始终着眼于幼儿个性成长的需求，着眼于园所独特的文化积淀，坚持持续发展的课程价值取向，并据此确立了以探究为核心的园本课程的构建。

幼儿园探究性课程以问题为载体，强调实践性、自主性、过程性、开放性和合作性，注重幼儿潜能的开发、探究能力的提高以及促进幼儿健全人格的形成。

我园的幼儿园探究性课程突出表现为以下特征。

第一，以探究为中心的学习。幼儿园探究性课程主要是围绕问题的提出和解决来开展的课程，让幼儿通过观察、调查、实验、走访、游学等多种途径获取直接经验，亲身体验成功的愉悦，从而促进幼儿更加积极主动地探究问题和深入思考。例如，在"蘑菇暖房"的探究活动中，幼儿为了让蘑菇朋友不受冻，为它们搭建了小暖房，不同的小组采用不同的方式：有的用取暖器，有的用电吹风，有的搬来热水，用热气来加速蘑菇房快速升温。他们一边实验，一边观察着房子里的温度计，在这个过程中，幼儿初步体验了"选择—观察—记录—交流"的过程。每个幼儿都在努力成为探究活动的主人，他们在实践中发现问题、勇于尝试、合作分享，最终发现了蘑菇房快速升温的小诀窍。

第二，以探究为方式的经历。幼儿园探究性课程以幼儿的自主性、探究性学习为基础，在整个学习过程中，他们按自己的兴趣选择和确定探究内容，对学习过程进行自我设计，教师更多的是以参与者的身份跟进，必要时在探究方法和物质条件方面给予幼儿一定的支持。例如，在"蘑菇暖房"的探究中，无论是冬季的暖房搭建，确保蘑菇朋友不受冻，还是春季到来，孩子们又为蘑菇朋友建造有好多窗户的房子，让蘑菇朋友感受春风的轻抚，当这些"异想天开"的想法出现时，教师更多的是鼓励，支持他们自主尝试，探索发现，在探究中体验与成长。

第三，以探究为过程的路径。幼儿园探究性课程关注幼儿的学习过程，它把整个学习过程看得比结果更为重要，强调通过幼儿的主动探究来培养创新精神、动手能力和解决问题的能力。也许幼儿的探究很稚嫩，探究结果没有多大价值，但是在这个过程中，幼儿通过亲身实践，获得了对外界的直接感受，尝试了与他人交往和合作的乐趣，增强了探究意识、问题意识，学会了如何学习，如何去解决问题。也就是说，探究性课程实施过程本身恰恰是它要追求的结果。

幼儿园探究性课程把视野放得更宽，更接近幼儿的日常生活和社会生活实际。它在时空上不受局限，可以根据需要持续探究，可以走出幼儿园，最大限度地收集资料，把各种资源有机整合起来。在解决问题的过程中，允许幼儿按自己的理解以及自己熟悉的方式去解决问题，按各自的能力以及各自的思维方式去得出不同的结论。这为幼儿提供了更多的获取知识的方式和渠道，培养了他们的创造性思维，进而推动他们去关注现实、了解社会、不断积累实践经验。正如"蘑菇暖房"，从冬季的搭建、春季的改建、到初夏的撤离，都源于幼儿对蘑菇朋友的爱。我们读懂了幼儿的爱，所以努力地为他们创设宽松、开放的氛围，支持他们的想法和行动，鼓励他们积极、主动地尝试解决问题，在经历将近半年的活动中，使幼儿始终保持着强烈的探究热情，在解决问题中一次次揭秘蘑菇的生长规律，同时也不断地认识自我、改进自我和成就自我。

理论篇

LILUNPIAN

第一章

幼儿园探究性课程的理论概述

第一节　幼儿园探究性课程的基础

幼儿园探究性课程是一种让幼儿主动获取知识，使用知识解决问题的课程推进方式。在探究的过程中，幼儿依据自身的知识结构、思维方式、学习方法等，对各种感兴趣的事物有针对性地猜想、寻解，在解决问题的过程中学会探究，形成科学的价值观。探究性学习就是在探究性课程中以"探究"的方式获得知识、掌握方法、解决问题的过程。因此，在幼儿园探究性课程中，我们要明确幼儿探究性学习的特点、探究性课程的价值取向、探究性课程的教育理论等，来助推幼儿的探究行为。

一、幼儿探究性学习的特点

幼儿探究性学习是指在某一学科领域或者生活场景中，以某个问题作为突破点，幼儿通过发现问题、调查研究、分析研讨、亲身体验、实验验证，以及表达、交流、设问、解惑等学习过程，获得知识、掌握方法的一种学习方式。这种学习方式倡导的是一种探究性学习理念、方法、模式，能让幼儿主动获取知识、解决问题，形成科学的思维方式、认知观点和科学精神。幼儿探究性学习的特点主要包括以下几点。

（一）主动性

幼儿探究性学习作为一种探究性学习理念、方法、模式，在活动的过程中以幼儿为主体。幼儿积极参与自己建构的探究性活动，以自己的经验和知识为基础，通过亲自探索和发现、主动体验与实践，以自己的方式将知识纳入自己的认知结构中，并尝试用学过的知识解决新问题。教师在这个过程中只是一个组织者、指导者和参与者。探究性学习方式有利于幼儿主体意识和主体能力的形成和发展，有利于塑造幼儿独立的人格品质，有利于培养幼儿的学习主动性。

（二）实践性

幼儿探究性学习是以亲身体验为主的实践活动。幼儿通过动手动脑，运用多种感官，将实践、体验、感知贯穿于整个活动中。幼儿探究性学习还特别强调幼儿与外在资源的连接，通过调查、参观、访问、模仿等，把直接经验与间接经验相融合，在实践性的学习中促进综合能力的发展。

（三）过程性

幼儿探究性学习追求学习过程和学习结果的和谐统一，更加关注学习的过程。教师应注重在学习过程中潜在的教育因素，尽可能地让幼儿经历一个完整的发现、应用和发展的探究过程。

（四）开放性

幼儿探究性学习的目标是灵活的，具有一定的延伸性，不像集体活动的目标那样有明确具体的要求。幼儿探究性学习的内容是开放的，可以根据幼儿发现的兴趣点和学习能力进行不断地拓展或者中断。探究结果也是开放性的，可以有多种不同的见解。幼儿探究性学习打破了传统教学在统一规定下的教学模式，为幼儿提供了大胆创新、超越自我的学习空间，有利于培养其创新意识和创造能力。

二、幼儿探究性课程的价值取向

每一种课程都有其内在的教育价值取向，幼儿园探究性课程也一样。现代教育已经越来越重视认知与学习品质、社会性与情绪、身心健康与动作技能的培养，蕴含在这些幼儿学习基础素养之下的，正是"关心"二字。认知与学习品质——有能力。社会性与情绪——关心人、爱人（心理健康）。身心健康与动作技能——可爱的人（身体健康）。因此，我们把"学会关心：培养有能力、关心人、爱人并且可爱的人"[①]这一教育思想

---

① ［美］内尔·诺丁斯：《学会关心：教育的另一种模式》（第 2 版），"致中国读者"，于天龙译，1 页，北京，教育科学出版社，2014。

作为探究性课程的教育重点。通过对"学会关心"的解析，我们把它分为"关心自我、关心他人、关心动植物、关心自然环境、关心人类创造的物质以及精神世界"①等几个方面，我们的课程目标、课程内容、课程实践都从"关心"而来，朝"关心"而去。

三、幼儿园探究性课程的相关教育理论

（一）思维五步法

美国教育家杜威认为，人从问题的提出到问题的解决，思维在不断地演进着。这一演进的过程，一般有五个步骤：发现疑难问题；推测预料，确定疑难；提出解决问题的种种假设；推断假设；进行试验，检验和改正假设。以上可概括为思维五步法，即联想、问题、假设、推理、试验。

杜威的思维五步法是一种科学的思维模式，比较符合幼儿操作活动的过程，可以很好地体现幼儿的实践轨迹。在主题活动的推进过程中，我们以思维五步法为基础的探究路径，为幼儿提供一些有趣的探究工具，引导幼儿在观察、比较、实验的过程中，发现问题、分析问题和解决问题，不断积累有益的经验，逐步养成自主探究、合作探究的能力。

（二）生活教育理论

陶行知提出"生活即教育""社会即学校""教学做合一"的生活教育理论观点，提倡"六大解放"。他认为，课程内容来源于幼儿园周围的人、事、物，教育要通过生活才能发出力量而成为真正的教育。

陶行知的生活教育理论对幼儿园课程资源开发利用研究具有至关重要的指导意义。幼儿园课程、幼儿教育和幼儿生活三者紧密结合，课程资源开发利用过程本身就是幼儿美好生活的过程，而且探究性课程的资源潜在于幼儿生活中。怎样从生活中挖掘课程资源，让课程回归幼儿的"生活世界"，让幼儿在了解生活、感受生活的过程中促进其身心发展，是我们课程研发的重点。因此，与幼儿生活相关的、幼儿感兴趣的、有助于拓展幼儿经验的资源，我们都纳入了探究性课程中。

（三）建构主义理论

建构主义的最早提出者是皮亚杰。他认为幼儿是在与周围环境相互

① ［美］内尔·诺丁斯：《学会关心：教育的另一种模式》（第2版），"序"，于天龙译，1页，北京，教育科学出版社，2014。

作用的过程中，逐步建构起对外部世界的认识，从而使自身认知结构得到发展的。人的素质和能力的发展形成，总是在积极参与的实践活动中内化和建构的。学习本质是学生主动建构的过程，师生各自以不同的方式建构对世界的理解。建构是多元的，个体只有与环境交互作用，才能真正形成自己的认知。

我们从皮亚杰的建构主义理论中认识到，幼儿园课程的建构其实是幼儿自我学习过程的建构。在这个过程中，我们根据幼儿的需要，尽可能地提供适宜的场地、工具，搭建探究的支架，从而激发幼儿的探究兴趣，使其在探究的过程中，培养自己的探究能力，并形成受益终身的学习态度和能力。

(四)综合课程论

综合课程论又叫广域课程论，它与分科课程论不同，强调知识的横向联系，主张打乱学科界限，按照知识在自然界和人类社会中的客观存在及其内在联系组织教材，形成不以学科命名的课程，并根据综合程度的不同，分为大综合和小综合两种形式。大综合主张彻底打乱学科界限，重新组织教材，学科的痕迹已不复存在；小综合主张既不使各个学科分别独立成课，又不完全打乱学科界限和体系，进行课程设计。

本书的幼儿园探究性课程是基于科学领域特质的课程体系。在课程中融合了语言、社会、科学、艺术、健康五大领域的活动，涉及物质与材料、动物与植物、自然与天气现象、工具与技术设计等内容。也就是说，幼儿园探究性课程融合了情感与态度、过程与方法、知识与经验，是一门综合性的课程。

第二节　幼儿园探究性课程的内涵

一、幼儿园探究性课程的概念

幼儿园探究性课程是以探究为核心的一种课程体系，探究既是学习的方式，又是学习的内容。

(一)幼儿园探究性课程是一种积淀

以探究为核心的园本课程研究方向是对我园课程建设的整合与迭代，

它可以改变传统的学习方式和教学方式，既能使幼儿形成积极主动的学习态度，学会学习和形成正确的价值观，为他们的成长提供强有力的保障；也能让教师更加尊重幼儿的天性和立场，以幼儿的直接经验、需要和动机、兴趣及心理特征为原点，以幼儿为课程的中心，促进他们健全人格的发展。

(二)幼儿园探究性课程是一种发展

幼儿园课程改革深入发展的必然是以幼儿的内在需要为动力，将课程的拓展与幼儿的兴趣紧密相连，以多元化的学习方式，使幼儿参与和体验学习的程度不断加深。

幼儿园探究性课程是一种由幼儿自主发现问题、提出问题、探究问题的课程。它以幼儿的原有经验为基础，以问题为载体，通过独立与合作的方式进行探索或研究活动，让幼儿在探究过程中获得体验与知识，挖掘潜能，健全人格，培养创新精神与探究能力，以及掌握一般探究方式等。它给了幼儿更大的发展空间，也更强调和凸显幼儿的个性发展。

幼儿园探究性课程是我园课程发展的一个新历程。它的确立让我们的园本课程探索有了新的理论根基，让我们思考如何更好地利用现有的课程资源平台，构建具有整体性、主动性、独立性、独特性、体验性、问题性等明显特征的课程体系来助推幼儿的发展，助推教师的发展，助推幼儿园的发展。

(三)幼儿园探究性课程是一种创新

幼儿园课程创新的根本出发点是让幼儿的学习充满自然与和谐、创造与快乐、尊重与合作。幼儿园探究性课程以项目学习的方式推进课程发展，聚焦于各领域的融合，开展有意义的学习。

幼儿期的孩子好问，喜欢探究，思维发展快速，对周围事物充满好奇。引导幼儿与周围生活产生互动，不断进行体验、探索，一方面能够让他们获得内心的自我满足，并伴随主动体验，可以对周围的事物和人群形成新的认识，对事物的内部结构产生新的感知，对人和人之间的关系产生新的体会；另一方面，由于幼儿在活动开展过程中需要发挥主动性，其参与性更强，学习效果更好，效率也更高。因此，我们认为，幼儿园探究性课程是一门更富有弹性和充满活力的课程。它更接近幼儿的最近发展区，能让幼儿在积极的自我参与中获得更多的成就感，提高自主学习的能力，从而实现从"孩子追赶课程"到"课程追随孩子"的转变。可见，幼儿园探究性课程不仅是一种理想的价值取向，同时也是幼儿园园本课程理论提升和实践发展的一个新的生长点。

二、幼儿园探究性课程的特点

（一）边缘性

边缘性指的是两种或两种以上或相似、或不同的知识领域之间的综合性交叉领域的一种特点。首先，幼儿园探究性课程以科学领域为核心，在课程推进的过程中，科学、语言、社会、艺术、健康等其他领域之间不断交叉与渗透，使各领域在相互作用的过程中逐步结合成一个新的、较完整的科学课程体系——领域加强型的幼儿园探究性课程。它更多地体现了五大领域之间密不可分的内在联系，可以说每一个领域的内容在幼儿园探究性课程中既是分离的，又是存在交集的，扩大了原有科学领域的知识体系。

其次，幼儿园探究性课程在开展过程中把调查活动、节庆活动、教学活动、游戏活动、亲子活动等两种或两种以上的活动形式互相渗透、互相交叉地进行。因此，幼儿园探究性课程是一种新的课程模式，产生了新的课程内容，是独立又更具活力的一个课程体系。

（二）融合式

本书的融合是对课程的重新认识，是把有内在联系的、独立的各个学科，如语言、社会、科学、健康、艺术等融合在一起所形成的新的学科。幼儿的活动是多样的，幼儿园的教育是丰富的，教学内容包含了认知能力、非认知能力、社会情感等。从提高幼儿的学习能力、提升问题解决与创新实践的能力来看，融合式的课程更加适合幼儿的学习方式，可以有效地帮助幼儿养成良好的学习品质，获得学习能力。因此，我们把有助于学习、生活、交往乃至成长的各方面的教育内容，均纳入课程的范围，在融合式的课程中为幼儿创设更加自由、宽松的学习氛围，让幼儿在不同文化、不同形式的融合式课程中健康成长。

（三）创生性

幼儿园探究性课程的内容由预设、生成两部分构成。预设的活动内容、结构、形式等是师幼根据原有的生活、活动、知识经验所建构起来的初步课程路径。生成活动则是在课程推进过程中,师幼的创造性思维和创造性实践互相作用所产生的新的课程内容和形式。可以说,幼儿园探究性课程的"探究"行为促成了课程的创生。

创生,一方面是教师对幼儿的知识水平、经验能力、情感表达的准确解读;另一方面,也可以理解为是幼儿在活动中对教师的教学思维、教学对话、教学目的的学习迁移。师幼在动态的实际课程情境中,创设、模拟各种活动的可能性,从而创造产生新的课程。由此,创生性也成了幼儿园探究性课程的特点之一。

三、幼儿园探究性课程的要素

当你沉浸于探究之中,你会有怎样的感受?是探究之趣!是豁然之乐!是发现之喜!这就是探究性课程的内涵。当课程被冠名以"探究"之名时,课程所蕴含的已不仅仅是科学的知识,更多的是具有了探究的内涵:用探究的方式去发现,用发现的方式去探究。

(一)课程理念

幼儿园探究性课程的理念是"主动生动、共生共长"。它强调体验、反思、对话,注重学习的过程,它是幼儿在开放、轻松的环境下,自主发现并选择在生活、自然、社会中的问题,以独立或与他人合作的形式进行探索或研究的活动过程,并在这一过程中不断建构新的体验与知识,促进幼儿创新精神与探究能力的一种课程。主要有以下三大特点。

1. 预设与生成

幼儿园探究性课程的探究之路需要有一个源头,因此预设尤为重要,要求我们注意不同领域之间的综合与平衡。预设的主题活动内容及探究路径还要考虑幼儿的认知水平、思维能力等实际情况,预测幼儿可能出现的反馈,并思考问题出现时的相应对策等。

2. 交融与流动

幼儿园探究性课程的实施过程有一定的序列性,但是又不能按部就班地进行分割。教师要根据探究的内容、幼儿的实际情况以及活动的主题来选择适当的教学方法,设计相应的项目式活动,把探究过程的几个环节相互交融、相互渗透,从而使活动进程更加流畅。

3. 集约与粗放

幼儿园探究性课程的内容是无边界的,进而它的学习方式也是无边界的。我们在课程的推进中应整合各类资源，唤醒、发掘幼儿的潜能，关注幼儿的生活世界和独特需求，关注幼儿终身学习能力的培养。让幼儿在自主、合作、探究中，促进综合能力的发展。

(二)一个中心

通过对幼儿的理解和发展目标的解析，我们认为幼儿的发展归根结底是基础素养与综合素养的发展。基础素养包括情感素养、动作技能素养、身体健康素养、认知素养等；综合素养包括互动素养、反思能力素养、信息技术素养、领导力素养等。这两项素养几乎涵盖了幼儿发展的全部，也就是我们的幼儿园探究性课程要培养的幼儿的方向：有价值取向的幼儿，健康坚强的幼儿，富有创造力、想象力和艺术才能的幼儿，好学、乐于探究和发现的幼儿，具有语言交流以及数字媒介素养的幼儿，等等。因此，我们提出了"一个中心"，即幼儿的发展目标：真探索、乐发现、慧表达、善创造。这四组词包含了我们对培养怎样的幼儿、如何培养幼儿的全部思考。因为探索、发现是学习的方式、问题的来源，而表达、创造则是问题的解决过程。"真、乐、慧、善"展现了幼儿探究的状态和价值取向。幼儿园探究性课程正是基于这样的思考，才不断强调科学与生活和自然的关系，让幼儿在活动中关注周边环境，并学会与之和谐共生，在探究的过程中获得自信，逐步养成细心、专注等良好的学习品质，助推他们的全面发展。

(三)三阶目标

课程目标是课程要实现的具体目标和意图，是课程内容、主题目标、活动方式的基础。幼儿园探究性课程的各年龄段目标来源于对探究内容、方法、形式的分析和对《3—6岁儿童学习与发展指南》《幼儿园科学教育资源》《幼儿园科学领域教育精要——关键经验与活动指导》的解读。详见表1-1。

表1-1　探究性课程的三阶段目标

课程目标	小班	中班	大班
真探索	喜欢接触新事物，有初步的探究兴趣。	运用多种感官探究事物，初步了解科学探究的方法。	主动参与探究活动，在提出问题的基础上，尝试解决问题。
乐发现	愿意观察生活中常见的事物、现象。	喜欢发现事物、现象的突出的特点。	乐意进行观察和简单的实验，发现事物的一般规律。

课程目标	小班	中班	大班
慧表达	会用语言、动作等大胆的表达探索的过程。	运用多种方式，表达和交流自己的愿望和想法。	运用多元表征符号（语言、操作、情境、数字、图表、图形、图画等）呈现自己的经历和想法。
善创造	接触和尝试使用一些简单的工具，初步体验小创造带来的乐趣。	喜欢动手动脑，尝试制作简单的小物品。	善于设计、调整与制作，有初步的想象力和作品表达力。

（四）六大板块

幼儿园探究性课程是基于科学领域的多领域综合式课程，涵盖五大领域：健康、语言、社会、科学、艺术。我们从科技产品与生活的关系、常见的生物变化、物质材料及其性质、天气与自然现象、生活与环境的关系等内容出发，以科学领域为核心，自然地融合多领域内容，形成了幼儿园探究性课程的六大活动主题：多样的生命、多彩的世界、奇妙的自然、巧妙的工艺、共生的环境、和谐的社会。详见图1-1。

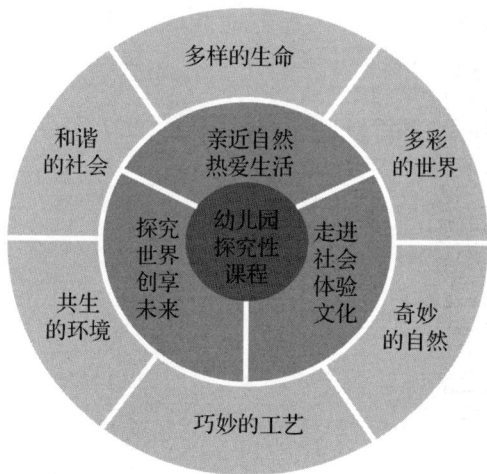

图 1-1　幼儿园探究性课程板块内容

这些主题内容充分挖掘了幼儿感兴趣的问题和互动式的探究空间，通过不同的探究方式、趣味内容、适宜场所，以及多维角度来达成课程目标，促进幼儿的全面发展。

第二章

第一节 项目的来源

　　江北甬港幼儿园处于宁波市新三江口的中心地段，又毗邻充满人文气息的日湖公园，园内、园外有着多种多样的教育资源。我们需要用善于发现的眼睛，和幼儿一起去挖掘有教育价值的资源，并充分整合和利用这些教育资源，最大程度地推动项目活动的进程，促进幼儿的全面发展。

一、与文化名城的对话

　　宁波地处东南沿海，是"海上丝绸之路"的起点，保存着海运码头、使馆、会馆等众多具有港口特色的历史遗迹；宁波有至今 400 多年的"南国书城"天一阁藏书楼；宁波有不用一根铁钉，历经千年风雨侵蚀，至今仍然坚固的保国寺。

　　宁波还有众多的历史名人：被称为"淳熙四先生"的杨简、袁燮、沈焕、舒璘；姚江学派创始人，明代哲学家、文学家、政治家王守仁；浙东学派创始人，明末清初启蒙主义思想家黄宗羲；等等。

　　宁波更有别具一格的风俗：八月十六中秋节、赛龙舟，冬至吃番薯汤果等。宁波的传统工艺，更是积攒深厚：骨木镶嵌、金银彩绣、泥金彩漆、朱金木雕等。

　　…………

数千年的历史文化与现代化的深水港在这里和谐共存，美丽的自然景观和深厚的人文景观在这里水乳交融，使宁波成为我国东南沿海地区拥有悠久历史文明的港口城市之一。它有很多值得我们和幼儿一起去探寻的事与物，亲与情。当你走进孩子们的项目活动中时，你会赞叹，原来这就是宁波，这些孩子就是宁波的未来啊！

二、与大自然的相拥

孩子们眼中的大自然是怎样的呢？

"这棵大树的中间为什么有这么大的一个洞？"

"小鱼睡觉吗？我没有看见过它闭上眼睛。"

"快看！昨天我喂蜗牛吃了绿色的菜，今天它拉出的便便是绿色的，真奇怪！"

"我们喝的水是从哪里来的？日湖的水干净吗？能喝吗？"

"为什么要把垃圾分类？分类后的垃圾有什么用呢？"

每一个孩子都是"小科学家"，眼中充满着好奇，充满着发现，充满着问题，对大自然的每一个事物都会忍不住看一看、摸一摸、想一想、猜一猜、试一试，大自然的一切都能作为自己探究的对象。

是的，孩子们的选择是正确的，他们所向往的、发自内心想亲近的大自然，蕴含着丰富的资源：植物资源、海洋资源、矿产资源……大自然是一个宝藏，是一个能产生很多教育价值的宝藏。

"我和爸爸妈妈一起查了很多资料，知道树洞是虫蛀后造成的。有些树只剩下一层外壳，它们还能存活吗？"

"小鱼当然要睡觉了，但是从不让我们发现，因为它没有眼睑，所以不会闭眼睛，我们也就不知道它究竟是睡着了还是醒着。这可是我观察了好久才发现的秘密。"

"我做了个实验，给小蜗牛喂各种颜色的东西吃，发现蜗牛吃什么颜色的东西，拉出的便便就是什么颜色的。哈哈，爸爸说，蜗牛的身体就是个过滤器！"

"日湖的水肯定不能喝，我们喝的水都是经过自来水厂的多重过滤和消毒的。日湖的水到底干不干净，可以和我的叔叔一起去测测，他是专门做水质检测的，有专用的工具。"

"垃圾分类可以把我们扔掉的东西分别进行处理，有些东西改造后还可以再利用，帮助我们减少对大自然的污染。"

··········

我们把幼儿眼中的大自然、问题中的大自然、探究中的大自然，等等，关于大自然的一切，作为幼儿园探究性课程的资源，转化成一个个项目活动，让幼儿用更宽阔的胸怀去关注大自然，发现大自然的生机与人类发展之间的奥秘，真正走近自然，在大自然的怀抱中学习、成长。

三、与物质世界的约会

把我们身处的物质世界进行概括，大抵是这样的：物体与物质，运动与力，能量的表现形式。物质世界是丰富多彩的，有能量的表现形式，如声音、光、电、磁、热等；有运动与力的表现形式，如位置与运动、常见的力、简单机械等；有物体与物质的表现形式，如物体的特性、材料的性质与用途、物质的变化、物质的利用等。

《3—6岁儿童学习与发展指南》中要求：小班幼儿要能感知和发现物体和材料的软硬、光滑和粗糙等特性；中班幼儿要能感知和发现常见材料的溶解、传热等性质或用途，能感知和发现简单物理现象，如物体形态或位置变化等；大班幼儿要能发现常见物体的结构与功能之间的关系，能探索并发现常见的物理现象产生的条件或影响因素，如影子、沉浮等。这就要求教师要把物质的基本性质及其运动规律，用幼儿能够理解的方式去感知。比如，让幼儿感知铁磁的特性，我们可以提供多种形态的磁铁、设计多样的系列游戏，来帮助幼儿更好地理解磁铁的特性。

磁铁以多种多样的形式存在，这为幼儿的探究增加了一定难度。在科学游戏"磁性橡皮泥"[1]中，我们提供了磁粉，改变了幼儿对磁铁硬邦邦的认知经验。磁铁摆放位置的不同，会引发磁性的强弱变化，使磁粉呈现各种形态，而磁流体具有很强的可塑性，幼儿能在操作中感受到磁流体的视觉冲击，感叹它的神奇。[2] 详见图2-1。

———————————

① 注：书中所有实验和游戏所需购买的物品来源需正规、合法。——编辑注
② 注：书中所有实验和游戏一定要在家长或教师的陪同、指导下进行。

图 2-1　有趣的磁铁游戏

我们为幼儿提供丰富的材料和适宜的工具，引导幼儿根据常见物质、材料的特性和物体的结构特点，推测和证实它们的用途，如带轮子的物体移动更省力，不同用途的车辆有不同的结构等。在简单、有趣的小实验中，和物质世界来一场精彩的约会，发现世界的多姿多彩。

第二节　项目活动的产生

幼儿园探究性课程主要以项目活动的方式进行，并选择符合幼儿学习特点、探究能力、认知水平的探究点进行拓展。项目的内容主要来源于幼儿的现实生活经验、兴趣、需要，并基于幼儿的发展需求、服务能力、管理能力、沟通能力、合作能力等，来丰富幼儿的成长经历和课程内容。

一、由兴趣而生的项目活动

兴趣是人的一种心理倾向。很多时候，我们认识事物、探索行为的发生都是来自对认识和探索外界事物的需要，在一定程度上，是兴趣让我们产生了行动。幼儿的兴趣显而易见，如果他一直盯着池塘里的小鱼，说明他对鱼产生了观察和了解的兴趣；如果他总是有意无意地拿着小本本画着什么，说明他有了表征某样事物的兴趣。在我们的项目活动中，很多的内容和推进的路径也是来自兴趣，包括幼儿的兴趣、教师的兴趣、家长的兴趣等。

比如，项目活动"有趣的小蜗牛"的产生。在一次春雨后的散步中，孩子们发现了那个藏在树叶背后的缓慢移动的小家伙。"这是什么？""身体上怎么背着个这么大的壳？""对呀，这个壳比它的身体还大。""这个有点亮晶晶的，是它拉的粑粑吗?"……一只小小的蜗牛竟然引发了这么多的问题，看来，大家都很爱这个小东西。于是，"有趣的小蜗牛"项目活动由此开始。对小蜗牛的兴趣成了后续一系列认知和饲养活动的动力。

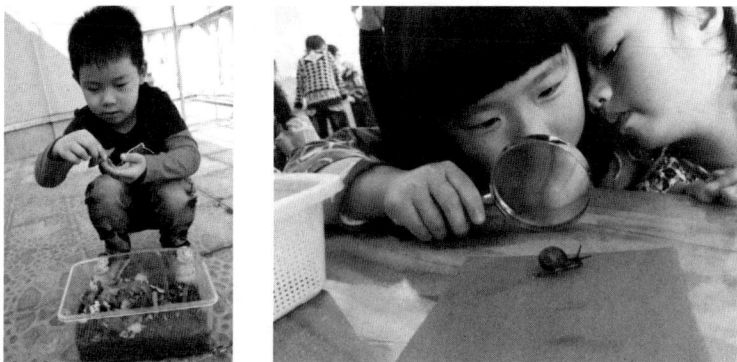

图 2-2　有趣的小蜗牛

二、依特性而起的项目活动

相对于由兴趣而生的项目活动，有些项目活动则具有一定的特性，这些特性有的与特定的幼儿认知能力有关，有的与教师、家长的职业、特长、性格等有关。

比如，项目活动"人体探秘"正是基于大班幼儿对自己身体的认知。"人为什么是直着走路，而不是爬?""骨头的中间有什么?""骨头和骨头是怎么连起来的?""为什么我会感觉到肚子饿?""天热的时候，我头上的汗会一滴滴掉下来，可是从来没有看见过手臂上的汗是这样的，手臂上不是也有小孔吗?"……这么多的问题，探究起来多带劲啊!

第三节　项目活动的审议机制

课程质量是幼儿园教育质量的核心，而教师是推进课程改革的根本，为帮助教师树立科学的课程观，提高主题式项目活动课程资源开发、教育环境建设、教学活动设计与实施等能力。我们运用课程审议的方式进行交流、分享、反思以及调整改进，使园本课程整体框架越来越清晰，内容更具趣味性、适宜性、探究性，满足幼儿发展的需求。

一、审议前

(一)成立审议小组

幼儿园课程审议小组的成员由幼儿园行政人员、教师与幼儿、家长、社区人士和专家等代表组成。在日常的审议中，我们的审议梯队呈图 2-3 所示，从中可以看到，审议是自上而下，又自下而上的循环往复的过程。首先，由园部课程管理中心组的教师进行整体框架的架构，我们的幼儿园探究性课程内容目前包含了多样的生命、多彩的世界、奇妙的自然、巧妙的工艺、共生的环境、和谐的社会六大板块；其次，年级组教师对在课程实践中出现的新的幼儿兴趣点进行分析、研讨、调整；再次，班级教师在观察幼儿，互动实践中积累实践素材，发现疑问并及时调整与改进；最后，将课程推进成效与反思结果提交给园部的课程管理中心组。通过这样的循环往复，不断地充实课程，有效推动园本化的进程。如图 2-3 所示。

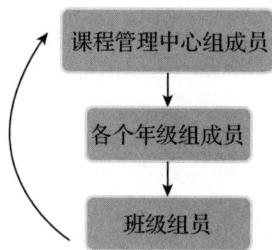

图 2-3 各级审议小组

(二)明晰审议流程

课程审议根据课程开展的前、中、后可以划分为前审议、中审议、后审议三个环节。一般来说，前审议是在学期初或学期末开展；中审议会定期或不定期地进行，以年级组和班级为主，基本上会保证每周进行一次；后审议一般在一个主题式项目活动的结束阶段开展。

二、审议中

(一)前审议

1. 发现资源，优化内容

课程资源是课程园本化的重要影响因素。要想将原有的课程内容转化成适合本园幼儿的成长需求的内容，就需要关注幼儿的兴趣，运用教师的专业能力，结合本园的资源进行适宜的转变、调整和优化。

例如，在"我是中国人"主题进行中，幼儿对"中国好人"这个话题产生了兴趣。在好人搜寻行动中，把目光聚焦在了袁松才爷爷身上。袁松才爷爷从小生活在宁波慈城，15 岁起做木工，修建了古道，为游人建造了十几座亭子……当这样一个资源出现在面前时，教师需要做些什么呢？

（1）发现资源

在课程实践推进中，我们主动发现资源（自然资源、社会人文资源）的意识在不断加强。做好资源的罗列、识别与整合，是课程审议中的一项重要内容。如表 2-1 是对"中国好人袁松才"主题资源的整理。

表 2-1 "中国好人袁松才"主题资源

主题资源	a. 家长资源：认识这位袁松才爷爷，可以建立起联系与互动； b. 幼儿园地理位置资源：地处江北，跟袁松才爷爷的家乡不远； c. 班级资源：有关"中国好人"主题的相关绘本及媒体资料。

（2）识别资源

在实践中，主题课程内容的走向偏离了原有的轨道，或者从原有主题中，发展出新的路线与走向，我们就要做以下识别：其一，它是否可以跟主题做嫁接，作为主题创生的新内容，并帮助幼儿积累相关经验；其二，它是否是基于幼儿园探究性课程内容体系下的板块，是否有价值单列成一个主题式项目活动来推进。如表 2-2 是对"中国好人袁松才"主题资源的识别。

表 2-2 "中国好人袁松才"的资源清单和关键经验

资源	关键经验
爷爷的好人故事	社会领域：幼儿社会教育要将幼儿培养成什么样的人。
爷爷造的亭子	科学领域：亭子的构造，亭子的功能、多样性，亭子是中国传统建筑主要类型之一。
我向爷爷学木工本领	科学领域：工具的运用能力，解决问题的能力。

2. 连接经验，了解需求

从忠于教材到逐步转向以幼儿为中心和以本园实际为主的调试与创生，我们努力通过观察、谈话、调查等多种方式来了解幼儿有什么、喜欢什么、需要什么，并以《3—6岁儿童学习与发展指南》为依据，以幼儿关键经验为参照，真正解读幼儿特点，把握核心经验，让课程更加适宜幼儿的发展，有助于幼儿园质量的提升。

(1)聆听——互动性

主题式项目活动开始前期，教师会分析主题活动中的价值所在，以聊天、提问等互动的形式聆听幼儿对于该主题的想法、兴趣和需求。例如，在"中国好人袁松才"活动中，教师仔细聆听、记录孩子的想法：袁爷爷会做哪些木工、袁爷爷几岁开始做木工的、袁爷爷为什么要建那么多亭子……

(2)辨析——价值性

《3—6岁儿童学习与发展指南》指出："幼儿主要是通过在实际生活和活动中积累有关的经验和体验来学习的，教师要注意通过环境影响来感染幼儿。"大班幼儿社会性发展特点具有情境性、模仿性、从他性，并从不稳定向稳定逐步发展。"中国好人袁松才"活动，能让幼儿在实地走访中更好地了解与自己生活相关的好人好事，并体悟这些人与事带来的真实感受；同时也符合幼儿社会性学习的特点，有一定的学习价值与现实意义。

(3)创生——有效性

开放的学习空间，使师生之间、生生之间以及幼儿与社会之间不断地展开沟通。教师采用走出去的游学活动、请进来的互动活动等多种方式，充分打开了学习场域，有效促进幼儿多领域的学习与发展，回归幼儿生活的学习特点，为幼儿的发展提供有效的支持和保障。

3. 制定目标，搭建网络图

在主题活动开展前，通过与幼儿对话，调查兴趣需要，依据幼儿的发展水平，参照幼儿发展的关键经验，结合现有的资源，教师会初步预设活动目标，搭建活动的实施框架。

例如，"中国好人袁松才"主题目标：乐意讲述袁爷爷的故事，感受袁爷爷本领大；通过了解袁爷爷的故事，学习爷爷好榜样，做有爱的小木工，尝试用自己的行动为身边的人做力所能及的事情，体会帮助他人的快乐；能主动发现问题，与同伴合作交流，尝试解决问题，体验与袁爷爷在一起的快乐。

"中国好人袁松才"主题实施框架如图 2-4 所示。

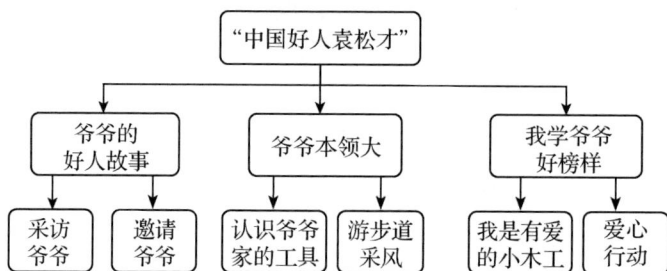

图 2-4　"中国好人袁松才"主题实施框架图

在前审议中，我们通过"解读资源""了解幼儿的经验""制定主题目标""呈现预设框架"等几方面进行商议与思考，基本确定了主题行进的方向。

（二）中审议

课程实施过程中的审议，也称中审议。课程推进的过程是参与者在实践中不断激活思维，碰撞火花，汇集智慧的过程，也是将课程设计与实施不断调整优化、深入推进的过程。

1. 跟踪过程，发现兴趣

中审议是将前审议的预设实施追踪的过程，追随幼儿的兴趣与需求，发现活动中幼儿的参与度，教师不断观察、解读与分析的过程。特别是在与前审议中的预设有出入时，教师要及时识别并进行调整与改进，将课程主题网进行重新优化，使课程更加适合本园、本班幼儿的发展。

2. 生成内容，调整主题

随着主题活动的开展与深入，教师要对幼儿的兴趣进行再次解读与梳理，这样脉络会更加清晰。在活动内容确定的基础上，对主题活动框架进行再次调整。如图 2-5 所示，是对"中国好人袁松才"主题框架图的调整。

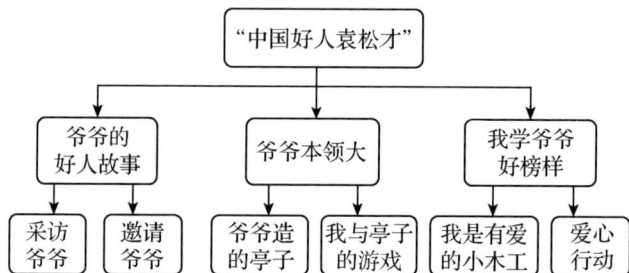

图 2-5　"中国好人袁松才"主题框架调整图

(三)后审议

后审议是指在主题活动进行一段时间后,教师通过观察幼儿的各种表现来分析自身的教育行为是否有效的过程。

1. 总结、反思经验

在项目式主题活动中,从前期的主题预设到实践的调整过程,主题的核心价值能牢牢紧扣幼儿的兴趣点,以需求点为线索,聚焦情境与问题,聚焦学习与发展,通过一次次的审议,不断助推幼儿主动学习与发现,大胆探索与表达,感受生活中美好的人、事、物,让幼儿体悟每一项主题活动中所蕴含的美好与幸福。如图 2-6 所示。

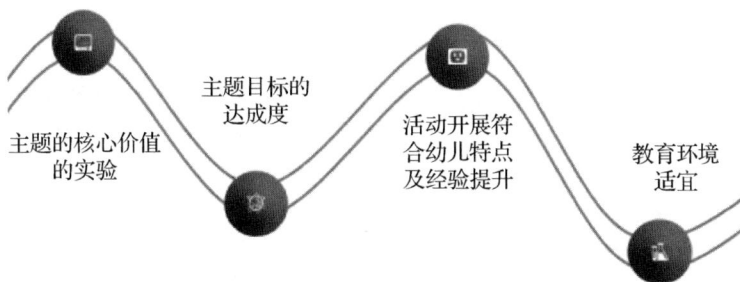

图 2-6 审议过程图

例如,在"中国好人袁松才"主题活动中,从前期的主题预设到实践的调整过程,主题的核心价值能牢牢紧扣幼儿对袁爷爷的喜爱、钦佩和在日常行动中的模仿。以社会情感发展为线索,通过发现真问题,支持真探究;体现真自主,突显真合作;传递真情感,助力真成长。

2. 建立课程资源库

审议组教师根据各班实际开展主题的具体情况进行交流总结、反思成效与不足,努力剖析,并将阶段性的课程推进成果以资源库的方式进行保存,为后续相关主题的推进提供可借鉴的资料。如图 2-7 所示。例如,"走近袁松才爷爷"主题活动后进行的总结,见图 2-8。

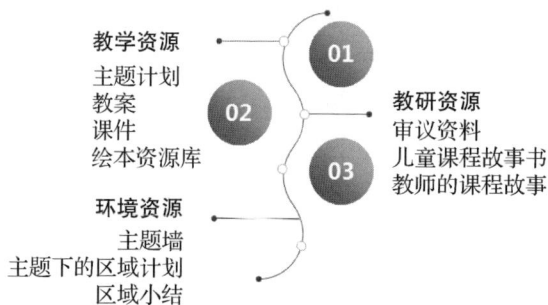

图 2-7　主题相关资源

教学资源
主题计划
教案
课件
绘本资源库

教研资源
审议资料
儿童课程故事书
教师的课程故事

环境资源
主题墙
主题下的区域计划
区域小结

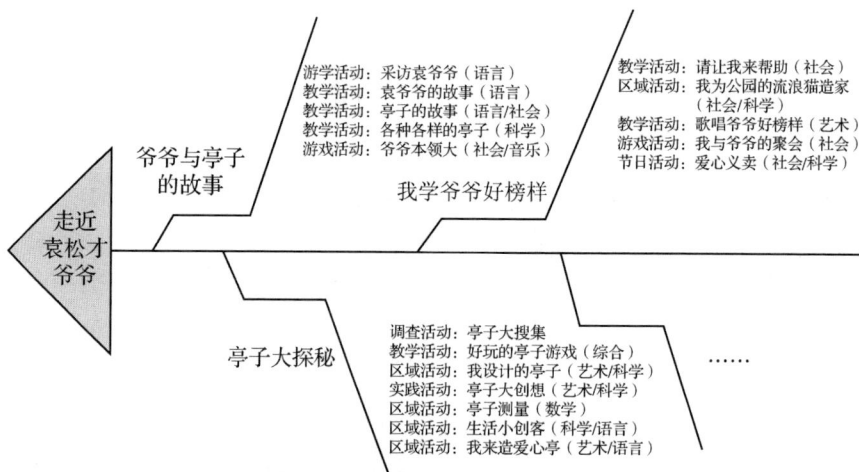

走近袁松才爷爷

爷爷与亭子的故事

游学活动：采访袁爷爷（语言）
教学活动：袁爷爷的故事（语言）
教学活动：亭子的故事（语言/社会）
教学活动：各种各样的亭子（科学）
游戏活动：爷爷本领大（社会/音乐）

我学爷爷好榜样

教学活动：请让我来帮助（社会）
区域活动：我为公园的流浪猫造家（社会/科学）
教学活动：歌唱爷爷好榜样（艺术）
游戏活动：我与爷爷的聚会（社会）
节日活动：爱心义卖（社会/科学）

亭子大探秘

调查活动：亭子大搜集
教学活动：好玩的亭子游戏（综合）
区域活动：我设计的亭子（艺术/科学）
实践活动：亭子大创想（艺术/科学）
区域活动：亭子测量（数学）
区域活动：生活小创客（科学/语言）
区域活动：我来造爱心亭（艺术/语言）

……

图 2-8　"走近袁松才爷爷"主题脉络图

　　在审议的过程中，我们不断追随着幼儿的兴趣，分析价值，调整主题网，清晰主题脉络，最大程度地发挥幼儿在课程中的位置，凸显幼儿的力量。教师的智慧也在审议过程中与孩子们一起收获着探究的乐趣。

幼儿园探究性课程的探索与实践

第三章

项目活动的展开

第一节 五大流程

　　幼儿园探究性课程的学习是幼儿在亲历中提升经验，从而产生的有意义的探究活动。在探究过程中，幼儿和同伴、教师一起经历了问题的产生、探究的甄别、亲身的实践、有效的回顾、全面的评价，每一位成员都参与其中，分享自己的发现、观察、比较、实验、创造，展现着自己不同的成长。

　　实践的五大流程主要包括问题、甄别、实践、回顾、评价，它既是每一个活动必须经历的、相对独立的环节，又是相互作用、相互交织的环节。

一、问题

　　《3－6岁儿童学习与发展指南》指出，幼儿的科学学习是一个在探究具体事物和解决实际问题中，尝试发现事物之间的异同和联系的过程。问题是探究的起源，有了问题，幼儿才会真正地去主动探究，进入学习的状态。

　　在这一过程中，教师要善于发现幼儿的兴趣点，或者引导幼儿发现问题，要给幼儿提供与问题相宜的知识和经验，而这些知识和经验必定是某一领域的核心经验，又是能引起幼儿探究兴趣的经验。

　　记得一次在日湖关于"树"游学活动中，孩子们在日湖的氧吧观察各种各样的树，探究着他们感兴趣的话题。忽然，一个孩子发现水杉林旁有很多桥：蜻蜓的廊桥、带台阶的木桥、拱形的桥、平面的桥……"你们看，这里有好多桥！""嗯，还是用木头造的桥。""其他地方还会有桥吗？"于是，在几个孩子的鼓动下，组成了一个探桥小分队，去寻找日湖公园里的桥，并围绕着"桥"展开了非常激烈的讨论：

"为什么日湖有那么多的桥，有的弯弯曲曲，有的像个拱门？"

"我看到了一座石头桥，上面还刻着云，是云朵桥吗？"

"桥是怎么造出来的呢？"

"为什么桥的形状都是不一样的？"

"木头桥、竹子桥，下雨淋湿了，还能走吗？"

"我看到的桥晚上会发光，装了很多彩色的灯，可漂亮了。"

…………

从孩子们的讨论中可以看出，他们对"桥"有初步的感知经验，并具有浓厚的兴趣。在直接探寻中，自发地有了感兴趣的对象——"桥"，关于"桥"的探究活动由此生成。

二、甄别

甄别是指鉴别、区别，强调认真、慎重地鉴别，审查辨别，考核鉴定。幼儿的甄别活动主要针对多种问题、多种探究方式、多种工具的思考与辨别。在探究活动中，各种问题的出现都无法预知，如一连串问题解决的先后顺序，是否需要删减；有多种可供选择的工具时，选择哪种；自己独立探索，还是和同伴、教师一起……都需要幼儿甄别。教师需要时刻关注幼儿的探究历程，保护好幼儿的探究好奇心，适时帮助幼儿分析、比较，给出适宜的建议和意见，充分发展幼儿的形象思维和问题思考能力，让甄别助推探究的发展。

"桥"项目活动可以开展哪些活动呢？从班级幼儿对桥的了解程度、探究能力、知识结构出发，我们和孩子们一起调查、分析、整理，追随探究的兴趣点，我们预设了三个板块的活动——日湖公园的桥、奇妙的桥实验、我心中的桥，并设计了活动目标、活动框架及主题活动内容、区域活动内容，和主题墙的活动轨迹呈现等。由此及彼、由近及远地将项目推进，支持幼儿通过多种途径和方式，了解和探究日湖、宁波乃至世界的桥梁和科学技术。具体如图 3-1 所示。

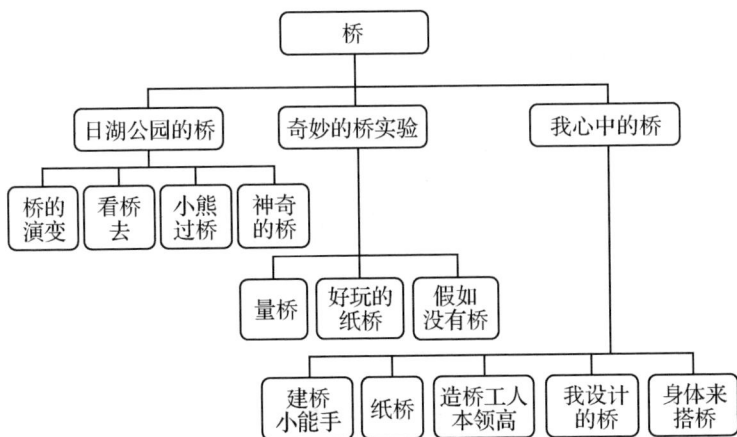

图 3-1 项目活动"桥"的活动框架

三、实践

实践是整个探究活动的关键环节。在这一过程中，幼儿要确定解决问题的关键点，预设初步的活动路径，和同伴、教师一起寻找适宜的工具和帮助，运用已有的知识经验，推动活动的进程。在这一过程中，教师要给幼儿提供充足的资源和充分的技术支持，必要时还可参与幼儿的探究活动。

一寻：日湖公园的桥

追随着孩子们的兴趣点，我们一起走进了日湖公园。桥上、桥下走一走、摸一摸、探一探，给桥取个名字，用照相机记录下桥的形态，量量哪座桥最长，数数桥上一共有多少级台阶，画画自己最喜欢的桥，听爷爷奶奶讲讲桥的故事……同伴合作、自然测量、大胆描绘，在对桥个性化的认知中，我们打破了时间的桎梏、学习场的桎梏和既定活动内容的桎梏，孩子们沉浸在自己设计的活动中，和桥之间有了一种说不出的微妙的情感。

二探：奇妙的桥实验

"桥，为什么这么牢固，车也可以在上面开?"追随着这个问题，关于"桥的实验"拉开了序幕。

桥的组成：先有桥墩还是先有桥面?

桥的力量：不同的桥墩距离有什么作用? 桥面的长度和桥的厚度之

间有什么关系？

桥洞的秘密：为什么要设计不同材质、形状的桥洞？为什么高架桥桥墩很大，但与桥面接触的地方，却有一个很小的像垫片一样的东西？

虽然面临挑战，但孩子们走进了课程，成了主角，逐步剖析着桥的秘密，深入地探索着关于桥的最有意义的事。而老师则在活动中更深入地认识着每一个孩子，不断支持和强化着他们在各个领域中的学习，满足孩子们天生喜欢探究的需求。如果你能走近，相信你也会被这群孩子和老师深深吸引。这是何其幸福的事！

三画：我心中的桥

孩子们来到"桥的创意俱乐部"，化身为"桥梁设计师"，他们画桥、剪纸桥、折纸桥、做泥塑桥等。每座桥少则一次游戏活动时间，多则好几次。看看孩子们设计的桥：

"我的桥装上了太阳伞和喷雾气，夏天可以让过路的人凉快点儿。"

"我的桥可以移动，哪里堵了就可以移到哪里。"

"我的桥可以折叠和升降，不用的时候可以收起来，不占地方。"

··········

沉浸在"桥"的创想活动中的孩子们，既感受着作为"桥梁设计师"的乐趣，又进一步体会着"造桥"的科学性和艺术性，以及造桥者的心情和精神。孩子们的每一个成长过程都让我们感到惊喜和感动。

四、回顾

回顾是幼儿理解他们的探究活动的环节。在这一过程中，幼儿会反思探究的问题、实践的行为、材料和场域的选择、与他人的互动等，在回忆、思考中，对探究活动形成新的建构。回顾环节，可以是幼儿一个人的思考，也可以是和同伴、教师的讨论。它可以采用绘画、语言表达、符号记录等方式进行。总之，回顾环节是对前期探究活动的一个综合性思考，有助于发现新的问题，积累新的经验。

"桥"的项目活动一段时间后，孩子们开始对活动进行回顾："说说日湖桥的故事"。恩恩说："在日湖有一座鸳鸯桥，这个名字好像没有确定下来，但大家都喜欢这么叫它。因为这座桥离日湖的婚庆广场很近，很多人来这里拍结婚照，家住附近的人也会在结婚的时候在鸳鸯桥上合影留念。"这是孩子们从日湖管理处负责人那里了解到的，也许孩子们不知道什么叫鸳鸯见证爱情，但他们知道那是一条代表幸福的桥。听了恩恩的故事，其他孩子也纷纷讲述了自己听说的关于日湖桥的故事，对日湖桥的过去和现在有了进一步的了解。

五、评价

探究性课程在推进过程中，每一个探究活动的尾声，都会以评价的方式圆满结束。这个评价既是原有活动的丰厚呈现，也是新活动开始的产生点。评价活动会以幼儿、家长、教师、社区共同参与的形式，展出或汇报活动的进程，真正的呈现每一个活动的教育价值。同时，教师会把这一活动以"儿童故事书"的形式进行记录，为课程的持续发展提供有价值的依据。

造造我们的桥

用各类积塑和辅助材料搭建桥一直是孩子们很感兴趣、很有成就感的一项活动，那些简单的几何形体经随意拼接、摆弄就可以变成各式各样自己喜欢的桥。孩子们逐步掌握了建构桥的基本步骤：选址、设计、施工、装饰、验收。就这样，小小造桥者造出了各种桥：长长的桥、高个子的桥、结实的拱桥、会拐弯的桥、不翻车的桥、漂亮的人行天桥、四通八达的立交桥……孩子们常常舍不得拆掉辛辛苦苦搭建的大桥，于是，大桥就会在区域中吸引来许多同伴们驻足观赏。我们为这些桥贴上"建筑师"的名字，当然也会把它们一一拍摄下来，变成"桥的大家族"的作品展示给大家。

随着孩子们对建桥探究活动的深入，他们产生了建造一座真实的桥的想法。经过讨论，并征求家长和孩子们的意见，我们决定进行一次亲子共同建桥的活动。通过活动前期的资料收集、材料准备，活动中的分工明确、团结协作，活动后的介绍及检验等，最后以"实用、美观"为标准，由孩子们投票产生了本次的"冠军桥"。真实的造桥活动，带给孩子们一种别样的造桥情怀。

就这样，在探究活动的推进中，孩子们从单一材料的桥到综合材料的桥，从只是"我"观赏的桥到可以在上面行走的桥……在一次次的造桥活动中，孩子们自发地探索、选择、建构，忙得不亦乐乎。而我们则看到了他们的学习能不断提高的过程。

第二节　五大途径

一、调查活动

　　调查活动是指社会调查研究活动。也就是说，为了什么进行调查和通过调查达到什么目标、发挥什么作用、解决什么问题。一般来说，进行调查研究的目的，或者是为了理论研究的需要，或者是为了解决和预测某一社会问题。调查目的在社会调查实践活动中具有十分重要的作用。首先，它是调查研究者进行社会调查活动的内在动机。正是这种目的性驱使人们去调查研究。其次，它是调查者进行调查活动的内在尺度。调查活动究竟如何进行，如何设计方案，选用什么方法，都要根据目的来确定。最后，目的是整个调研活动的"统帅"和目标。作为"统帅"，它使整个调研活动过程成为一个有机的系统，各个阶段、各个环节、各个步骤具有高度的、严密的组织性；作为目标，目的对整个调研活动具有调节作用，以避免发生较大的偏差。

　　在设计调查研究方案时，关于调查目的的阐述，至少应该包括这样一些问题：为什么要进行该项调研，调研要解决一些什么问题，解决到何种程度，用什么形式来反映调研的最终成果，调研的意义、价值何在，将起到怎样的社会作用，同时，还应写明将本着怎样的指导思想来进行调查研究，等等。

　　在项目活动"有趣的纸浆"中，由于幼儿对纸缺乏系统性的认知，教师设计了调查表，让幼儿通过调查活动，用绘画、拍照的形式记录下纸的名称、在哪里购买、用途、特点等，以此来加深对纸的认识和了解。具体如表 3-1、图 3-2 和图 3-3 所示。

表 3-1　"纸宝宝的秘密"大调查

纸的名称	在哪里购买	用途	特点

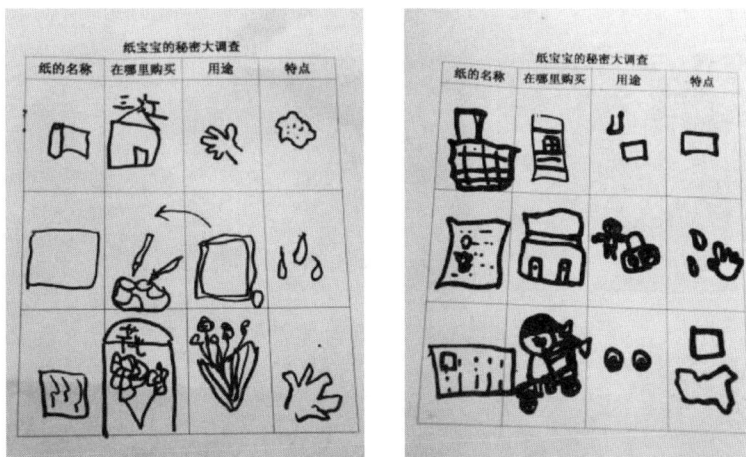

图 3-2 "纸宝宝的秘密"幼儿调查表

图 3-3 "纸宝宝的秘密"幼儿调查情景

二、节庆活动

节日是指生活中值得纪念的重要日子，是世界人民为适应生产和生活的需要而创造的一种民俗文化，是世界民俗文化的重要组成部分。各民族和地区都有自己的节日。一些节日源于传统习俗，如中国的春节、中秋节、清明节、重阳节等。有的节日源于宗教，如圣诞节。有的节日源于对某人或某事件的纪念，如中国的端午节、国庆节、青年节等。另有国际组织提倡的一些节日，如劳动节、妇女节。

在尊崇传统节日的基础上，为了丰富幼儿园园本文化，让幼儿更好地表达对科技发现、科技探究、科技创作的热情，我园创设了特色节庆活动"快乐科技节"。幼儿全程主导了每年的科技节的节日主题创生、主题场景创设、节庆项目……幼儿园给幼儿提供了他们自由选择的最感兴趣的科技类项目，支持他们的各项创意。如图 3-4 和图 3-5 所示。

图 3-4　幼儿园特色节庆活动"快乐科技节"海报

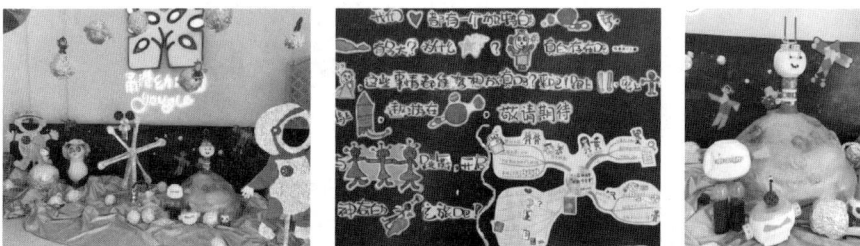

图 3-5　幼儿园特色节庆活动"快乐科技节"场景布置

三、教学活动

教学活动是幼儿园最基本的活动形式，是以集体的方式开展学习性活动。幼儿园探究性课程中的集体活动以探究的目的和过程的需要为要求来开展集体教学活动，从而帮助幼儿解决共同性问题和困难，提升项目活动的有效性。

教学活动的主要教学形式有谈话式、研讨式、实践活动式、竞赛式、自主学习式等。

在项目活动"桥"中的美术活动"宁波的名片——桥"，通过集体活动的形式让幼儿设计自己喜欢的桥，从而促进幼儿对桥的进一步认识。

活动说明：

宁波是一座地处长江三角洲南翼的亲水城市，以"建设大港口、发展大产业、构筑大都市、繁荣大文化"为发展目标，以"美化三江、开发钱湖、繁荣港城、接轨上海"为方向，亮出了极富城市个性的"江湖港桥"4张新名片。作为第 4 张名片的"桥"，宁波自然有它的骄傲。南起慈溪庵东、北至嘉兴乍浦的宁波杭州湾跨海大桥全长 36 千米，一举成为世界闻名的跨海大桥之一，使隔海相望的宁波步入了上海 2 小时交通圈。它也成为了"长三角"经济一体化的疏通"血脉"，让宁波从此告别交通末端，成为华东地区重要的交通枢纽和节点城市之一。

除此之外，宁波市内大大小小、种类纷繁的桥纵横交错，如建造奇特的新江桥（即浮桥）、充满文化气息的琴桥、历史悠久的灵桥，还有横跨在三江上的各种吊桥、索桥等。这些造型各异的桥不仅让我们的交通变得更加方便快捷，同时也见证着家乡的变迁。美观实用的桥给我们居住的城市带来了美，也成了这座城市一道道亮丽的风景线，"桥"的这张名片也使得美丽的宁波更加声名远播。

活动目标：

1. 在观察各种桥的基础上，了解桥的外观、造型等，产生创作的愿望。

2. 能够利用废旧材料进行各种桥的立体造型活动。

3. 体验合作创作的快乐，享受创作成果带来的成功感。

活动准备：

各种废旧材料（吸管、冰棒棍、勺子、叉子、纸杯、纸筒芯、洗发水瓶等），黏土、剪刀、胶带，各种桥的图片，照相机、电脑。

活动过程：

1. 观看各种桥的图片，激发幼儿的创作愿望。

（1）幼儿观看各种桥的图片，了解桥的外观、造型。

师导语："我们生活的宁波是一座亲水城市，有各种各样的桥。你们都看过什么样的桥？"

教师播放桥的图片（灵桥、琴桥、外滩大桥、庆丰桥、江厦桥等），并介绍各种桥的主要特征。

引导幼儿找出这些桥的异同点。共同点：有桥墩、桥面。不同点：有的有拉锁，有的有高大的柱子，有的桥墩有半圆形圆孔等。

（2）引导幼儿畅想"我心中的桥"。

师导语："请你们想一想你心目中的桥是什么样子的？你想建造一座什么样的桥？"

2. 认识各种废旧材料与辅助材料。

教师带领幼儿参观、介绍各种材料，并启发幼儿思考"桥"的各个部分可以用什么材料来制作。

3. 幼儿合作搭桥(如图3-6所示)。

(1)幼儿两人自由组合,商定创作的内容、材料。

(2)两人合作选取材料进行创作造型。

4. 教师展示PPT照片,幼儿介绍自己的作品。

(1)介绍自己搭的是什么桥。

(2)介绍其独特之处以及材料的巧妙运用,并说说在建造桥的过程中的感受和体验。

图 3-6　幼儿合作搭桥

四、游戏活动

游戏活动是幼儿最主要的活动之一。幼儿通过模仿与想象创造性地反映、再现真实的生活场景,在快乐的情绪中学习本领,积累生活经验。游戏活动主要分为规则性游戏和创造性游戏。幼儿园探究性课程中的游戏,是幼儿自主自发的一种新的探究方式,幼儿通过游戏的方式进入项目活动中,成为活动的主人,体验自我的力量,促进良好的个性品质的形成。

在项目活动"桥"中,孩子们在多次走近日湖桥之后,对桥的探究兴趣拓展到了桥的本身:"日湖公园的桥都长得不一样,有些有台阶、有些没有,我们去数数吧。"于是,孩子们把数台阶、测量台阶和桥栏的长度和宽度变成了数学游戏:当台阶很多时,孩子们会用两个、两个地数的方式;太多数不清时,会用自己的特殊小记号进行记录等。最终,幼儿选出了台阶级数最多的桥、护栏最多的桥、最宽的桥、最长的桥……当然,在这其中,孩子们还因为不同的测量工具导致的结果不一样而发生了"争辩",可正是这些争辩,让孩子们对桥的测量探究得更深入。图3-7是幼儿测量桥的场景。

图 3-7　幼儿走进公园测量桥

五、亲子活动

亲子活动是由幼儿、父母共同参与的活动，这种活动形式既可以让幼儿在课程的推进中得到父母的帮助，增进幼儿与家长之间的情感交流，又能让幼儿习得新的知识，提升探究能力。

在项目活动"中国好人袁松才"中，孩子们从袁爷爷那里了解到，袁爷爷从 2012 年到现在，在游步道上一共修建了 15 座大大小小的亭子，有孔雀长廊，有甘露亭、三界亭、青山阁、思源亭、七聚亭、望海亭、云院亭、积德亭、忆史亭、桃花亭、观林亭等。其中，甘露亭有着动人的传说，讲的是如何做一个孝顺的人。传说，甘露亭位于山顶最高的位置，亭子旁边有一股特别甜的泉水，叫甘露泉。有一位老人在即将离世前想要喝到这里的泉水，他的一个孩子为了方便，随意在小溪边取了一些水给他喝，老人一喝便皱着眉头，因为他发现这个水不是来自甘露泉。他的另一个孩子，则不辞辛苦，登到山顶，取来甘露泉水，老人喝下泉水后，满足地笑了。这个故事一直流传至今，让人们要懂得做一个孝顺的人。孩子们听了这样的故事后，对亭子的名字、造型及背后的故事产生了浓厚的兴趣。

于是，孩子们又一次萌发了想要寻找亭子的名字背后的故事，我们开启了秋日里登山采风的行动。这一次，他们邀请了自己的爸爸妈妈一起参加活动，去寻找亭子，去感受袁爷爷的"爱心"。

在爬山寻找亭子的过程中，孩子们用相机记录看到的亭子，用画笔画下最喜欢的亭子；在采风活动中，孩子们体验了爬山的辛苦，懂得了细心观察，大胆表达。

第一节　高潮活动

当项目活动完成既定的工作任务时，也意味着这个项目已经达到高潮，即将结束。项目活动的结束方式主要有两种，即项目展示和项目游戏。

一、项目展示

项目展示是指项目活动的所有人员把整个活动最重要的环节和成功的体验进行展示，回顾项目历程，展现课程进程。展示的方法有作品展示和表演展示。

（一）作品展示

这是指收集项目活动中的幼儿作品进行展示，作品主要包括调查表、现场记录图、设计图、绘画作品、活动照片、录像等。如图 4-1、图 4-2 和图 4-3 所示。

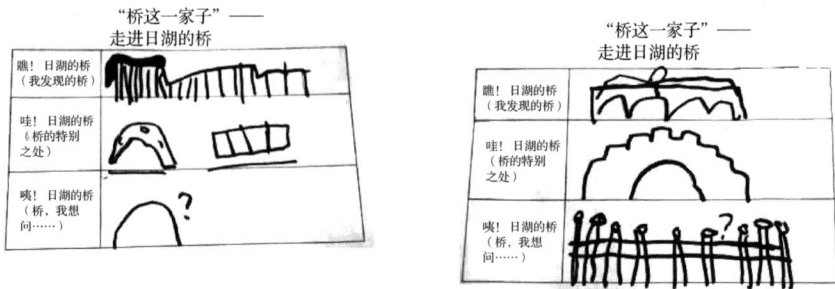

图 4-1　调查表

图 4-2 现场记录图

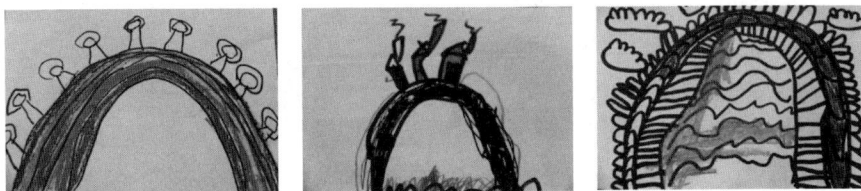

图 4-3 设计图

(二)表演展示

表演展示指用动态的过程进行展示，如歌曲、文学作品、情景剧等
呈现探究过程。如图 4-4 所示。

图 4-4 幼儿表演活动

二、项目游戏

项目活动虽然结束，但是幼儿的探究活动和活动的兴趣还在延续，可以把项目活动转换成游戏活动，满足幼儿的探究需求。

项目活动"蜗牛"结束后，延伸出语言区、角色区的蜗牛故事表演，甚至是小舞台剧《快乐的小蜗牛》。如图4-5所示。

图4-5 幼儿制作蜗牛道具并表演

项目活动"保国寺"结束后，建筑区、美工区还在继续进行关于保国寺的各项创作活动。如图4-6所示。

图4-6 项目活动"保国寺"的后续创作活动①

第二节 项目评价

幼儿园探究性课程的项目评价是一种及时性的、真实性的、领悟性的评价，以"故事"的形式跟随着幼儿的探究历程而进行记录。它又是一种多角度的评价，有的来自教师、家长，有的是教师或家长帮助幼儿记

---

① 注：幼儿在进行创作活动时，教师一定要提醒幼儿注意安全，小心尖锐物品。——编辑注

录的项目探究中所发生的故事。这些故事真实、生动地再现了幼儿的探究过程、思考、收获。每一个画面都转换成了文字，串起一个个项目活动的真实情境。

一、教师的项目活动故事

故事1：小鸡孵化记

在孩子们眼里，鸡蛋真是一个神秘的东西，它是一个谜，也是一个讲不完的故事，鸡蛋真的可以孵出鸡宝宝吗？今天我分享的就是孩子们与蛋宝宝的故事。

疑惑——小鸡朋友从哪来？

幼儿喜欢亲近小动物，随着主题课程的推进，我们预设了"小鸡"主题活动，通过谈话发现幼儿对小鸡的外形特征已经有了初步认识，且对小鸡很感兴趣。我们决定利用适宜的方式，围绕小鸡开展一系列的活动。

班级里开展了一次蛋宝宝大聚会，孩子们带来了各种各样的蛋宝宝。沁沁："老师，我的蛋宝宝是红色的哦！"仰仰："老师，我的蛋和其他小朋友的都不一样，小小的，还有花纹呢！"孩子们你一言我一语。那蛋宝宝长大后会变成什么呢？阿祺说："不同的蛋蛋会生出不同的小鸡宝宝。"

幼儿对蛋宝宝长大会成为什么产生了浓厚的兴趣。为了支持孩子们的想法，我们在班级微信群里发出想要寻找受精蛋的信息。很快，毛奶奶就与我们联系上了，她在农村认识一个专门孵小鸡的朋友，给我们找来了受精蛋，孩子们开始了一场蛋宝宝的神奇生命之旅。

初识——小鸡朋友出生啦！

蛋宝宝刚来，孩子们马上到活动区里找来一个空箱子。可是，小鸡蛋要在温暖的地方才能孵化出来，这么冷的天，把它们冻坏了怎么办呢？于是，孩子们开始想办法让孵蛋的箱子变暖。

"我们给蛋宝宝盖上一层厚厚的棉花吧，这样暖和。""天冷的时候妈妈还会给我用热水袋取暖，我明天就把家里的热水袋拿来。""太好了！"……他们一个个似乎都变成了孵蛋"专家"，各自分享着孵蛋的小提议，不得不承认，他们是有能力的学习者。第二天，孩子们果然带来了热水袋和棉花，给蛋宝宝建了一个温暖的家。在毛奶奶的指导下，孩子们了解到，鸡妈妈在孵蛋的时候要给它的蛋宝宝一天翻两次身。为了能让蛋宝宝快点变成小鸡，孩子们每天都会来翻鸡蛋。

一天早上，一个孩子指着一个蛋宝宝身上的小洞问："是小鸡要出来了吗？"孩子们一下都围了上来。晗晗说："小鸡马上要出来嘞，我要等着看小鸡出来呢！"沐阳说："我发现蛋壳又被啄破了一点，小鸡什么时候才能出来？""那我们一起为小鸡宝宝加加油吧。"于是，孩子们齐声为鸡宝宝加油，希望小鸡宝宝能快快出来。突然，传来一阵"叽叽叽"的叫声，他们循声望去："呀！是小鸡！小鸡！""快来看，真的孵出小鸡了！"他们打开箱子，一只身上带花纹的毛茸茸的小鸡出现在了眼前。孩子们开心地跳了起来。

"老师，小鸡的毛怎么湿湿的，都黏在一起了。"孩子们叽叽喳喳地议论着，这个刚刚来到世界上的崭新的小生命给孩子们带来了莫大的惊喜。他们激动又新奇，瞪大眼睛关注着这个小生命。点点隔着箱子亲吻着小鸡："小鸡，小鸡，你太可爱了！小鸡，小鸡，我爱你！""小鸡太可爱了，我们把它拿出来吧！""不行，不能拿，外面太冷了，小鸡会感冒的。""快看，这里有个碎蛋壳，应该就是它原来的蛋壳。""对！它就是从这个蛋壳里面出来的。我好像看到蛋壳上有红红的血呢。"真是太神奇了！

"可是，我们还没给小鸡取个好听的名字呢？叫什么名字好呢？"小苹果说："你看它的眼睛圆圆的，大大的，我想叫它小葡萄。"就这样，孩子们"小葡萄、小葡萄"地叫着。孩子们观察着小鸡的眼睛、羽毛、脚，整个过程都热情高涨。子然说："你看，小鸡有三只脚。"清清说："不是的，小鸡只有两只脚。""那我们一起来数数吧，原来小鸡有两只脚，四个脚趾。你们看，前面的三个脚趾比较长，是用来支撑身体的。"

陪伴——小鸡朋友吃什么呢？

第二天，剩下的小鸡也都孵出来了。孩子们原本就喜欢毛茸茸、软绵绵的小动物，更不用说亲自"创造"的生命了。不需要老师刻意提醒和指导，孩子们就开始关注小鸡的吃喝拉撒了。

小鸡宝宝会喜欢吃什么呢？喜欢吃青菜，还是爱吃虫子呢？孩子们提出了一个个疑问，并向李老师求助。李老师解答道："刚孵出来的小鸡要住在暖和的地方，我们要准备好箱子，下面放上棉花保暖。小鸡爱吃小米，但不能吃干的小米，要用水把小米泡一泡，泡到能够用手捏碎，再喂给它吃。还有，小鸡不能喝水，一喝水它就会因吸水过多而拉肚子。"之后，孩子们跟着李老师一起浸泡小米，并学习正确喂养小鸡的方法，还把小鸡放在报纸上。接下来，孩子们一起慢慢观察。"别吵，小鸡出来了。它太小了，声音太大会吓到它的！""小鸡，你真可爱！你快吃小米吧！"孩子们你一言我一语，对小鸡真是爱心满满。

在活动中，孩子们知道了刚出生的小鸡要吃什么。在接下来饲养小鸡的过程中，我们发现孩子们对小鸡的感情逐渐加深，观察兴趣也逐渐增强。

这天，孩子们像往常一样来到班级门口，在去看望小鸡时，发现有一只小鸡不动了，难道小鸡宝宝死了吗？它为什么会死？这一突发情况牵动着每一个孩子的心。

乐乐说："小鸡是饿死的。"童俊之说："会不会是被猫给咬死的，上次植物角的金鱼都被猫给吃了。"李老师说："刚出壳的小鸡太小了，天气太冷，温度太低小鸡就会被冻死。小鸡需要在暖暖的地方，等小鸡长出硬硬的毛来就不会死了。"为了给死去的小鸡安个家，孩子们一致决定，将小鸡埋在漂亮的樱花树下，希望死去的小鸡在天上会开开心心的。

孩子们与小鸡的故事仍在继续，在这个故事中，我看到了孩子们的善良、爱心，更值得高兴的是，他们好奇、好问，并积极寻找答案、解决问题，这让我们更加深刻地体会到，教师需要学会耐心和倾听，这样才能走进孩子们的心灵世界。

在课程实施的过程中，往往需要一定的材料支持与准备。家长们来自各行各业，各有特长和优势，很好地弥补了班级某方面资源的空缺，家长的参与也可以使课程的内容更加丰富和生活化。

在本次课程的实施过程中，幼儿用自己的方式与小鸡互动，获得了有关小鸡的经验，也满足了自己的情感需求，唤起心底那颗小小的"爱"的种子。作为教师，要追随幼儿的兴趣与需要，不断调整课程内容，使活动的开展真正成为师幼互动、交流、共同建构的过程。

故事2：遇见樱花

在天气慢慢转暖的初春，孩子们走进自然，去寻找春天的美丽，以照片的方式，带回了自己寻找的美丽发现。

萌发兴趣，寻找樱花

周一的晨谈环节，孩子们特别投入，都迫不及待地要上来介绍自己的发现。其间，一组照片引起了大家的注意。"这是什么花？粉红色的真漂亮！我最喜欢粉红色。"吴吴大声地介绍着："这就是我在小区里面找到的樱花，花瓣落下的时候可漂亮了。"孩子们讨论了起来。看来，樱花成了孩子们晨谈的新宠儿。

教师的支持：首先，资源丰富，便于观赏。我们的身边，小区里、马路边，越来越多的景观带都种上了樱花，幼儿园里也有好几棵樱花树。其次，花期较短，值得探究。樱花的花期较短，两周左右，有很多探究点。

眼看孩子们越说越热闹，为了让其他孩子介绍自己带来的发现，我便匆匆结束了樱花的话题，并对他们说，幼儿园里也有樱花，中午散步的时候一起去看看。因此，今天的散步变得特别令人期待。孩子们对于美丽的事物总是特别向往的。

中午，我们来到操场寻找美丽的樱花树。可是溜了一大圈，一棵像图片里面的樱花树都没有，孩子们觉得我在骗人。"孩子们，我也觉得很奇怪，幼儿园负责绿化的詹老师很肯定地告诉我，咱们幼儿园有樱花树的。"

虽然我知道是幼儿园的樱花还没有开放，但是我不想急于告诉孩子们结果，于是假装困惑地问："这是怎么回事呢？"

有些孩子们觉得是老师搞错了，有些孩子觉得是我们看得不够仔细，有些孩子说去问问詹老师。我们最终通过询问、寻找樱花树牌，终于找到了樱花树——门厅前的三棵光秃秃的樱花树。这下，新的问题又产生了："为什么幼儿园的樱花还不开呢？"虽然不知道原因，但孩子们都觉得我们幼儿园的樱花树肯定是很特别的樱花树。于是，我们开启了关于樱花的调查。

支持幼儿，静待花开

第二天，孩子们带回了自己的"亲子调查"。通过和爸爸妈妈一起查资料知道了有些樱花品种是晚樱，所以开花的时间会晚一点，也认识了多种樱花的品种，成成还带来了一朵绿色的樱花。但是，孩子们都觉得幼儿园里的樱花树是最特别的樱花树。接下来，我们经常来到在樱花树下，静静地观察，期待着它们开放的那天快快到来。初春的天气，有时冷，有时暖。期盼着，期盼着，几天后，芽芽惊喜地发现樱花树上冒出了花骨朵。慢慢开放的小花苞，让大家满怀欣喜。一一发现操场边也有一棵开出一样小花苞的樱花树。"幼儿园里到底有几棵樱花树？就门口的三棵吗?"孩子们想要对樱花树的个数进行统计,可是樱花树栽种位置较分散,在点数统计上对于小班幼儿而言,容易出现错数、漏数。到底几棵呢?孩子们都想来数一数,结果却各不一样。

在樱花树点数上,孩子们的学习遇到了困难,这时候教师的支持变得尤为重要,如何有效地促进孩子们深入学习呢?教师帮助孩子们制作了一张平面图。又因为樱花树距离远,教师便提出了分工的想法,孩子们分成了门口、操场、森林小路三组,由教师带队出发去点数,用贴图的方式记录。最后,我们一起完成了樱花树有几棵的贴图,大家一起在平面图上点数,一共有18棵樱花树,孩子们获得了解决问题的成功体验。人间四月,春樱粉意浓。短短两周,开尽嫣然。这种美绚烂而短暂,然回味悠长。让我们赶在樱花落尽前,赴一场春光。

探樱之旅,留下美好

一阵阵暖暖的春风吹落樱花的花瓣。我们赞叹着樱花满天飞舞的美丽,小心翼翼地捡起掉落的花瓣,闻着春天的气息。糯糯不禁感叹:"樱花太美了,要是能一直看到就好了。"糯糯的主意得到了大家的赞同。孩子们便开始用画画、拍照、拍视频方法想要把它最美的画面永远保留下来。

在区域游戏时,孩子们用手中的榔头①敲一敲、印一印,印记着樱花美丽的花型与色彩,完成了一幅幅美丽的樱花拓印;通过樱花花瓣和小树叶的组合,拼出了盛开的鲜花、小蝴蝶等,在教师的帮助下变成了樱花书签;散步时,我们和樱花花瓣一起留下美丽的合影;游戏时,我们带上玩具,在樱花树下做游戏……

"樱花真好玩,那樱花能不能吃呢?"萱萱的问题,让我有些欣喜。我们一起看《你好,樱花》的故事,一起上网查资料,发现大多数的樱花都不能食用②。幼儿园的晚樱也是不能吃的,孩子们有些失望。于是,我买了一些可以食用的盐渍八重樱,好吃的樱花活动便热热闹闹得开始了。我们邀请了巧手妈妈来助教,做出了樱花形状、小猫形状、小鸭形状的樱花饼干。香香的樱花饼干出炉时,孩子们品尝着甜蜜和美好,还把樱花放进甜蜜蜜的糖里,亲手制作了樱花棒棒糖。

---

① 注:幼儿使用榔头时,应由教师全程监护,以免发生误伤等情况。——编辑注
② 注:一定要说明樱花误食的严重性,谨防幼儿误食其他种类樱花。——编辑注

最后，我们一起把我们发现的这一份美好，与身边的老师、小朋友、爸爸妈妈分享，举办了一场热闹而隆重的樱花派对。一个个美丽的、帅气的樱花仙子在樱花树下翩翩起舞，庆祝和樱花在一起美好的两周。孩子们在樱花派对中，为身边最重要的人准备了一份惊喜：一块樱花饼干、一个樱花棒棒糖、一张樱花贺卡，还有更多的情谊，以及孩子们在樱花故事中的收获和喜悦。爷爷奶奶、外公外婆、爸爸妈妈，每一个人都感受着樱花课程为幼儿带来的成长和感悟。

这是一个由昊昊带来的"美丽的樱花"照片引发的一系列探究的故事。从"为什么幼儿园的樱花树还不开"到追随幼儿的兴趣，从主动"出击"的平面图降低探究难度到开展樱花派对升华情谊，作为教师，始终遵循"儿童视角"，追随幼儿的兴趣，支持幼儿的探究。用"可以再想一想""这个很有可能""你还有什么好方法"等回应支持，我想我们的课程资源会不断地深化，课程中的幼儿也能更加快乐自主地学习。

遇见樱花课程故事，就是我们在探寻亲近自然项目式主题活动中，其中一个美好的遇见。通过"疯狂的樱花雨"感知型游戏，"樱花仙子"角色型游戏，"樱花树下的小鸡小鸭"运动型游戏，"草坪节——樱花派对"节日活动，用多种实践活动推进课程发展。同时，它也很好地诠释了生态启蒙教育的理念，即以人为核心，将生态文明中的关键要素与幼儿教学相融合，将促进人与自然的和谐与科学发展观融入幼儿教学的各个环节中。这便是我们从发现、梳理、甄别植物资源到利用植物资源教学的过程，我们要做的不仅要分析资源，找到幼儿的兴趣、经验所在，还需要给予幼儿一定的支持，将我们现有的课程资源转化为适宜幼儿发展的课程内容。

故事 3：田螺姑娘孕育记

你是谁？

天气温暖的时候，我们班迎来了几只田螺，很多小朋友们都没有看到过田螺，有的说是海螺，有的说是螺蛳。于是，我给小朋友们看了相关的图片，发现了它们有很多不同的地方。

豆丁说："田螺后面的屁股是短短的，海螺后面的屁股是长长的。"

东哥说："田螺的背像龙卷风一样，螺蛳的背上有花纹，而且妈妈红烧的螺蛳很好吃呢！"

经过对比发现新来的朋友原来是田螺。小朋友们想给田螺们找个家，在水里洗洗澡、游游泳。于是，我们收集了几个透明的鱼缸，让田螺在里面生活。那段时间的天气很好，暖洋洋的，小朋友们每天都会去看看田螺们，会给它们投放些食物。

新成员诞生

直到有一天中午，上官突然大喊："田螺生宝宝啦！"于是，我们赶紧围过去，看到透明的鱼缸里有好多很小很小的田螺贴在鱼缸壁上，它们似乎刚出生不久。小朋友们看到后像炸开了锅一样兴奋。

鲍鲍："哇，田螺还会生宝宝！"

宁嘉："它们真的跟一颗绿豆一样小呢！"

乐乐："它们怎么长得和田螺妈妈不一样呢？"

我追问："它们长得像谁呢？"小朋友都异口同声地说："像蜗牛！""它们还有长长的触角呢！"正当这时，一个田螺妈妈伸长了脖子，努力扭动着。小朋友们很奇怪，不知道它怎么了。我暗示小朋友们静静地观察。过了一小会儿，有一个触角从田螺妈妈肚子里探了出来，小朋友们看得聚精会神。豆丁轻轻地说："田螺宝宝是从妈妈的嘴巴里出来的吗？"有的小朋友说："不！是肚子里出来的！"紧接着，田螺宝宝又从妈妈的肚子里面出来了些。"这是它的身子吗？"迪迪问，"为什么它是红色的？"刚说完，一个透明的壳慢慢出来了，小朋友们都看得惊呆了，议论纷纷：

"为什么它的身子是红色的！是血吗？"

"为什么它背上的壳是透明的呢？"

我也发出感叹，和小朋友们一样是第一次看到田螺生宝宝，我将其用视频拍摄了下来。后来发现，原来田螺刚生出来的宝宝是肉红色的，十几分钟后，红色的田螺宝宝会变成像母体一样的青绿色，透明的、弯弯的壳会变成有尖尖棱角的壳，所以，就有了我们起初看到的已经变色的田螺宝宝和刚出生肉红色的田螺宝宝。

我的宝宝我守护

新成员诞生，小朋友们提出要让宝宝们快快长大。如何让田螺宝宝适应我们这里的新环境呢？小朋友们有很多奇思妙想，有的说给它们开空调，有的说换成温水，有的说，给它们铺床被子可以吗？我回答："可以呀，那我们给它们盖一床什么样的被子呢？棉被吗？还是毯子呢？"于是，我们开启了"田螺宝宝生存大挑战"的任务，我们可以查阅资料，可以问问爸爸妈妈，和他们一起去找找公园里的田螺都生长在哪里？我们收集了很多方法，最后选择了一种比较适合田螺宝宝生存的方法。田螺宝宝喜欢冬暖夏凉的环境，而沙土有保温的作用，它们会吃水里的很多微生物，和沙土里的细小养分。于是小朋友们一起找来了很多沙土，将沙土清洗干净去除杂质，在水底铺上细细的沙土，再将田螺们放进去，最后，看到田螺妈妈和宝宝们都窝在了沙土下，时不时也钻出沙土来。小朋友们都非常高兴。有时候，小朋友们还会和田螺们说话呢，"你今天开心嘛？""你肚子饿了吗？"还会催着小田螺长大，一起做好朋友呢！

故事源于幼儿的生活，从"你是谁"到"新成员诞生"，再到"我的宝宝我守护"开启了一段田螺姑娘孕育记的神奇探索之旅。在与田螺的亲密接触、观察、呵护过程中看到了田螺一天天的变化，发现了许多田螺的小秘密，收获了关于田螺成长和环境变化的新经验。同时，在本次田螺的探秘之旅中，我们以幼儿为中心，以幼儿的问题为载体，给予他们更多的时间，自主、自由地进行观察，鼓励他们探究与猜想，让他们在观察和饲养中感受生命成长的惊喜和神奇，从而学会关爱小动物、热爱生活。

二、家长的项目活动故事

故事1：惊蛰与春耕

毛肖盛家长

"春耕不肯忙，秋后脸饿黄。"立春过后，春耕即将开始。今年，幼儿园组织孩子和家长一起参加了宁波市第三届春耕文化节。在活动中，我们观看了庄严肃穆的祭天仪式，小朋友们参与了诵读经典环节。看着一个个穿着国学服的小身影有礼貌地作揖，手拿竹简认真地诵读经典，整个画面就似一幅古典画卷，我们被中国优秀传统文化散发的魅力。

之后的耕牛披红、开犁撒谷等传统农耕文化活动更是精彩纷呈，小朋友们踩踩脚下的泥土，摸摸跟他们差不多高的拖拉机轮子，兴致勃勃地猜测着泥地上的印痕来源，他们还用小手扒开泥土，想看看里面藏着什么……

参加完春耕文化节的这天晚上，又是打雷，又是下雨，小家伙被吓得不行。我翻开日历一看，原来是惊蛰。我找到躲在被窝里的宝贝，轻轻拿开他捂着小耳朵的手，在他耳边说道："嘿，别怕，打开耳朵听听，这是雷公公在告诉泥土里的小虫子，春天到了，该醒醒了，要起床出来活动活动了。"

他看着我的眼睛，好奇地问："妈妈，有哪些虫子会醒呢，它们起来做什么呢？""呃……让妈妈好好想想……比如，蚜虫，因为植物开始发芽了，它们要起床去吸吮嫩芽的汁液了；再比如，你最不喜欢的蚊子，它们也醒了，准备慢慢长大，等天气暖和就出来活动了……"

第二天早上起床，小家伙迫不及待地跑下来，只见他蹲在泥土边细心地找着，过会儿大声地对我说："妈妈，妈妈！我发现有一颗小苗苗冒出来了，是不是因为昨天农民伯伯耕过地了？"

"不是，农民伯伯昨天耕的是农田，这是我们家楼下的泥土，是因为昨天下过雨了，土里的种子发芽了……"

还没等我说完，小家伙又嚷开了："妈妈！妈妈！你看有蜗牛！"

"是呀，你看那里还有一个小瓢虫，看来它们昨天都被叫醒起床了，接下来它们会跟着这些植物一起成长。春天，也是小朋友长大的好时节，你也会像这些发芽的小苗苗一样，越长越大的哟。"

"微雨众卉新，一雷惊蛰始。田家几日闲，耕种从此起。"惊蛰是气温回升的节气，雨量增多，日照时数也有比较明显的增加，为了农作物健康生长，农民伯伯常常把惊蛰视为春耕开始的日子。春雷阵阵，细雨蒙蒙，草木新生，村童雨牧，农人播下种子，也播下了一年的希望。

故事2：冬藏——水果干引发的讨论

胡翊宸家长

前段时间，孩子的班级里开展了"秋实累累"的主题活动。孩子们和家长一起搜寻了很多秋天的果实，班级自然角里陆续出现了石榴、冬枣、柿子、南瓜等蔬果。在老师的引导下，孩子们和秋天的蔬果进行了有趣的互动。

春生夏长，秋收冬藏。经历了秋收的喜悦，很快迎来了寒冬。但是自然角里有些蔬果渐渐腐坏，孩子们很是心疼。老师和孩子们经过一番讨论，决定一起探索食物储存的秘密。于是，就有了我和我家娃的这段对话。

娃："爸爸，为什么水果放久就会烂掉？"

爸："我问你哦，你知道水果可以保存几天吗？"

娃："有些只能保存一天，比如草莓；有些可以保存时间长一点，比如苹果。"

爸："能保存100天那么久吗?"

娃："不行的,会坏掉的。"

爸："为什么这么容易坏掉啊?"

娃："因为有细菌啊,它们会偷吃,会生好多好多小宝宝,还在上面拉粑粑。"

爸："细菌从哪里来的呢? 是不是你的脏手摸了水果,才会有细菌的。"

娃："不对,不对,空气里就有很多细菌啊。"

爸："那你能不能想个办法,让水果保存得久一点。"

娃："用袋子把水果包起来。"

爸："嗯,是个好办法,外面的细菌是进不来了,但是袋子里面的细菌还有啊? 你知道的,只要有一点点的细菌,还是能生出好多小宝宝来。"

娃："可以把那些细菌全都杀死。"

爸："怎么样才能杀死那些细菌呢?"

娃："阳光啊,给它们晒太阳,还有家里的紫外线灯,可以杀死细菌。"

爸："你说的很对,但是有个问题啊,阳光和紫外线只能杀死水果表面的细菌,里面照不到的。"

娃："那还有什么办法呢?"

爸："我们可以想办法把水果里面的水分去掉,因为所有的生命都需要有水才能活下去,植物不浇水会死掉,我们不喝水也会死掉,水果里面没有了水分,细菌也就活不下去了。所以保存水果最好的办法是什么呢?"

娃："我知道了,做成水果干。"

爸："现在你来选一样水果,我们一起做水果干。"

娃："橘子吧,我喜欢吃橘子。"

爸："啊? 橘子可不行哦。"

娃："为什么啊?"

爸："橘子里面水分太多了,我们一般把它们做成果汁保存起来,用你刚才说到的办法杀死细菌,灌进盒子里面,密封好不让细菌进去,你喝过这样的果汁对吧？"

娃："嗯嗯，是的，我超喜欢喝果汁。"

爸："你可以选其他的水果做成水果干，比如葡萄、草莓，做成水果干一定很好吃。"

娃："好吧，做葡萄干也可以。"

爸："什么时候开始做？"

娃："明天！"

爸："天哪！来不及的，葡萄放在太阳底下要晒上整整一个月才能做成葡萄干。"

娃："那怎么办？"

爸："加热！这样，葡萄里面的小水滴热得受不了了，就会变成水蒸气很快飞走的。做水果干最好的办法是用烤箱，可是我们家没有烤箱，怎么办？"

娃："房间里的电暖气可以吗，我觉得它很热。"

爸："好主意！我们可以试试看。"

爸："你把葡萄放在金属盘子里，别放太多，一层就够了，然后把盘子放在暖气片上，看看明天会变成什么样。"

第二天早上。

娃："咦，葡萄变小了，变得皱巴巴的了，好搞笑哦。"

爸："是啊，葡萄里的水被暖气片烤干了，快变成了水果干。"

一场水果干制作引发的讨论，一次父与子的科探之旅，在这种全方位的感受中，孩子探究着、发现着，体验着惊喜与乐趣，并从中学会了如何去学习。

故事3：小小黄豆伴成长

姚沛滢家长

小朋友是天真烂漫的，同时在对待自己感兴趣的事上，也会十分认真。这些在班级的黄豆种植活动中体现得淋漓尽致。

当从老师手里接过几颗小黄豆那刻起，小家伙就对接下来黄豆的生根、发芽、开花、结果等一系列变化过程，充满了无限的憧憬和期盼。

一开始，黄豆是养在水里的。在老师的指导下，小家伙在塑料袋底部铺了一层棉花团用于保湿。有天放学后，小家伙迎面扑上来，手舞足蹿地告诉我："妈妈！妈妈！我的小黄豆发芽了！"

接下来的几天里，每次送小家伙去幼儿园，都能看到小朋友们三五成群地聚在一起，兴致勃勃地观察着自己的小黄豆芽。他们一边观察，一边讨论，有的在给黄豆芽比高高，有的数着黄豆芽的叶子有几瓣，有的摸着黄豆芽上的细毛一脸好奇……整个氛围真是天真有趣，又认真无比。

可渐渐地，小家伙发现黄豆芽的叶子变蔫了，头耷拉了下来。有一天回家后，她非常着急地问我："妈妈，老师说小黄豆芽生病了，你知道为什么吗？我们可以救救它吗？"我告诉她："是的，小黄豆一直待在水里，可能营养跟不上了。"小家伙似懂非懂地频频点头。后来，老师请每位孩子把自己的"黄豆水袋"带回家，帮它们重新"造"一个"泥土房子"。于是，我们找来了一只非常漂亮的小花盆，将一颗颗小豆苗小心翼翼地从水袋里拿出来，轻轻地埋进了土里。

此后，每天早上一到幼儿园，小家伙第一件事就是迫不及待地跑去给黄豆苗浇水，观察长势。有天，她惊喜地发现，黄豆苗们都换上了碧绿的新叶，有的还开出了小花朵，一颗颗迎着阳光，犹如国旗下昂首挺胸的小朋友。这下，可把她乐坏了！

小小黄豆的成长牵动着小家伙的喜与忧，之后的日子里，经历了黄豆叶长虫子的忧愁，感受了捉到虫子后的兴奋，最后还体验了小黄豆结豆荚的惊喜……她知道，豆荚里就是小黄豆新长出的小宝宝，这些小宝宝们长大成熟后，同样可以生根发芽，开花结果。

一次小小的黄豆种植活动，小家伙不仅体会到了收获的喜悦，更重要的是，在这个过程中，她渐渐形成了责任感，懂得了关心和爱护，提升了观察和探究能力……

三、幼儿的项目活动故事

故事1：神奇的浇花器

又可以去日湖公园游学了，好开心啊！

哇！草地上有小喷泉，像花儿一样喷向四周。

看到这个小喷泉，我们都好激动。"这是在浇花吧，浇花器上一定有很多洞洞让水喷出来吧！""洗澡的花洒也是这样的。""这里的小草可真幸福，它们的身边会有这么神奇的浇花器。要是我们自己种植的小果苗也有这样的浇花器该有多好啊!"

No.1 浇花器

看了公园里神奇的浇花器,大家也特别想为幼儿园里自己种植的小果苗做这样的浇花器。可是,用什么工具、什么材料制作呢?好像有点难。就在我们想放弃的时候,程浩然在果园里开心地叫了起来:"快来、快来!我这个矿泉水瓶会喷水。"看到从瓶子上喷出的水流,我们都开心地叫了起来,"就像小男孩在小便!"妹含激动地说着,逗得大家哈哈笑了起来。"你们看,这个瓶身上有两个洞洞。""我们家里也有这个矿泉水瓶,我们往瓶身上戳洞洞,就可以变成浇花器了。"大家你一言,我一语,就这样开启了制作浇花器的旅程。

我们从家里拿来了矿泉水瓶,准备制作浇花器。但是,要戳小洞洞了,用什么工具比较安全呢?跳跳说:"钉子很锋利的!一不小心会弄破手指头。"大家一下子又愁眉苦脸了。姚嘉眼睛一亮,提议道:"袁老师,我们可以用彩钉。彩钉上面有彩色的塑料,比较好拿,我们小心点,应该可以成功。"就这样,我们终于成功地戳出了洞洞。当大家展示自己的作品时,果果的浇花瓶,喷出了一排的水流,引起了大家的兴趣与好奇。"我要戳两排!"就这样,在不同位置戳了很多洞洞的瓶子成了我们好玩又有趣的浇花器。它们有的喷出一排水流,有的喷出两圈水流。

这么好玩的浇花器,我们要给它取个名字。有的小朋友说叫"花花浇花器",因为喷出来的水流就像花一样;有的说叫"水流浇花器";有的说就叫"瓶子浇花器",那到底叫什么呢?投票吧!最终"水流浇花器"得票最多,所以我们第一代自制浇花器的名字就叫"水流浇花器"。

No.2 浇花器

原来简单的瓶子浇花器可以这么好玩,仿佛这些水瓶有了不一样的魔力。有一天,薄荷小朋友兴奋地告诉老师:"把瓶盖盖紧,水就不会流了,打开它又开始流水了。"真的是这样吗?大家都想试试。于是,我们跟老师一起准备了实验材料。在做小实验的过程中,我们发现瓶底有洞,瓶盖没洞,瓶盖就像浇花器的开关,拧一拧就能控制水流。如果瓶盖有洞、瓶底也有洞,这个瓶盖就不能控制水流了。原来这个神奇的现象跟空气有很大的关系。

用这个浇花器浇水比我们第一次发明的"水流浇花器"要先进多了。

只要我们往瓶子灌满水，轻轻拧拧瓶盖，就能开始浇水，等浇好水了，关上瓶盖就可以了，真是太方便了！可是，瓶子要怎么固定在小果园里呢？最后，我们用了好几根木棍当支架，终于把浇花器固定牢了。小伙伴们开心地叫了起来："这个浇花器，只要旋一旋就能控制水流了，就叫它超级旋转浇花器吧！"就这样，我们的第二代浇花器诞生了。

No.3 浇花器

要放小长假了，在果园里的柒柒说："万一小果苗口渴了可怎么办？要不我们放假前多给它浇点水吧？"浩然说："不行！不行！这样，小果苗会太撑的。""有什么办法可以让小果苗每天喝到一点点水，让小果苗既不会口渴，也不会撑破肚皮呢？"萱萱灵机一动："老师，我们输液的时候，药水就是一滴一滴地滴下来的。我们用细管，把它接在瓶子上，给小植物浇水吧！"于是，用细管导流的浇花器诞生了。

用自己制作的浇花器给小果苗喝水，帮助小果苗苗壮成长，我们好开心哪！

图 4-7　项目活动故事"神奇的浇花器"

故事 2：萝卜小分队的秘密行动

今天中午我们的餐盘中有一块块橙色的萝卜。小晨晨开心地说道："你看，这是胡萝卜，橘黄色的，妈妈每天都做给我吃。""我吃过白色的萝卜！""妈妈说，吃了萝卜人会长高的，是不是？""我们自己来种点萝卜吧！"淇淇突然提议。听上去好有趣，那就开始行动吧！

第二天，豆豆从家里带来了几包萝卜种子。外面的包装上画着不同的萝卜，有圆圆的大红萝卜、长长的黄胡萝卜、肥肥胖胖的圆白萝卜、娇小可爱的樱桃萝卜等。当我们打开里面的小种子："咦，双胞胎？种子长得一模一样！长大了也会一样吗？"

　　我们萝卜小分队的第一次秘密行动开始啦！我们将种子分类播撒在了泥土里。"小种子什么时候会长大？小种子长大了会变成什么样子呢？会长出大大的萝卜吗？"我们好期待，每天都去看望萝卜小庄园。几天后的早上，小种子竟然有了变化！有的绿绿的，露出了一颗小豆芽，有的长出长长的一根茎。慢慢地嫩黄色的小芽们都变成了绿色，绿油油的，好看极了！它们的叶子张开了，像一株四叶草。仔细一看，叶子上还有纹路，有的像爱心，有的像羊角，还有的像蝴蝶……这些小芽芽还像铁扇公主的芭蕉扇，可是有的小苗却没有动静。我们呼唤着："小种子，快快出来吧！"或许是小种子们听到了我们的呼唤，第二天小种子都发芽啦，有的长得更高了。每天早上，我们来幼儿园的第一件事情就是去自然角看望它们。我们为它们浇水、铲土，带它们去晒晒太阳……就好像爸爸妈妈在照顾我们一样。

　　可是过了一个周末，我们却发现有的小芽耷拉下了脑袋，有的已经变黄了。它们怎么啦？是生病了吗？昕昕从书上为我们找到了秘密。原来小种子生长需要太阳公公的帮助，而我们的萝卜庄园却照不到太阳。我们需要为萝卜小种子搬家，这下，小种子又可以发芽长大喽！可是好景不长，长了几天的小苗再一次耷拉下了小脑袋，而且这次更加严重啦！这是怎么了呢？小博士BB拿着放大镜发现小苗上竟然有了好多小洞洞，一定是小虫子咬的，天天还发现有的小苗身边的土很湿，像被雨淋过一样，小苗肯定喝了太多的水，它被淹死了。于是，我们轮流做浇水小卫士和除虫小士兵。有的帮小苗除虫，有的给小苗喷适量的水，这样它们才不会生病。小萝卜也在我们的精心照顾下越长越高啦！

　　12月的一天，我们发现小萝卜皮竟然变得皱皱的。这是怎么了？天气越来越冷，我们穿上了厚厚的棉衣。可是小萝卜们呢？它们还是光秃秃的在冷风中呢！我们好心疼，可是，不能让它们躲在空调房里，也不能给它们穿我们小时候的衣服，那不如用水果网套给它们做一些"围巾""帽子""衣服"吧！还可以给它们造一个大房子！在暖暖的提议和萱萱妈妈的帮助下，我们为萝卜搭建了一座漂亮又保暖的"新房子"！这下，萝卜宝宝可以快快成长啦！

图 4-8　项目活动"萝卜小分队的秘密行动"

实践篇

SHIJIANPIAN

第五章

探究性课程——多样的生命

第一节　主题说明、主题目标、探究特点

一、主题说明

生命是大自然的奇迹。它们有些彼此很相似，有些则大为不同。每种生命都有其存在的意义与价值，各种生命息息相关。生物学家根据它们的相似性和差异性，划分出了不同的种类与纲目。对幼儿而言，他们能根据生命体的相似性和差异性开始尝试分类。他们能做的最简单的区分是植物、动物和人类，有的分类可以更具体些，如海洋里的动物、陆地上的动物、空中飞的动物，冬天里会落叶和不会落叶的树，不同动物过冬的方式不同等。这正是幼儿发现生命多样性的开始。

通过探究性课程，他们会发现生命更细微的相同与不同。关注生命的多样性能让幼儿了解生命的多样性，见证生命的神奇，感受到生命的美丽。

生命的多样性体现在生命种类的多样、生命特性的多样、生命周期的多样及生命间相互依存关系的多样。关于生命和生命过程，幼儿可获得的经验是：生物种类繁多，需要赖以生存的条件；能根据一些明显特征将常见的生物分成不同类别；生物呈现出不同的生命阶段，有一定的

生命周期；生物能以不同的方式繁殖后代。[1]

《3—6 岁儿童学习与发展指南》要求，幼儿园和家庭应支持和引导 3~4 岁的幼儿认识常见的动植物，能注意发现周围的动植物是多种多样的；支持和引导 4~5 岁的幼儿感知和发现动植物的生长变化和基本条件；支持和引导 5~6 岁幼儿的探究活动，使其能觉察到动植物的外形特征、习性与生存环境的适宜关系。帮助幼儿正确了解、理解生命，为他们提供生命之爱，培养他们热爱生命之情与行，为他们的一生幸福奠基。[2]

二、主题目标

"多样的生命"主题活动的主题目标主要是帮助幼儿感知生命的多样性和独特性，了解生命的基本生存条件和生长条件，发现不同生物的外形特征、生长变化、生活习性及相互间的关系等。

"多样的生命"主题活动针对幼儿园各年龄阶段的幼儿又有着不同的目标要求。它要求小班幼儿要学会观察并爱护身边常见的动植物，发现动植物明显的外形特征和生活习性，关注人体的各部位突出的特征及作用；要求中班幼儿要学会感知生命的多种多样、千差万别，乐意探究动植物和人体各部位的基本特征、结构和功能，发现动植物和人的生长变化与基本生存条件；要求大班幼儿要学会关注不同生命体生长周期长短的不同，感受生命的多样性和变化，初步发现生命体的外形特征、习性以及与生存环境之间的适宜关系，理解生命的不同需求，能为动植物设计简单的生存环境。

三、探究特点

(一)探究内容的多样性

3~6 岁的幼儿喜欢关注动植物和人不同的外形特征，以及不同的外形特征与满足其自身需要之间的简单关系。例如，青蛙的长舌头可以轻而易举地捕捉到虫子；小螃蟹的两只大钳子不仅能抵御敌人的侵略，更是它日常觅食的重要工具；爬山虎的茎上会长黏性的小"吸盘"，所以它

---

① 参见刘占兰：《幼儿园科学教育资源》，122 页，北京，人民教育出版社，2014。
② 参见刘占兰：《幼儿园科学教育资源》，116 页，北京，人民教育出版社，2014。

能紧紧攀附在墙上生长。幼儿的关注点从生命的一两个明显特征逐步走向更为细致的观察和发现。

（二）探究表达的泛灵性

在与小动物、植物的互动中，幼儿常常会带着拟人化的生命观，来发现与解释生命的成长与需求。在幼儿的记录本里，你会惊奇地发现洋葱有了笑脸，"头发上"绑上了蝴蝶结，那是洋葱在庆祝自己长大了。冬天，幼儿为了让蘑菇朋友不受冻，为它们搭建小暖房，还用取暖器、电吹风、甚至搬来热水来为蘑菇供暖。

幼儿的这些拟人化表达方式是他们对生命最初的认识和表达，充满着对生命的暖暖情谊。带着这样的一份情感，幼儿才能更长时间关注生命的变化，在持续探索中来印证和发展自己的观点。

（三）探究形式的丰富性

幼儿在探究生命的过程中，形式是非常多样和灵活的。幼儿的探究可能是短时间的自由发现，有时候则是通过较长时间的观察，来发现某一生物的生命周期和每一个时段的不同变化。在灵活多样的探究中，运用各种感官、各种工具进行观察、测量、记录，分享自己的发现与思考，尝试进行归类、寻找规律，提出问题。

在探究"多样的生命"的活动中，我们需要有效利用幼儿园种植区、饲养区，班级自然角；周边社区的公园、小区绿地；植物园、动物园等地的环境资源，使其成为幼儿的探究场所。我们应该鼓励幼儿关注生命、爱护生命；创造机会让幼儿去感受、去发现自然界动植物生长的奥秘，激发幼儿对生命世界的兴趣，唤醒他们的情感体验，感悟生命的可爱之处。

同时，我们可以引导幼儿借助幼儿文学、艺术、科学等领域，注重科学性与人文性相融合，认识与体验相结合，引发幼儿对生命的探究，多渠道感知生命的多样与神奇。培养幼儿对生命的爱和责任感，使其懂得人与自然应和谐相处，让幼儿从"多样的生命"中理解到"以善为美"的价值理念。

第二节　活动案例

一、你好，蜗牛

(一)项目说明

雨后的下午，孩子们在幼儿园后花园里散步。突然，一个小男孩高声呼喊起来："快来看，一只蜗牛呀!"话音刚落，孩子们蜂拥而上。只见一只小蜗牛在碧绿的草地上，悠闲地伸展着自己的小触角，看着那么多的人围着似乎一点儿也不害羞，继续慢慢地爬行着。旁边一个女孩马上又激动起来："你看，小蜗牛会画画呢!""小蜗牛，你是不是迷路了，找不到家了啊?"孩子们你一言我一语，这时候的蜗牛就像是被围观的小明星。这时，乐乐提议："我们把它带回教室吧!"他的建议得到了其他小朋友的一致赞成。于是，我们的养殖区就多了一位新的朋友。

孩子们七嘴八舌起来了。"小蜗牛喜欢吃什么呢?""我们给它造一个新家吧!""我们给它取一个好听的名字吧!""它一个人会不会孤单呢?"……几个孩子立马行动了起来。丽丽在科学区拿来了一个透明的盒子。一旁的诗诗突然想起了什么："我知道蜗牛喜欢吃什么，我去后花园找一找。"说完，就拉上一个小伙伴重新返回刚才的地方。没过多久，诗诗和小伙伴回来了，手上抓着一把小草，拎着半桶泥土。他们把这些放进了透明盒子里。孩子们想要看着蜗牛是不是会吃这个新鲜的青草。可是，等了半天，蜗牛一直缩在它的壳里，一动不动。孩子们不停地呼唤着："蜗牛，快来吃好吃的，快出来啊!"喊了半天，蜗牛仍然毫无动静。直到一旁的顺顺说："你们都别吵了，蜗牛被吓坏了!我们还是先让它休息一下吧!等一下再来看它。"孩子们虽然很期待蜗牛能像刚才一样的灵活，但是又觉得顺顺的话有道理，就都暂时散去了。

1. 价值分析

(1)对班级幼儿情况的分析

中班幼儿在小班的时候就有着养小鱼、小仓鼠的经验，蜗牛是幼熟悉并喜爱的小动物。与蜗牛偶然的相遇，让幼儿对这个可爱的蜗牛充满了主动探究的兴趣，激发了他们想要跟蜗牛成为好朋友的欲望。这个项目活动让幼儿对蜗牛有一个深度的了解。

（2）对蜗牛的探究价值的分析

本项目活动选取了生活中的偶然事件，是幼儿主动想要亲近的动物朋友，源于以下几点思考。

第一，蜗牛的形态可爱，是杂食性动物，成年蜗牛以绿色植物为主要食物，适合在幼儿园养殖观察。

第二，蜗牛蕴含着丰富的教育信息，以及生命课程的价值取向。首先，在观察蜗牛时，幼儿可以感受到生命的力量，产生对生命的敬畏；其次，在陪伴蜗牛成长的过程中，幼儿可以观察、探究蜗牛的各种秘密，所有的秘密都折射出蜗牛独特的生命密码，从而潜移默化地引导幼儿尊重生命的多样性。

第三，在很多的童话故事里，蜗牛是一种充满正能量的小动物形象，关于蜗牛的歌曲或故事作品中，都传递着坚持不懈、谦虚努力的信息，值得幼儿感受和学习。

（3）对资源的分析

蜗牛在菜园、草地随处可寻，特别是雨后的大自然，生态环境好的地方。这为幼儿饲养蜗牛奠定了基础。蜗牛种类比较多，这为中班幼儿对蜗牛进行对比观察提供了可能，使幼儿对于蜗牛的种类有所了解。平平的家里也饲养着白玉蜗牛，我们聘请了平平家长做我们的养殖顾问。

2. 问题引发

孩子们很是好奇："蜗牛除了喜欢吃菜叶，嫩嫩的小草，还喜欢吃什么呢？""它一个人会孤单吗？""我们再给它找一些朋友吧！"……

于是，孩子们去幼儿园的后花园找呀找，最后失望而归。第二天，惊奇的事情发生了，在蜗牛的身边多了一粒粒的小东西。"这是什么？是它的便便吗？""是它吃了什么不消化，吐了吗？还是它的宝宝啊！"……孩子们想法各异，想要再等等看，看这些一粒粒的小东西会有什么变化。几天过去了，这一粒粒的小东西没有任何动静……孩子们想为蜗牛先找一些朋友，免得它孤单。

在双休日，孩子们在家附近的公园里、爷爷奶奶家的菜地里寻找着蜗牛的踪影……就这样，一场亲子寻蜗牛行动开启了。班级微信群也热闹了起来。那个周六是个大晴天，一开始孩子们都没有找到蜗牛朋友，直到夜幕降临，洋洋小朋友的爸爸在班级微信群里发了一条视频信息，只见他打着手电筒，在洋洋爷爷家的菜地里找到了好多小蜗牛。于是，爸爸妈妈们在班级微信群里一起议论起来。这个是刚孵出不久的小蜗牛呢！孩子们联想到班级自然角的那些小不点儿很有可能就是蜗牛宝宝还没有出生的样子。在讨论中，平平爸爸说那就是蜗牛产的卵，一周以后就会孵出小蜗牛。原来，我们在后花园里找到的是一只蜗牛妈妈……

第二天，下了一场雨。好多小朋友又出发去寻找蜗牛了，这次班级微信群里可热闹了，大家都找到了蜗牛，孩子们兴奋不已。周一，孩子们都带着自己找到的蜗牛来幼儿园了。

价值分析：带回一只偶遇的蜗牛，它的产卵引发了孩子们的好奇与猜测。但一直没有动静的卵，也激发了孩子们想为蜗牛暂时寻找更多的蜗牛朋友的兴趣。孩子们在照顾蜗牛时探索它喜欢吃什么，它喜欢住在什么样的家里，蜗牛为什么会在晚上或雨后出现等各种问题。同时，从他们的讨论中可以发现，他们对蜗牛朋友有好奇也有关心，有了初步的情感连接，并对蜗牛产生了浓厚的兴趣。

(二)项目生成

在课程最开始，基于幼儿的兴趣点、课程资源、以及教师对课程的思考和理解，预设了课程的基本框架。在课程开展过程中，基于幼儿的视角，深入倾听幼儿的问题和思考，认真分析跟进。活动目标、内容如下。

1. 项目活动目标

第一，乐意亲近蜗牛，对饲养、探究蜗牛感兴趣。

第二，通过陪伴、观察、提问、操作，探究蜗牛的外形特征和生活习性，尝试用多种方式大胆表达，感受蜗牛的特别之处，体验发现的惊喜。

第三，感受生命的多样性，产生爱护小动物的美好情感。

2. 项目活动框架

针对"你好，蜗牛"项目，我们做了一个活动框架图。如图 5-1 所示。

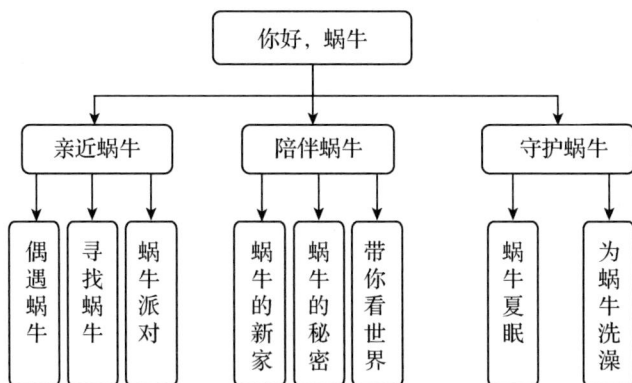

图 5-1 《你好，蜗牛》活动框架图

3. 项目活动内容

(1)主题活动

表 5-1 《你好，蜗牛》教学活动一览表

主题展开思路	活动名称	活动目标	侧重领域与涉及领域	活动场地
偶遇蜗牛	走丢的蜗牛	观察蜗牛的外形，发现蜗牛的独特之处。	语言 科学	幼儿园
	找蜗牛	发现蜗牛居住的环境的秘密，乐意表达自己的发现。	健康 科学	园外
	蜗牛卵	观察蜗牛卵的秘密，并大胆说说自己的发现，用多种方式表现。	语言 艺术	幼儿园
	蜗牛的食谱	为蜗牛制定一周美食，观察蜗牛最喜爱的食物，发现蜗牛的便便颜色与食物的关系。	科学 艺术	幼儿园
	蜗牛大聚会	发现蜗牛的种类繁多，观察蜗牛的相同点与不同点。	科学 语言 社会	幼儿园

续表

主题展开思路	活动名称	活动目标	侧重领域与涉及领域	活动场地
陪伴蜗牛	蜗牛一家子	尝试与同伴合作，模仿蜗牛爬行的动作。	健康 艺术	幼儿园
	绘本《蜗牛》	在听听、看看、讲讲的过程中，理解故事内容，用比较完整的语句讲述蜗牛的秘密。	语言 科学 社会	幼儿园
	绘本《小蜗牛，爱淋雨》	理解故事内容的幽默，大胆用语言动作表现自己对作品的理解。知道遇蜗牛喜欢潮湿的环境。	语言 科学	幼儿园
	我为蜗牛设计新房子	尝试用各种方式为蜗牛设计安全、温暖、有趣的新家。	艺术 社会	幼儿园
	泥塑蜗牛	通过用陶泥塑形的方法，捏出小蜗牛明显的外形特征。	艺术 社会 科学	幼儿园
	你有许多小秘密	了解蜗牛的外形特征和生活习性，并尝试用多种方式大胆地表达。愿意与蜗牛交朋友，感受发现的惊喜。	科学 艺术 语言	幼儿园
	带你出去看世界	愿意用照片、语言、文字等方式记录蜗牛的"周末旅行"，并能大胆讲述。	社会 语言	幼儿园
	蜗牛乐园	探究蜗牛爬行在不同材料上的秘密，并乐意模仿。	科学 健康 语言	幼儿园
守护蜗牛	夏眠的秘密	了解蜗牛夏眠的原因，乐意表达自己的想法。	科学 社会 语言	幼儿园
	为你洗澡	想办法帮助蜗牛的身体保持湿润，并为蜗牛建造适宜的房子。	语言 艺术 科学	幼儿园
	夏眠畅想曲	大胆想象，说说蜗牛可能做的梦，并用绘画的方式表达自己内心美好的想法。	艺术 语言 科学	幼儿园
	我是快乐的小蜗牛	感受歌曲轻松愉快的情趣，初步学习在休止、间奏处控制不唱歌。体验边玩边唱的乐趣。	艺术 健康 社会	幼儿园

（2）区域活动

①语言区

蜗牛影院

——活动需要的材料：

蜗牛的科普读物、幼儿自己拍摄的蜗牛爬行图片组、图书(《蜗牛的日记》《蜗牛的长腿》《最美自然洞洞》《蜗牛去漫游》《追求幸福的蜗牛》)等。提供各种小动物的指偶；房子、桥、河流、草地、树林、海等立体布景道具。

——可能引发的活动：

a. 请幼儿说说蜗牛的背壳是什么样的形状花纹；它们是怎么爬行的；蜗牛遇到危险的时候是怎么样的；它们平常还会玩什么游戏；等等。

b. 故事《蜗牛的日记》以图文方式张贴在语言区，启发幼儿边讲故事边进行指偶表演，还可以进行续编表演。

——对教师指导的建议：

a. 投放多种支撑材料，与幼儿共同创编和记录《蜗牛的日记》。

b. 共同制作故事中出现的小动物指偶、手偶等。

②表演区

A. 蜗牛去漫游

——活动需要的材料：

提供蜗牛及各种动物的头饰；房子、草地树林等立体布景道具；故事背景音乐和故事录音等。

——可能引发的活动：

a. 表演区小组成员讨论后进行角色的分配。

b. 用无毒可擦化妆笔为自己或帮助他人进行角色化妆。

c. 道具组成员摆放场景道具。

——对教师指导的建议：

a. 当幼儿化妆或摆放道具遇到困难时予以提醒或帮助。

b. 将幼儿表演《蜗牛去漫游》的现场拍摄下来，播放后请孩子们提提建议并改版后再次表演。

c. 幼儿利用表演区提供的其他道具和指偶，自主创编语言故事并进行故事表演，教师拍摄记录。

B. 蜗牛聚会

——活动需要的材料：

在表演区的墙面展示造型感十足的小蜗牛叠罗汉、小蜗牛爬行的照片。提供化妆笔。

——可能引发的活动：

a. 寻找伙伴，进行模仿蜗牛各种造型的方案探讨。

b. 用各种材料制作蜗牛的壳，进行创意表演。

——对教师指导的建议：

a. 指导和帮助幼儿完成蜗牛造型。

b. 鼓励幼儿互相协商合作。

c. 为幼儿做好影像和文字的记录，作为同伴间分享的案例张贴在主题墙上。

③美工区

A. 你好，蜗牛宝宝

——活动需要的材料：

蜗牛从卵到小蜗牛的组图；小蜗牛成长中的独自爬行、吃叶子、爬高高等游戏的照片。剪刀、胶水、记号笔、彩纸、树叶、陶泥、泥工板、儿童木刻刀、蜡笔、超轻黏土等材料与工具。

——可能引发的活动：

a. 观察美工区张贴的照片，自主选择自己喜爱的主题分成三个小组，通过观察回忆将蜗牛的活动绘画、制作出来。

b. 自主选择自己喜欢的材料和工具动手表现，如陶泥捏蜗牛、撕纸表现蜗牛的螺旋线条、树叶拼剪成蜗牛等。

c. 将作品进行展示，如陶泥、超轻黏土制作的蜗牛放入蜗牛乐园，与蜗牛作伴，同伴之间相互欣赏学习。

——对教师指导的建议：

a. 指导和帮助有需要的幼儿初步学习做陶泥蜗牛时捏、刻、印等方法。

b. 鼓励幼儿运用多种材料进行创作，体验艺术创作的乐趣。

B. 我为蜗牛宝宝造房子

——活动需要的材料：

关于蜗牛宝宝生活所需条件的视频以及照片，记号笔、水彩笔、油画棒、彩纸等材料。

——可能引发的活动：

a. 观察蜗牛宝宝生活所需条件的照片，自主设计房子的形态、色彩、功能。说说蜗牛宝宝房的设计想法，希望自己设计的房子能给蜗牛宝宝带来怎样的便利。

b. 绘画作品同伴互相欣赏，并交流自己对房子的解读，启发灵感再创造。

——对教师指导的建议：

a. 引导幼儿关注房子的功能性。

b. 鼓励幼儿发挥想象，从蜗牛宝宝的角度为它们考虑生活的舒适便利性。

C. 我是小小设计师——表演区蜗牛服装设计

——活动需要的材料：

扇形绿色卡纸、记号笔、双面胶、背心等。

——可能引发的活动：

a. 根据扇形的造型，用点线结合的方式从里到外依次在卡纸上画线描图案。

b. 把扇形卡纸变成螺旋形，粘到背心上变成蜗牛壳，大胆介绍自己作品的特别之处。

c. 将完成的背心壳放入表演区中进行表演。

——对教师指导的建议：

a. 提醒幼儿画的时候尽量将花纹画得流畅干净，线条之间间距适中。

b. 鼓励幼儿自己创作。展示大家的作品，突出重点特征，鼓励互相学习。

④建构区

蜗牛乐园

——活动需要的材料：

记号笔、蜡笔、水彩笔、纸；各式的木头小棒、雪花片、聪明棒、透明管道积木。

——可能引发的活动：

a. 建构区成员讨论如何设计蜗牛乐园，有哪些功能区及安全措施，并绘制设计图。

b. 按照设计方案选择适合的建筑材料，对基座进行较牢固的搭建。

c. 完成建筑主体后，运用多种建筑材料对建筑进行装饰。

——对教师指导的建议：

a. 对幼儿搭建建筑底层的牢固性进行指导。

b. 当幼儿因为同样造型的建筑材料不足时，提醒幼儿用其他造型的建筑材料来代替，从而能继续接下来的活动。

c. 将幼儿的设计图放在建构区墙面张贴，鼓励幼儿将自己在建构时遇到的困难记录下来，同伴互助解决。

⑤益智区

蜗牛棋

——活动需要的材料：

底部背景棋盘一块，幼儿绘制的蜗牛棋四个，吃菜叶、吃西红柿、拉红色便便、生病等图案，雌雄贴若干，骰子一个，红旗一支。

——可能引发的活动：

a. 在有雌雄贴的空白处，贴上吃菜叶、吃西红柿、拉红色便便、生病等图案形成完整的蜗牛棋。

b. 抛骰子让蜗牛前行，遇到吃菜叶、吃西红柿、拉红色便便等前进一格或两格，遇到生病后退一格或两格，按规则图下棋，每轮一人只能抛一次骰子。

c. 一局下完后可以更换棋的图案顺序，然后再次下棋。

——对教师指导的建议：

a. 引导幼儿遵守下棋规则，按顺序抛骰子，骰子轻抛即可。

b. 鼓励幼儿创设棋子里的"情况"，如遇到鸟类退一格，遇到猛烈的太阳停一局等，进一步自主创设。

⑥科学区

A. 光影蜗牛故事创编

——活动需要的材料：

光影台、透明插板、各种各样形象的透光性插片、手电筒。

——可能引发的活动：

a. 根据讲述的故事移动各种透光性插片。

b. 声情并茂地讲述故事，双人进行合作。

——对教师指导的建议：

a. 当插片重叠时教师及时指导请幼儿细心观察并移动插片。

b. 引导幼儿移动光源，将光源调至合适的位置。

B. 爬高高的蜗牛

——活动需要的材料：

蜗牛宝宝、竹签、记录表、记号笔。

——可能引发的活动：

a. 观察蜗牛爬行的姿势并记录下来。

b. 完成记录后与同伴相互交流，进行比较讨论。

——对教师指导的建议：

a. 提醒幼儿观察蜗牛时要轻拿轻放，不要伤害到蜗牛。

b. 指导幼儿用正确的方式记录下蜗牛爬行的姿势。

（3）主题墙

①"你好蜗牛"

这部分主要呈现幼儿对蜗牛"卵"的大猜想，野外找蜗牛，照顾蜗牛，以及为蜗牛宝宝取名字等活动内容。

②"我的问题与发现"

这是一个持续跟进的板块。自蜗牛宝宝出生以来，幼儿对蜗牛宝宝十分好奇，并对它们的一举一动都观察入微。在观察的过程中，幼儿提出了问题，也发现了很多细节。我们会鼓励幼儿用绘画的方式及时记录自己的发现，也会用录音的方式记录幼儿的发现，并将录音生成二维码。

③"蜗牛派对"

这部分主要呈现幼儿和蜗牛日常相处的小片段，如幼儿用身体模仿蜗牛宝宝们爬高高、叠罗汉等动作，以及幼儿内心的感受。

④"小小建筑师在行动"

这部分主要展示幼儿讨论、设计的建构方案等内容。幼儿依据方案进行建构，自己记录建构时的困难，以及同伴之间互助解决困难的过程。最后，幼儿为蜗牛们建构了一个舒适的家。

⑤"蜗牛周末日记"

每个周末都会有小朋友自发地把蜗牛带回家照顾，还把自己的发现与周末的趣事用绘画的方式，或请爸爸妈妈用文字的方式记录下来，慢慢形成一本厚厚的"蜗牛周末日记本"。

⑥"带着蜗牛去旅行"

蜗牛宝宝自出生以来就在幼儿园里生活，还没有见过外面的大千世界，幼儿想带着蜗牛宝宝们出去玩。于是，就有了接下来的"带着蜗牛去旅行"活动。幼儿带着它们去了日湖公园，去了花鸟市场，去了书店，等等，大家认真地观察，用拍照、绘画、或文字的形式记录下了旅行的过程。

⑦"我们给它洗澡澡"

夏天到了，天气变得越来越热。细心的小朋友发现蜗牛都不怎么动了，它们怎么了？大家开始猜测，是想妈妈了吗？是睡着了吗？是太饿了吗？原来是天太热了，蜗牛宝宝把身体藏到了壳里。可是，这么小的蜗牛宝宝不吃不喝，会饿死的。"那我们有什么好办法帮助它们度过这个炎热的夏天吗？"大家纷纷动起了脑筋，用绘画的方式表达自己的想法。有的说给它吹空调，有的说给它多喷喷水，有的说给它多洗洗澡。最后，我们一起为蜗牛宝宝造了一座凉爽的房子。孩子们特别有成就感和满足感。

(三)实践探究

1. 亲近蜗牛

(1)"小颗粒"大猜想

在幼儿园后花园偶遇的蜗牛带回班级自然角之后，蜗牛的身边突然出现了一粒粒的小不点，那到底是什么？引发了孩子们持续观察的兴趣，孩子们展开了自己的猜测："可能是便便。""可能是蜗牛消化不良吐出的东西。""也有可能是蜗牛生的宝宝。"……孩子们并用绘画的方式记录了自己的猜测。孩子们用各种方式收集着自己想要知道的秘密，有的询问长辈，有的查看图书，有的打算再去找一些蜗牛来看看，比一比它们的便便到底是怎么样的；也有的小朋友打算静静地观察，那就可以发现其中的奥秘了。

价值分析：幼儿猜测着蜗牛身边的小颗粒到底是什么。这说明幼儿对蜗牛产卵是欠缺经验的。但是他们能结合以往饲养小鱼的经验进行推测，或者把自己的感受代入，认为蜗牛拉肚子了，消化不良了，蜗牛感到不舒服，所以才会有这一粒粒的东西。这说明在看似天马行空的猜测中，幼儿获得了经验迁移的能力。幼儿的情感已和蜗牛逐渐连接。

(2)蜗牛大探秘

孩子们想为蜗牛找一些伙伴。在寻找的过程中，孩子们总结出了以下经验：在晴好的天气找不到蜗牛；在晚上有露水的时候，蜗牛就爬出来了；在雨后也能找到蜗牛。孩子们从找到的迷你小蜗牛身上推测出，有可能幼儿园那只蜗牛身边一粒粒的小东西就是蜗牛的宝宝，因为它们大小差不多。

价值分析：在寻找蜗牛的活动中，幼儿通过自主探索，主动参与，获得了蜗牛与生活环境之间的关系——它们喜欢在夜间活动，潮湿的环境是它们的最爱。通过饲养这些蜗牛，幼儿在对比观察中，也发现那一粒粒的小东西的确不是蜗牛的便便，因为其他蜗牛的便便都是细细的、弯弯的。而且蜗牛吃了绿绿的菜叶后，便便的颜色也是绿绿的，要是吃了番茄，便便就是红红的了。通过饲养蜗牛，幼儿了解了它的食物颜色与便便颜色之间的关系。

幼儿沉浸在探索蜗牛的乐趣中，并且期待着这些小小的颗粒能孵出蜗牛宝宝。这时，老师及时提供工具，让幼儿用放大镜观察并记录下小生命破卵而出的美好时刻。

(3)我给蜗牛宝宝取名字

孩子们以小组的方式无微不至地照顾着每一只从野外带回的蜗牛，并且给它们取名字；每一次喂食的时候，总是小心翼翼地跟它们说话，为它们唱歌。有一天，一个孩子惊喜地叫起来："蜗牛宝宝出生了，我看到一个好小好小的蜗牛，跟我上次在菜叶上找到的一样。"孩子们都围了过来，仔细一看，蜗牛妈妈的身边有好几个小灰点在慢慢地移动着，一侧身，还能看到它们那明显的触角。没错，那就是小蜗牛，从卵里爬出来的小蜗牛，它们太小了，小得不能直接用手去触碰。

这时，诗诗小朋友说："大家小声点它们刚出生胆子很小。"晓晓说："它刚出生一定肚子饿了，我们赶紧给它准备一点好吃的吧！""可是，它喜欢吃什么呀？大菜叶它啃不动吧！""它一定要吃很嫩很嫩的叶子！"……孩子们你一言我一语地谈论着。

这时，孩子们问："它们有名字吗？我们都有自己的名字，也来给蜗牛宝宝取个名字吧！""这只小蜗牛太小了，我们就叫它小不点吧！""你看这只蜗牛的颜色有点咖啡色，叫它小咖啡。"……大家根据蜗牛宝宝的特征，并结合自己的喜好和美好愿景，帮每只蜗牛宝宝取了名字。小可爱、小调皮、小迷糊、小安静、小彩虹、小草莓、小钻石、小美美、小土豆……小字辈儿的蜗牛宝宝家族就此成立啦！

价值分析：在幼儿心中，已然把出生的蜗牛宝宝当成了同伴，就像我们每个人都有自己的名字一样，它们也需要拥有自己的名字。于是，在一场热闹的取名活动中，小蜗牛从"自然蜗牛"变成了"社会蜗牛"。在这种共情下，幼儿和小蜗牛的生命渐渐产生了交互。

(4)小可怜的身体不见了

随着小蜗牛的孵化，自然角里的蜗牛成了一个大家族。不同大小、不同种类的蜗牛聚在一起，每天与孩子们一起快乐地生活着、游戏着。孩子们每天细心地准备着它们喜欢吃的美食，为小蜗牛制定宝宝营养餐，为大蜗牛制定美食餐，轮流着带来各种它们爱吃的蔬菜。一天早上，诗诗在自然角里大叫着："不好了，我的小不点身体不见了，只剩下壳了。""它是不要自己的蜗牛壳，逃走了吗？"孩子们很纳闷儿："不应该啊！我们每天给它准备这么多好吃的，它为什么要逃走？""而且没有了壳，它会受伤的，或许还会被大鸟吃掉呢！"也有孩子说："它的身体肉肉是不是被其他东西吃掉了！"……孩子们说着自己的猜想。带着疑问，我们又观察了几天。两天过去了，蜗牛的肉肉没有再回来，只剩下那个空空的壳。看来，它真的已经死了。

死去的小不点怎么办呢？很多孩子说把它扔了。我反问他们："小不点已经很可怜了，这样把它扔掉会不会更可怜？"这时有个孩子说："那我们给它造个房子吧，在上面插很多花，它就不孤单了。"其他孩子也表示同意。然后，我们开始讨论把小不点的房子建在哪里。最后，我们选在后花园的枇杷树下，孩子们认为小不点在那里还能吃到枇杷。于是，我们在一个细雨绵绵的上午，为小不点举行了一个简单而隆重的告别会。

小不点的死可能是因为房子太拥挤了，它们的便便太多了。于是，大家开始商量着给它们造一个更大的家。

价值分析：活着的蜗牛宝宝们需要细心呵护，死去的小动物更应该被妥善处理。举行小蜗牛告别会，潜移默化地对幼儿进行生命教育，引导幼儿尊重生命，感受生命的脆弱，进一步学会珍惜身边的人和物。

2. 陪伴蜗牛

小不点的离去，让孩子们对其他蜗牛的照顾更加细心。孩子们每天都会去观察它们，给它们投放不一样的美食，喷洒水，给它们清理便便。

在陪伴蜗牛的这段时间里，有忙碌，也有快乐和责任。在这个过程中，孩子们和蜗牛之间的感情逐渐加深，生命慢慢连接。同时，孩子们也感知到了一个又一个属于蜗牛的专属生命密码。

(1)设计一座新房子

小不点的离开激发了孩子们为其他蜗牛造一个舒适的新家的想法。可是，什么样的家才能让小蜗牛感到舒适呢？蜗牛喜欢住在什么样的地方呢？孩子们带着问题回家查了资料。第二天，我们进行互动交流。大家纷纷讲述了自己查到的答案：蜗牛喜欢潮湿的环境、还要有泥土、不喜欢晒太阳、还要有爬高高的玩具……那我们先来设计一张房子图纸吧！在"小设计师们"的专注操作后，一座座设计巧妙的房子跃然纸上：有复式结构的房子，一条梯子连着上下房间，蜗牛可以在下面有水的房子里玩耍，也可以爬到上面的房子休息；有封闭式的房子，阳台上有一根管子和外面连接，让空气进来，屋顶还有风车给蜗牛解闷；还有全落地玻璃窗的房子，里面也设计了梯子，蜗牛想出来玩的时候就可以爬高高……

价值分析：要给蜗牛设计房子，首先要知道它的生活习性，于是我们请幼儿回家后和爸爸妈妈一起查资料，通过各种方法获取、收集蜗牛的生活习性。绘制蜗牛房子的设计图，其实是对蜗牛生活习性的一种再现。幼儿打开了思维，融入了情感，与蜗牛之间的情谊又近了一步。

(2)设计一座新房子——为你建座新房子

画完房子图纸后，大家开始四处收集材料。有的孩子到老师的办公室要来了几个透明塑料盒，还有的孩子从家里带来了塑料管道。材料准备完毕，大家开始动手制作。制作前，孩子们进行了讨论："这里需要做两个窗户。""用这根柱子帮忙，可以造好几层楼。""我们再用这块塑料板做一个滑滑梯吧。"……他们还自己进行了分工，哪几个小朋友画，哪几个小朋友割。其间，遇到了一些技术难题，于是求助了老师和保安爷爷。经过两天的努力，蜗牛乐园竣工啦！整个乐园三楼小高层设计，滑梯、透明通道、窗户、阳台等设施齐全，每一层配备休息区，考虑得十分周到。在这个过程中，孩子们有商有量、互相合作，制作水平也得到了很大提升。我想，这是源于孩子们对蜗牛发自内心的情感驱动力。

价值分析：在给蜗牛造房子的活动中，我们巧妙地融入了 steam 教育理念，注重幼儿在创造中学习，并在课程中融入科学、艺术、数学等多学科素养，培养幼儿的学习兴趣、专注力、创造力以及解决问题的能力。教师对幼儿语言上的表扬、动作上的肯定，对幼儿的灵感总是及时地给予评价，对他们快速富有创意的作品竖起大拇指，从而激发了幼儿思考、表达、操作的积极性；遵循"玩中学、学中玩、玩中教、玩中求进步"的观点，帮助幼儿获取多方面的新知识。

（3）你有许多小秘密——揭秘蜗牛拉便便的小屁屁

在饲养小蜗牛的过程中，大家都发现了一个秘密，就是靠近蜗牛脖子的地方有一个洞洞，这个洞洞到底是什么呢？孩子们展开了热烈的讨论："是蜗牛身上的花纹洞""是拉嗯嗯的地方""它用这个地方来呼吸"……最后大家还是确定不了，于是我们做了调查表，请幼儿回家和爸爸妈妈一起查资料；再通过仔细观察，去发现洞洞的秘密。经过查找资料和孩子们的持续观察，这个小洞洞原来是蜗牛拉便便的地方。而且蜗牛拉出来的便便，有的弯起来像个红红的小爱心，有的像一根绿色的丝线，有的像是黑乎乎的波浪线。蜗牛的便便会画画呢！孩子们也用画笔记录着不同便便的形状与颜色。

价值分析：在日常的探究活动中，教师应抓住一些细节，让幼儿自己去发现问题，然后去思考、探索、解决问题，有利于丰富幼儿的经验。通过这次的小调查与持续观察，幼儿进一步了解了蜗牛拉便便的秘密，原来蜗牛拉便便的地方不是在它的尾部，而是靠近脖子的位置，而且它的便便颜色跟它吃的食物颜色有关。教师作为引导者、支持者、合作者，给予了幼儿更多的探索空间，引导幼儿自己去探索和观察周围的世界，不断地去发现问题、解决问题，并用自己的方式记录着发现，感受着生命的奇妙。

（4）你有许多小秘密——爬行的秘密

偶然一次听到孩子们在养殖区的聊天，他们聊到蜗牛爬高高的话题。有一个孩子说蜗牛在很细的牙签上也能爬行，另一个孩子说蜗牛在毛茸茸的地毯上、硬邦邦的石头上都能爬行呢！为了解决孩子们心中的困惑，我设计了一次集体教学活动。

在活动中，孩子们探索了蜗牛在不同材料上爬行的秘密。他们惊喜地发现，蜗牛在黑色的垫板上也能灵活地爬行，还留下了亮闪闪的痕迹；在透明的塑料片上爬行，把塑料片发过来，它也不会掉下来；在细细的竹签上爬行，它就会把它的腹足紧紧地收缩，不让自己掉下来。孩子们纷纷发表了自己的见解："因为蜗牛会分泌粘液，所以在粗糙的地面爬行时，它的软软的腹足也不会受伤""这些粘液还能帮助蜗牛保护自己，那些想要吃它的虫子就很难靠近"……在互动交流中，孩子们还情不自禁地模仿蜗牛爬行的样子，有趣极了。通过验证观察，我们确定了蜗牛的确是个爬行高手。

价值分析：在这次活动中，幼儿多感官地观察蜗牛在不同材料上爬行的样子，还要用脑去思考，去想象，用心去感受，与蜗牛一起爬行。幼儿在探究中表达交流的形式是非常丰富的，他们不仅采用了语言表达的形式，也结合了肢体表达的形式。

在本次活动中，为了引发幼儿有效的科学观察，我关注到了几个点：细致观察，抓特征；思考问题，抓本质。运用了"等一等"和"问一问"两种策略。等一等幼儿观察时瞬间出现的关注点；等一等幼儿观察后想要交流表达的欲望。因为幼儿的逻辑推理能力比较有限，他们获取科学知识的途径更多地依赖于直接观察。因此，在幼儿分享自己观察到的秘密时，需要教师适时追问，引发幼儿的进一步思考。

(5)带你出去看世界——带着蜗牛去旅行

有一天，晓晓小朋友突然说："小蜗牛出生后一直生活在我们准备的小房子里，从来都没去外面玩耍过，它会很难过的。"旁边的小朋友听到以后纷纷表示同意。"如果蜗牛不出去玩的话会很难受的，这里太小了。""我妈妈说要经常出去运动，每天在家里待着不健康的。""我觉得外面的世界很有趣呢。"……大家越说越起劲，许多小朋友甚至想马上带蜗牛出去玩。就这样我们的蜗牛旅行记正式开启了。

孩子们先后带蜗牛去了很多地方。在日湖公园，他们把蜗牛放出来，让它在草地上和木桥上爬，发现蜗牛在叶子上爬得很快，有时还会钻到叶子底下，躲猫猫。有的孩子还带蜗牛去花鸟市场寻找小伙伴们，大家找到了不同种类的蜗牛，发现不同蜗牛的大小、贝壳的花纹都不一样。还有的孩子去乡下的时候也带上了蜗牛，他们把蜗牛放在树干上，让蜗牛宝宝练习爬高高。孩子们每次都会用绘画的方式记录"蜗牛周末日记"，把在周末里和蜗牛朋友相处的点滴，以及发现的秘密记录下来，周一带回幼儿园和同伴分享交流。

价值分析："带着蜗牛去旅行"系列活动，巧用家长资源，请家长引领幼儿从不同角度走近蜗牛，探究发现其更多的秘密。在一次次的旅行中，幼儿把蜗牛当成了自己的朋友，情感交融，紧密连接。家园联合的观察活动，保护并激发了幼儿的探究兴趣。幼儿跟蜗牛逐渐建立起深厚的感情。

3. 守护蜗牛

(1)蜗牛夏眠

天气越来越热，小蜗牛们明显没有之前那么活泼好动了，不爬高高了，也不再往外爬了，就静静地待在那里。"蜗牛是不是热死了啊?""它们在睡懒觉吧?""它们可能想妈妈了，心里很难过"……孩子们表达着各种猜测。"我们给它喂一点好吃的吧!"可是，过了好久，蜗牛还是毫无动静。浩浩小朋友说:"可能是生病了，我们还是把它们隔离了吧!"说完，浩浩把这几个不动的蜗牛单独放在了一个塑料盒子里。只见，蜗牛壳上有一层白色的粘膜，那个它每天缩进缩出的洞洞，被封起来了。向来很淡定的浩浩哇地哭了起来:"小蜗牛死了，跟上次的小不点一样，死啦!"哭声引来了更多的小朋友。细心的晓晓说:"跟上次的不一样! 上次小不点的壳里变空了，它的身体整个儿都不见了，可是这个壳没有空，还是有点重量呢!"孩子们七嘴八舌地议论开了。"是不是它太渴，太热了啊!"这时，"小博士"皓皓说:"蜗牛是要夏眠的动物，它们肯定是夏眠了。"蜗牛到底是不是夏眠了呢? 夏眠有什么秘密呢? 我们请孩子们带着这个问题回家和爸爸妈妈一起查资料。第二天，浩浩着急地告诉大家:"蜗牛在夏天缺少水分了，就会夏眠。太小的蜗牛，本来身体的水分不多，如果一直太干燥，它就会死去的!"

对于小蜗牛夏眠太久会死的情况，孩子们特别着急，纷纷想办法帮蜗牛，让它不要太早夏眠。有的说打开空调，让蜗牛住在空调房;有的说给它喂点凉爽的食物;有的说把蜗牛的房子变得更加凉快一些;还有的建议多给蜗牛洗澡澡;还有的想给蜗牛造一座水池房子……

我们请来了平平妈妈来支招。她建议我们可以增加给蜗牛喷水的次数，也可以为蜗牛冲一个凉水澡，保持湿润，这样就可以让蜗牛的夏眠时间变短。

价值分析:从关于蜗牛夏眠的探究中可以看到，幼儿已经开始尝试主动地去探究，并且做到同伴互助，尝试着做学习的主人，这让我们感到欣喜万分! 并且在这次的探究中，充分利用家长资源，获得专业的建议。

(2)夏眠畅想曲

蜗牛夏眠的日子，养殖区不再像以前那么热闹，孩子们经常会问:"蜗牛什么时候能醒来? 我好想看它们叠罗汉。""它会做梦吗?"……

是啊，我们睡着的时候会做梦，蜗牛睡着的时候会做梦吗？它们夏眠的时候都在想些什么呢？于是，一场关于蜗牛夏眠的畅想，在孩子们的画笔下展开了。有的孩子画了蜗牛在云朵上，他们说蜗牛会梦见自己躺在软绵绵的云上很舒服；有的孩子画了花朵、太阳、小草，他们觉得蜗牛会做一个关于春天的梦；有的画了好几只蜗牛爬高高，他们觉得蜗牛会梦见和朋友一起玩最爱的爬高高游戏……

价值分析：在看似天马行空的畅想里，饱含着幼儿对蜗牛的情意，蕴含着幼儿的期盼。虽然暂时不能和蜗牛一起玩耍，但幼儿对蜗牛的感情在酷暑中清凉绵延。

4. 活动反思

(1)在课程中实施生命教育

人与动物都是大自然的产物。尤其是人在幼儿时期，他们在社会化之前，更多的是自然属性，因此他们与动物有更多的情感。一个和谐发展的人，首先应该能够与大自然和谐相处。生命教育，应该从幼儿时期做起；培养爱心，应该从爱护小动物开始。从珍爱小动物到珍爱大自然，再到珍爱自己的生命，珍爱他人的生命。

随着课程的推进，在寻找、陪伴、守护蜗牛的过程中，孩子们对蜗牛有了更多的了解，感情也逐渐深厚起来，在一次次的"哇"的时刻里，惊讶着蜗牛这种小生命的奇妙之处。而我们也惊喜又感动着孩子们在每一个过程中的成长。比如：对死去的"小不点"从漠视到尊重；从老师的引导探究到自己的主动探究；知道蜗牛太长时间夏眠有危险时，那种着急的心情……生命课程的意义在于，孩子们在不断和另一种生命的交互中获得养料，学习理解、关爱和尊重生命，在这个过程中发展和成长。

(2)在课程中提升教师专业素养

我们教师在这个过程中也成长着，关注幼儿在每一次观察中的表现和反应，敏感地察觉他们的需要，及时以相应的方式应答，形成合作探究的师生互动；给予幼儿充分的活动时间和空间去发现问题、求得答案；引导幼儿在自我尝试、主动探索、同伴交流中学习用多种方法解决问题。提高探究生命的主动性和积极性，这对他们一生的发展有重大的意义。在蜗牛课程的推进中，蜗牛、幼儿、教师，三者彼此连接，共生共长。

虽然蜗牛进入了夏眠期，但孩子们对蜗牛的探究欲望远未停止，在"我的问题与发现"板块，记录着孩子们的问题：蜗牛能听见声音吗？它喜欢什么颜色？蜗牛有男女之分吗？……这一切，等待着秋天凉爽之际，蜗牛从夏眠中醒来后，再进行探究。孩子们带着对蜗牛的一个个疑问和一缕缕情感，静候秋风时……

二、豆豆成长记

(一)项目说明

社会、自然、生活是陶行知的课程资源观的三大内容。他曾多次说过："生活教育是给生活以教育，教育要通过生活才能发出力量而成为真正的教育。"那么，幼儿园课程的生活化就意味着其课程内容来源于幼儿的生活，来源于幼儿的周围，让幼儿园课程更适合幼儿，以便更生动、更丰富、更有趣、更有效地促进幼儿获得新体验。

显然，种植活动就是幼儿园最常规的生活实践活动之一，清新的空气、芬芳的泥土、温煦的阳光、奇妙的植物，千姿百态、千变万化。这是大自然赋予的美好，幼儿可以随时去观察、发现、探索，通过与植物的真实接触，感受它们的细微变化。那么，如何结合陶行知的"生活教育理论"，在《3－6岁儿童学习与发展指南》的引领下推动幼儿园班级种植课程的新创想，以幼儿为课程的中心，使幼儿在课程的推进中成长呢？

(二)项目生成

1. 项目活动目标

第一，在寻找、发现、探索生活中各种豆子的过程中，通过观察、游戏等方式，积极地观察和比较豆子的多种特征，了解豆子的多种用途。

第二，在播种、照顾、"给豆豆搬家"等种植过程中，观察豆豆的生长过程，寻找正确的照料方法，有一定的关爱情感和责任意识。

第三，积极运用豆类进行艺术创作、创造性游戏，在参与活动的过程中有愉快的体验，并用适当的方式表达想法和思考。

2. 项目活动框架

针对"豆豆成长记"项目活动，我们设计了"豆豆奇遇记"活动框架图。如图 5-2 所示。

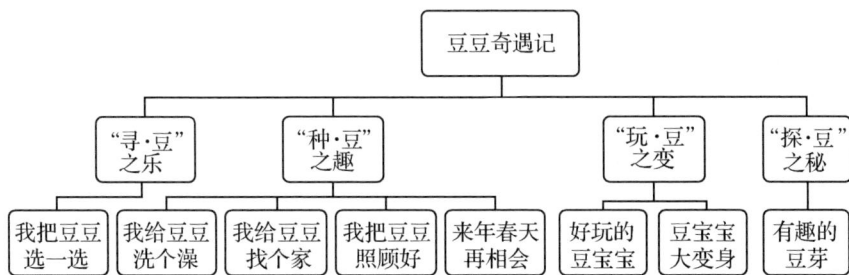

图 5-2 "豆豆奇遇记"活动框架图

3. 项目活动内容

(1)主题活动

表 5-2 "豆豆成长记"主题活动一览表

活动领域	活动名称	活动目标
语言	会爬的豆子	1. 通过讲述故事懂得要快乐自信。 2. 体会故事中帮助别人的快乐情感。
	小豆子	1. 理解儿歌内容，初步学说儿歌。 2. 愿意在集体中大胆表演。
语言游戏	黄豆黄豆在哪头	1. 能辨认几种常见的豆子。 2. 能按要求学说游戏语言，对猜测类的游戏感兴趣。
科学	有趣的豆芽	1. 了解豆芽的外形特征及生长过程，知道豆芽是蔬菜，有营养。 2. 学会给两种豆芽进行分类并品尝豆芽，养成爱吃蔬菜的好习惯。 3. 通过自己亲自种植豆芽，掌握一些基本的种植方法，对参与种植活动有兴趣。
	好玩的豆宝宝	能够大胆探索并发现不同的豆子在相同的力的作用下，哪种豆子的撞击声音更响。
社会	不一样的豆豆	1. 了解豆豆遇见了孔雀、老虎、大象，最后变得不一样的绘本内容。 2. 通过听声音、猜图片、自我展示来发现自己和别人的外在和内在。 3. 进一步认识自我、了解自我，像小豆豆一样为自己的不一样自豪，对自己充满信心。

活动领域	活动名称	活动目标
生活实践	我会做豆浆	了解工具的变化过程，学习制作豆浆的方法，体验制作的愉快。
	豆豆沙拉	1. 尝试选择多种豆豆制作豆豆沙拉，感受色彩搭配的美。 2. 进一步了解豆类食品种类的丰富性，愿意吃豆制品。
	豆豆比萨饼	1. 尝试用按、压、镶、嵌等方法做比萨饼。 2. 与同伴分享自己制作的比萨饼，体验成功的快乐。
音乐	我是小豆子	1. 熟悉旋律、感知节奏、学唱歌曲。 2. 尝试用肢体动作表现豆豆出土的音乐形象。
	点豆豆	尝试在游戏情境中学唱歌曲，并能用动作和表情表现不同味道的豆豆。
	蚂蚁搬豆	1. 了解歌曲内容，初步学唱歌曲。 2. 体验与同伴合作的乐趣。
音乐游戏	数豆豆	1. 感受数豆豆的乐趣，理解歌词内容，学唱歌曲。 2. 能用自然、好听的声音演唱歌曲，并用动作、表情表现数豆豆的快乐。 3. 了解游戏规则并能积极参与，体验结伴游戏的快乐。
美术活动	豆豆贴画	尝试使用各种豆子拼出图形，体验创作的乐趣。
	豆豆宝宝	尝试绘画圆形，并为豆宝宝添画简单的身体器官。
	蚕豆变变变	能根据蚕豆、蚕豆荚的外形特征进行合理想象，并大胆表达。
体育	炒黄豆	训练幼儿动作的协调性和关节的灵活性。
	蚂蚁运豆	发展走、跑、跳的能力，对运动产生兴趣。

（2）区域活动

表5-3 "豆豆成长记"区域活动一览表

区域	游戏名称	游戏玩法
生活区	快乐拣豆豆	选择适合的工具（调羹、夹子等）取豆豆，发展手部的灵活性。
	豆豆剥剥乐	尝试剥各种豆豆，发展手眼协调能力，积累对各种豆豆的认知经验。

区域	游戏名称	游戏玩法
音乐区	豆豆摇摇乐	通过自由探索摇动瓶子，发现各类豆宝宝不同的"歌声"，锻炼倾听能力及发现能力。
美工区	豆豆变变乐	尝试用各种豆豆进行简单的豆豆创意制作，发展想象创造能力。
益智区	豆豆智趣多	能结合豆豆的颜色、数量来取豆，还可进行豆豆的分类、点数活动，不仅能发展手部精细动作，更有利于促进思维能力的发展。
		用豆豆玩各类益智游戏，如用豆豆在沙盘里建"小路"，用豆豆玩"找宝藏"游戏……
建构区	豆豆滚滚乐	能利用各种材料与豆豆做游戏，如豆豆与易拉罐、PV管结合探索豆豆钻、滚的玩法。
角色区	豆豆美味屋	能利用豆豆制作各类豆豆美食，如炒豆豆、磨豆豆……
	豆豆无极限	能利用豆豆创造性地玩各种角色想象游戏，如把豆豆往PV管里塞，玩开炮游戏、洗手游戏、洗头游戏……

(3)主题墙

①寻找豆宝宝大发现

和幼儿一起布置主题环境"豆豆家族"；呈现关于"豆豆家族"的图片、故事、游戏、小制作等。同时，开展亲子"彩色豆豆瓶"活动，展示幼儿收集的各类豆子。

②我和爷爷种豆豆

将幼儿和爷爷一起种豆豆的过程进行呈现，同时将幼儿对爷爷的采访内容以小插画的形式作为"照顾豆豆好方法"的板块进行布置。

③我的豆豆搬家记

由于天气的原因结合豆宝宝的生长需求，豆宝宝一共经历过两次搬家，分别是"城堡里的豆芽兵"和"大棚里的豆朋友"，我们将幼儿两次制作新家的过程，搬家的场景以及对豆宝宝关照的话语用录音和拍照的形式进行记录。

④我和豆豆的每一次精彩互动

在区域活动中，幼儿和豆宝宝的游戏活动瞬间我们都会将其捕捉记录。同时，还将其中幼儿对豆豆的新发现、新想法做了小问号、小叹号的环境呈现。

我们希望将幼儿与豆豆共同历险过程中的故事以主题墙的形式进行记录。孩子们可以互动交流，分享回忆。

(三)实践探究

1."寻·豆"之乐

一天清晨，孩子们像往常一样早早来到教室。我随手将一盘准备投放到自然角的豆豆(黄豆、豌豆、绿豆和花生)放到窗边的小桌上。一名幼儿问道："老师，我们要数豆豆吗?"这时，其他幼儿陆续围了过来，七嘴八舌地说着盘子里的豆豆："黄豆、绿豆……我吃过这种豆豆的!咦? 这是什么豆豆?""老师，我们今天要玩豆豆吗?"……

价值分析：面对幼儿的好奇和讨论，我感受到了他们对豆豆浓浓的兴趣和喜爱，他们期待和豆豆一起玩。幼儿对豆豆的认知经验大部分停留在豆豆作为食物方面，面对今天硬邦邦的豆豆，他们大都关注到了豆豆的颜色。

为了进一步了解幼儿对豆豆的兴趣点、认知点及豆豆本身所蕴含的教育价值，我们果断开展了"豆豆大家庭"亲子寻豆活动。如表5-4所示。

表5-4 "豆豆大家庭"亲子寻豆活动记录表

活动开展过程	教师指导要点
请家长和幼儿一起收集各种各类的豆豆带回园，并鼓励幼儿尝试通过不同的途径去收集更多的豆豆。	向家长介绍活动主题，积极争取家长的配合，与幼儿共同参与活动，并在与幼儿一起收集豆豆的过程中，让幼儿了解豆豆的导购信息和途径。
让幼儿向同伴介绍收集材料的过程、途径、方式和体会，初步了解豆豆的导购信息。	引导幼儿大胆地发表自己的意见，大胆地与同伴交流信息。
协助幼儿在观察角展览平台上设计一个豆豆展示区——"豆豆大家庭"。	放置很多透明的、大小不一的空瓶子。引导幼儿用各种豆豆制作出漂亮的豆豆心愿瓶。
和幼儿一起讨论各种不同种类的豆豆有什么区别? 有什么共同的特点? 有什么用处?	鼓励幼儿亲自去摸一摸、闻一闻，感受一下不同种类的豆豆有不同的特点。

活动开展过程	教师指导要点
让幼儿用图画的形式制作各种豆豆的标签,简单地记录豆豆的形状、颜色、大小、数量等。	鼓励幼儿大胆地用各种表达形式,把自己的小结做简单记录。

价值分析:这种共同收集、共同探索的活动,让幼儿增长了知识,开阔了眼界。从对豆豆所知不多,到能分辨十几种豆豆,幼儿对豆豆的种类、形状、颜色等有了一个感性的认识。在与同伴的交流过程中,他们了解到很多外界的信息,脑袋里开始冒出了很多的想法:超市里的豆豆是从哪里来的?为什么安安家的豆豆是外公种出来的?真的能种出豆豆来吗?豆豆可以怎么玩?我们喜欢豆宝宝,想和它们一起做游戏!绿豆汤就是绿豆煮出来的!豆豆还能做什么好吃的?……显然,通过家园共同参与的活动,架起了家园沟通的桥梁,幼儿参与活动的积极性也就更高了。通过一次次地观察幼儿的语言、动作、神情等,我们发现"豆豆"已经成为幼儿最关心的话题,而且他们已经开始不再满足于只是对豆豆的简单认识。

2."种·豆"之乐

为了让幼儿体验种豆之乐,验证豆豆的来历,寻找生命的萌动,一个充满灵气的微型自然角——"森林小氧吧"诞生了。

(1)我把豆豆选一选

在"豆豆大家庭"里,幼儿会选择哪位豆宝宝来种植呢?经过幼儿的投票选举,黄豆以 26 票的高票获选。在询问幼儿选择黄豆的原因时,本以为他们会说是因为黄豆的外形、颜色、个子或常见性等,没想到许多孩子说,是因为安安的爷爷种出了黄豆,所以他们也想试一试,看看能不能成功。为了让黄豆种子都能种出黄豆来,他们还希望能邀请"黄豆爷爷"——安安的爷爷做技术指导。

价值分析:从这一选择可以看出,他们在种植黄豆活动过程中是有一定主动性的,有意识且目的性较明确。这也是他们的探究性意识在萌发的表现。

(2)我给豆豆洗个澡

"黄豆爷爷"说,种豆豆第一步就是选豆豆、泡豆豆。于是孩子们争先恐后地在一大堆不同的豆豆里寻找黄豆种子。嘿！大家果然都找到了黄黄的、圆圆的、不大不小的黄豆。在选中的黄豆里，孩子们很快发现了，虽然都是黄豆但它们长得不完全一样。怎样的黄豆最好呢？孩子们开始比较，选出自己觉得比较健康的黄豆种子，有的选了颜色比较黄一点的，有的选了比较大颗的，还有的随便抓了一把。大家把选好的黄豆种子放进一个大水缸里。一小时、两小时、三小时……他们只要一休息就聚在小水缸旁边看个究竟。这其间，他们兴冲冲地说着他们的发现："你看，黄豆宝宝洗澡好像变白了。""黄豆是不是有点胖了？""真的，真的，有点胀胀的！"……

价值分析：幼儿对黄豆的泡发有着执着的期待。他们的专注力和观察力都让我们感到惊叹，而且一次次的交流分享，让幼儿对黄豆的兴趣越来越浓。一盆还在选种和泡发阶段的黄豆就引发了幼儿的讨论，那接下来的故事一定会更精彩。

(3)我给豆豆找个家

①黄豆宝宝的第一个家——"窗边的小豆豆"

"黄豆爷爷"说，半天后黄豆就可以种下去了。可是，黄豆要种到哪里？它喜欢怎样的家呢？芃芃说："当然是种在土里啦！我看见很多东西都种在田里。"力力应和道："对的，我也看见过！"贝贝说："黄豆会不会喜欢在水里，因为它喜欢泡澡。"他的这一句"黄豆喜欢泡澡"让气氛一下沉静了下来。马上秋天接了一句："对，黄豆喜欢洗澡的，就像我们一样，植物也喜欢喝水。"一时半会儿，孩子们确定不下来，就决定给"黄豆爷爷"打个电话。爷爷虽然知道在水里种黄豆的做法不一定能成功，但还是建议让孩子们试一试，并且提醒他们要在瓶子里放点棉花。于是，孩子们就欢天喜地地开始种豆豆啦！找一个喜爱的瓶子，装点水，铺点棉花，放上几粒豆豆，找一个阳光充足的地方！

价值分析：在种植的具体实施过程中，教师应尽可能调动幼儿自身的力量，同时给予必要的帮助和指导，在确保安全的情况下，可以允许幼儿尝试一些具体的种植行动。在活动中，幼儿的自主性和主观能动性都超出了我们的预期。他们会思考、敢表达、懂得求助，更愿意自己动手，这是一种难能可贵的品质。

②黄豆宝宝的第二个家——"城堡里的豆芽兵"

就在大家纷纷把自己的豆瓶子放在窗边的时候，果果大声说："不对，豆豆也要住在大棚里的！"孩子们一愣，小宝说："对，豆豆也要住在大棚里，这样就不怕冷了！"其他孩子也若有所思地点点头。于是，亲子迷你大棚活动就开始了。很快，他们拿着自己制作的"心爱的大棚——豆豆的城堡"来到幼儿园，小心翼翼地将他们的豆瓶子放进大棚里。

价值分析：由于当初班级在种南瓜时，幼儿发现幼儿园有一个大棚，听说它有保暖的本领，于是要求给南瓜也安一个大棚。而果果在种豆豆的时候又想到大棚，很明显，在这部分幼儿的眼中，他们对大棚的认知经验正在不断迁移。

在种植活动中，幼儿很喜欢做事，也很爱观察新鲜事物，但没有坚持性，即使是他们很感兴趣的事物，关注的热情也不够持久。要培养幼儿将这种兴趣保持下去，并从中获得我们所期望的预期教育目标，需要教师倾注大量的精力去关注，牵引幼儿重新点燃兴趣之火，并努力将教育目标物化在环境与材料中，使幼儿在与环境的相互作用中主动获得发展。从以上案例中可以看到，幼儿自发想到的大棚种植无疑让种植活动变得更丰富多彩和更具教育意义。

③黄豆宝宝的第三个家——"大棚里的豆豆们"

就这样，黄豆宝宝在孩子们的细心照顾下，很快就有了新模样："快看，黄豆宝宝长叶子了！""我的黄豆宝宝的叶子变得好多好多呀！""比起前几天，它们连个子也长高了呢！"……孩子们围拢在一起，得意扬扬地说着黄豆的变化。"咦，我的豆芽兵快碰到屋顶了，会不会就长不高了？""对呀，它们会不会倒下来？"……拯救黄豆苗的行动就此拉开了序幕。在"黄豆爷爷"的带领下，孩子们决定将城堡里的豆芽兵搬到南瓜大棚里。看着搬好新家的豆芽兵，秋天说："现在好了，它们现在又能喝水又有土，还在温暖的大棚里，一定能长成大个子豆芽兵！""秋天，你说得对！"芃芃说。这一说，其他孩子也蠢蠢欲动，想给他们的豆豆搬家啦！

价值分析：随着观察的深入，幼儿有了更多细致的发现，虽然我们没有刻意引导幼儿做对比种植，但他们还是敏锐地观察到其中的要点。在照料黄豆的过程中，他们学会了用相互协商的访法去解决遇到的问题；随着黄豆的成长，他们的心智也逐渐成熟。种植活动最大的特点就是开放性和实践性，在这个开放性的实践环境中，对幼儿各项能力的提高起着不同程度的推动作用。作为教师要善于发现和创设有利于幼儿提升各项能力的机会，利用适合幼儿的方式进一步开展活动，使幼儿自发地思考一些相关的问题，并尝试自行解决，收获发现的喜悦与挑战的乐趣。

（4）我把豆豆照顾好

就这样，孩子们等待着黄豆发芽。有的孩子大叫自己的黄豆发芽了，长了小尾巴；有的孩子的黄豆有小芽芽了，可是豆芽好像有点灰灰的；有的整个豆豆都黑了，孩子们说是烂掉了；还有的豆豆有点臭臭的味道。有的黄豆没有成功发芽，孩子们显得有些落寞，我鼓励他们："没关系，找到发芽的秘密，我们就会成功啦！"经过探讨，孩子们把原因聚焦在两个问题上：一是黄豆种子质量不好；二是水太多了。在"黄豆爷爷"的提示下，孩子们知道了原来颜色黄黄的、长得饱满的黄豆是好的黄豆种子，会发芽，而颜色黑的、瘪的黄豆是不会发芽的。而且，黄豆不能喝太多的水，差不多把棉花浸湿就可以了。于是，孩子们立马进行了第二次黄豆种植。

价值分析：小班幼儿对周围事物充满浓厚的兴趣，对新鲜事物具有强烈的好奇心，也许豆豆在生活中非常常见，但是生长在瓶里的豆豆却不常见，而且这还是幼儿自己种出来的。有些幼儿能成功种出豆豆，有些幼儿失败了。任何活动中都蕴藏着许多提升幼儿基本知识的机会，教师要有敏锐的教育意识，并善于激发幼儿内在自发的学习动力，让幼儿在分享交流的过程中共同归纳总结相关的知识。而"黄豆爷爷"在整个种植过程中都有着不可或缺的关键性作用。

（5）来年春天再相会

黄豆渐渐地长大，孩子们的种植热情也逐渐高涨，对黄豆的养护和观察也日益频繁。虽然，时值冬日，豆豆始终没有开出黄豆花、没有结出黄豆荚。但在"黄豆爷爷"的鼓励下，他们决定和黄豆宝宝相约明年春天。有了今年特别的经历和经验，他们坚信，小小黄豆一定有春天！

价值分析：尽管由于季节的局限，孩子们的豆豆没有如他们期盼的那样开花结果，但是他们并没有因此放弃希望，反而是更迫切地期待下次再见。

整个种植历程，我们组织幼儿选合适的种子做发芽实验，观察黄豆发芽的不同形态，让幼儿在亲身经历中获取了有关黄豆种植的小秘密。整个种植历程，我们努力捕捉到幼儿的兴趣和需要，并做出了教育价值的判断，从而把教育目标寓于幼儿的兴趣之中，物化在环境之中，生成了有价值意义的教育活动。同时，我们坚持"凡是幼儿自己能做的，就让幼儿自己做，凡是幼儿能自己想的，就让幼儿自己想，鼓励幼儿发现自己的世界"的教育理念。整个种植历程,幼儿用"好奇"来提问,用"生活的经验"和"自主实践"来解疑,从而建立更为丰富的认知经验,这是发现中的思考、思考中的学习、学习中的新发现!相信在这样主动的学习方式下,幼儿的收获更加意义非凡。这也正是"观察发现、提出问题、猜测假设、解释问题、交流结果"作为"做中学"探究活动的精髓。

总之,探究是幼儿与生俱来的一种本能。《3-6岁儿童学习与发展指南》指出,幼儿天生对整个世界充满好奇,尤其对大自然充满好奇。在种植黄豆的这段时间里,以黄豆为载体,既满足了孩子的种植需要,又能让幼儿在种植管理过程中感知黄豆的培育过程、生长变化、生长条件等,自然获得各种有益的经验和体验,让幼儿在不断地观察、比较、发现、探索的过程中,通过与环境的相互作用,丰富了知识和体验。幼儿对种植活动的感情也在不断加深,活动收到了预期效果。一个小小的自然角,播种下的并不只有希望,还有智慧。

3. 活动反思

在整个课程进行的过程中,虽然有许多不尽如人意的地方,比如,豆豆种植事件的偏差、种植经验的缺乏、区域活动及集体活动预设与生成的权衡等,但是对幼儿来说,这确实是一次难忘的经历,在很大程度上收获颇丰。

(1)课程的开展呈现生活化

引导幼儿种下一粒豆子,让幼儿近距离观察豆子发芽、长叶、变化,用爱心、耐心去关心、照顾豆豆们,陪着它们慢慢长大,体验劳动和收获的快乐。在等待成长变化的时间里还可以用各种各样的豆豆进行创造游戏,感受日常生活中具有美感的事物,提升想象力,提高动手能力。在这个过程中,引导幼儿用适当的方式表达他们探索的过程与结果,让他们获得生活经验,得到成长。

(2)课程的开展呈现多样化

为了体现课程挖掘的层次性和深入性,又能将所有教育资源进行分类和共享。我们在选择课程的时候充分考虑到整体性和统一性的原则,选择同一个课程"豆豆总动员"分别在小班的三个班级实施。进行活动设计的时候,三个班级按照幼儿年龄特点、发展现状和兴趣取向选择适合的绘本,如点点一班选择的是《豌豆三兄弟》和《芸豆噌噌往上长》,主要引导幼儿了解植物生长所需要的条件,以及植物的种子是怎样传播的；点点二班选择的是《咕咚咕咚种子喝水》和《做个豆豆不容易》，主要培养幼儿学会观察，养成爱吃豆制品的好习惯；点点三班选择的是《黄豆大哥》系列的四本书，让幼儿了解各种豆子的不同，着重培养幼儿的想象力和艺术创作能力，在绘本的基础上设计相应的、适合幼儿的活动。

(3)课程的开展呈现灵活化

以往的教学活动往往都是按照教材实施，带有很强的计划性和固定性，而此次的课程完全是在一定的条件下生成的，因此实施的时候存在很强的自主性，给教师带来了自由发挥的空间。一节课一定要20分钟吗？不是！我们经常有半日活动，比如，种植豆豆、揭秘豆豆、豆豆美食等，这些生活活动非常受幼儿欢迎，而且是幼儿参与度很高的活动。同时，幼儿能在这样的活动中学到很多课堂上所学不到的知识。这样生活化的形式更能将知识内化为幼儿的生活经验，并且极大地提高幼儿的动手能力和生活技能。

第六章

探究性课程——多彩的世界

第一节　主题说明、主题目标、探究特点

一、主题说明

由各种各样的物质和材料构成的世界多姿多彩。各种物质与材料各有各的特性，当它们相互作用时会发生有趣的现象和变化。比如，水有三态变化、不同颜色混合后会变成另一种颜色、球会从高高的斜坡向下滚动、敲打鼓面和鼓身发出的声音不一样……幼儿好奇地感知着周围世界的多彩与神奇。

幼儿对物质的认识是由外在逐步到内在、由简单逐渐到复杂的发展过程。他们在玩耍与摆弄中发现物质的特性、功能、结构的不同或相似，发现每一个物体都有许多特性。例如，在"我和空气做游戏"的活动中，幼儿进一步感知了空气的特性，即看不见、摸不到、没有颜色、没味道；空气无处不在，瓶子里有、肚子里有，随意用袋子一兜就可以装上满满一袋空气；用一个气球连接气球打气筒，在推推玩玩中，发现了空气是会流动的，空气流动，风就来了。再如，幼儿会发现纸杯和薯片罐滚动时的轨迹是不同的，薯片罐能直直地滚，而纸杯总是要拐弯，由此发现了圆柱形物体和圆锥形物体滚动轨迹是不同的。幼儿对常见材料、物质的认识是在生活中不断积累的。

3～6岁的幼儿非常喜欢探究物质和材料的特性，在与物质和材料的实际接触中，能探究和了解各种材料的物理特性，发现自然力和在力的

作用下物体的位置所发生的变化，了解声、光、热、电、磁等常见的、简单的能量形式。[①]

《3—6岁儿童学习与发展指南》科学领域对不同年龄段的幼儿提出了有关物质与材料的相关要求。3～4岁幼儿能感知和发现物体和材料的软硬、光滑和粗糙等特性。4～5岁的幼儿能感知和发现常见材料的溶解、传热等性质或用途；能感知和发现简单物理现象，如物体的形态或位置的变化等。5～6岁幼儿能发现常见物体的结构与功能之间的关系；能探索并发现常见的物理现象产生的条件或影响因素，如影子、沉浮等。[②]

二、主题目标

"多彩的世界"主题活动的主题目标主要是帮助幼儿，了解各种物质与材料的特性，了解它们相互作用时会发生有趣的现象和变化，了解声、光、热、电、磁等常见的、简单的能量形式等。

"多彩的世界"主题活动针对幼儿园各年龄阶段的幼儿又有着不同的目标要求。它要求小班幼儿要学会感知生活中的常见物质与材料，如沙、水等突出的特点，喜欢用多种感官或动作探索物体，并关注由此产生的现象，发现科学小游戏中物质与材料发生的有趣变化，产生探究的积极性；要求中班幼儿了解常见物质的基本特性，能比较异同，并尝试进行分类，尝试用多种方式感知和发现简单的物理现象，通过简单的调查收集信息，大胆猜测结果；要求大班幼儿学会探索并发现常见的物理现象产生的条件或影响因素，发现各种物质的不同特性及改变的方式，能设计并制订简单的探究计划，对自己的探索和发现感兴趣。

三、探究特点

(一)渐进性

幼儿是在操作物体的过程中，逐步知道它们的名称，并了解它们的特点和性质的。他们会对某一物体进行多角度观察，并尝试将各种感官感知到的特性综合起来，更全面地认识这一物体。例如，小班幼儿在玩磁铁时，他们首先感知的是这个硬硬的、黑黑的小"铁块"很好玩，能

---

① 刘占兰：《幼儿园科学教育资源》，36页，北京，人民教育出版社，2014。
② 刘占兰：《幼儿园科学教育资源》，52页，北京，人民教育出版社，2014。

"吸"住回形针、小铁夹。他们还会发现身边的很多玩具中，如钓鱼玩具、磁片积木等，又如妈妈的包包上的磁铁扣、冰箱上的冰箱贴等，都有这种能吸住"小铁块"的东西，它叫磁铁。磁铁都长这样吗？这个问题会引发幼儿关注磁铁的不同外形特征。在寻找与观察中，他们会发现磁铁还有蓝色、白色、红色等不同的颜色，圆形、方形等不一样的形状。到了中班、大班，幼儿对磁铁的认识会更加深入，会发现磁铁吸铁的特性；发现同一块磁铁的不同部位磁力大小是不一样的；了解磁铁具有穿透力等。长期的探究经历让幼儿了解了磁铁的许多特性，从单一的认识逐步走向整体的认识。

(二)实践性

幼儿探究物质和材料的过程中，开始注意到它们的形状和形态是会发生变化的。幼儿会发现，将一坨彩泥放入水中，它会沉入水中，而将这坨彩泥捏成一艘小船的形状时却能浮在水面上；当一根塑料棒与布快速摩擦后能吸起细小的纸片；小水坑里的水会结冰，太阳一照又会变成水，甚至不见了。幼儿在探索与思考中会渐渐发现这些变化都是需要一定能量的，了解到物质之间的相互关系。

在"多彩的世界"活动探究中，我们需要创设环境与条件，为幼儿提供适宜的材料，以科学小游戏为载体，让幼儿带着对这些现象的好奇，以动态问题的探究为主，支持、鼓励幼儿在与材料的互动中形成与原有经验的连接，并建立起新经验。在主动探究、动手识别、反思分析中探索物质世界，在具体的、自助的学习情境中和多样化的探究活动中获得成功的快乐，进而增强他们对多彩世界的好奇与探索愿望。

第二节　活动案例

一、有趣的滚动

(一)项目说明

日常生活中，物体的滚动现象随处可见，皮球滚过来、自行车的轮子滚起来、纸杯平躺滚起来……各种各样的滚动方便了我们的生活，也给我们带来了乐趣。

对于幼儿来说，物体滚动现象是非常熟悉又感兴趣的。比如，自行车、溜冰鞋、小推车、各种球等，他们总喜欢拿来玩一玩，试一试，会无意识地进行初步探究、尝试，这就为教师支持幼儿深入探究生活中的滚动现象奠定了基础。教师提供适宜的材料，调动幼儿的探究兴趣和观察点，在与材料的互动中通过观察实验、科学思考、表达交流、设计制作等一系列探究过程，与材料进行互动，从而发现问题，不断地建构和丰富科学经验，发现滚动的各种秘密。

（二）项目生成

搭积木的时候，一个孩子不小心碰倒了高大的城墙，城墙的墙砖散落一地，方形的、三角形的、圆形的、锥形的、圆筒形的、蝴蝶形的……有些滚到了小床底下，有些在原地打转。"快来看，这个积木会原地打转！"原来一块圆锥形的积木从城墙上倒下来后原地转了几圈儿。"那个积木怎么滚得这么远？""方形的积木老实地待在地上呢！"……一次积木城墙"倒塌事故"引发了孩子们的新发现：不会滚、滚得很远、绕着圈儿滚、滚着转弯儿、滚着转不同方向的弯儿……于是，有趣的滚动活动开始了。

1. 项目活动目标

第一，尝试探索，发现会滚动物体的形状特征，了解它与人们生活之间的密切关系。

第二，发现物体的外形与滚动轨迹之间的关系，滚动的速度与物体本身的大小、轻重、形状之间的关系。

第三，萌发制作滚动小玩具的兴趣，体验成功的喜悦。

2. 项目活动框架

针对"有趣的滚动"项目活动，我们设计了如图 6-1 所示的活动框架图。

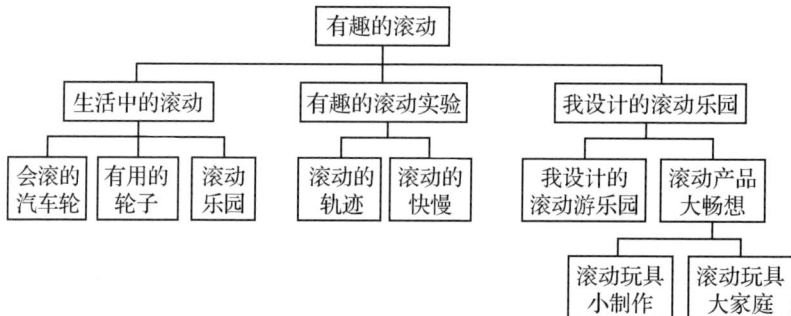

图 6-1 "有趣的滚动"活动框架图

3. 项目活动内容

(1)主题活动

表 6-2 "有趣的滚动"主题活动一览表

主题展开思路	活动名称	活动目标	侧重领域与涉及领域	活动场地
生活中的滚动	会滚的汽车	了解故事内容,理解圆圆的大木桶的作用。	语言 科学	班级活动室
	有用的轮子	了解轮子在日常生活中的运用,知道轮子既省时又省力。	科学	班级活动室
	滚动乐园	了解一些会滚动的物体,知道它们与生活的密切关系。	科学	班级活动室
有趣的滚动实验	滚动的轨迹	通过滚动物体的实验,探索物体的滚动与滚动轨迹之间的关系。	科学	班级区域
	滚动的快慢	通过实验比较不同形状、不同材料的物体滚动的快慢程度。	科学	教室区域
我设计的滚动玩具	滚动游乐场	玩玩游乐场里的各种滚动玩具,说说自己的游玩经历。	科学 语言	游乐场
	我设计的滚动玩具	发挥自己的想象与创造力,设计新型的游乐场里的滚动玩具。	科学 艺术	班级活动室
	滚动产品大畅想	根据生活经验与自己的需求,设计滚动新产品,为生活提供便利。	科学 艺术	班级活动室
	滚动玩具小制作	尝试用各种各样的材料制作滚动玩具,体验成功的喜悦。	科学 艺术	家里
	滚动玩具大家庭	与同伴一起制作滚动玩具,体验滚动游戏带来的乐趣。	科学 社会	班级活动室

(2)区域活动

表6-3　"有趣的滚动"区域活动一览表

区域名称	区域内容	投放材料	预设的活动事件	教师指导建议
语言区	我喜欢的"滚动"绘本	收集会滚的物品及图片，科普读物《忙碌的车轮子》系列、《滚动吧轮子君》等。	1. 例如，绘本故事《神奇的汽车》中把小动物的头饰投放在语言区中，以启发幼儿根据故事内容进行表演。 2. 收集会滚的物品图片，请幼儿说说生活中还有哪些会滚的物品，它们的作用是什么，给我们生活带来了什么便利。	1. 在幼儿表演时，教师与幼儿共同参与其中，指导幼儿进行表演。 2. 采用故事音频的方式，使区域增加趣味性、自主性与互动性。 3. 与幼儿共同自制图书"滚动乐园"，引导幼儿把生活中的滚动物品画在自制图书中，丰富"滚动乐园"书中的内容。
表演区	小小解说员——我玩过的滚动玩具	收集幼儿在玩滚动乐园时的照片，幼儿自带的滚动玩具等。	1. 幼儿根据自己玩滚动玩具时的图片进行讲述，描述自己当时的感受与心情。 2. 幼儿一边演示一边讲述玩具或物品滚动的现象。	1. 在幼儿的讲述过程中，首先教师要倾听幼儿语言的完整性，其次要追问"为什么"会产生这样的轨迹，在滚动游戏中遇到了什么问题，是如何解决的。 2. 为幼儿做好影像和文字的记录，以此作为同伴间分享的案例，让幼儿获得成功感和满足感。
美工区	我设计的滚动游乐园	水彩笔、油画棒、白纸、大纸筒等材料与工具。	1. 欣赏游乐场中的滚动玩具，分享自己的发现。 2. 自主选择喜欢的材料与工具，与同伴共同动手设计滚动乐园。	1. 鼓励幼儿大胆想象，与同伴合作，尝试运用多种材料进行创作，体验艺术创作的乐趣。 2. 把幼儿设计的滚动乐园图纸进行展示，并与同伴共享。

美工区	滚动玩具小制作	卷心纸筒，双面胶、剪刀，硬的大纸盒做底盘，白纸、大纸筒、小球、透明管等材料与工具。	自主选择材料与工具，尝试根据自己的设计图制作滚动乐园，如用卷心纸筒通过剪、粘等方式做滚动游乐场。	1. 接口连接处需要用胶枪固定，使滚动乐园更为牢固。 2. 启发幼儿对已制作好的滚动乐园进行尝试——球球是否顺利滚下来，如果球不能滚下来，或者球滚到一半会掉下来等问题，那么师生之间进行分析与探讨，共同改进滚动乐园中的细小问题之处。
建构区	滚动迷宫搭搭乐	木质积木，纸盒，玻璃球，自制轨道等。	与同伴合作搭建滚动迷宫，为自己的滚动乐园取名字，体验成功的喜悦。	1. 鼓励幼儿积极合作，大胆想象，尝试利用多种材料进行建构。 2. 鼓励幼儿讲述自己在搭建时遇到的困难，又是如何解决的。
科学区	滚动的轨迹	方形积木、三角形积木、小圆球、纸杯、羽毛球、锥体塑料玩具、茶叶筒、水笔、白纸等。	1. 幼儿在滚动游戏中，他们会对各种物体的滚动现象产生探索兴趣，如它们为什么会滚动？为什么有的物品滚得直直的，有的物品滚得弯弯的？ 2. 寻找教室里会滚动的物品尝试滚动，发现滚动轨迹。	1. 鼓励幼儿在游戏过程中仔细观察物品滚动时产生的轨迹。 2. 引导幼儿发现滚得直直的物体的共同点。 3. 在与幼儿游戏时，引导幼儿把看到的滚动轨迹用绘画的方式记录下来，并将其用展板展出，使幼儿感知物体滚动轨迹的多样性。
	看谁滚得快	不同造型，不同种类的玩具车，KT板做成的路，不同材质的坡面等。	引导幼儿去发现为什么同一辆汽车在不同跑道上速度不一样。	引导幼儿发现并思考汽车跑动的快慢与各种材料做的路面之间的关系。例如，在瓦楞纸、不织布等跑道上汽车开得慢些。

（3）主题墙

①生活中的滚动

主要展示生活中各种可以滚动的物品（实物或图片），按照滚动的作用区分来呈现：有些是省力的，如各种轮子、电梯；有些是方便生活的，如粘毛筒；有些则是电子类的滚动，如小区里的滚动广告牌、理发店标志灯箱；有些则是滚动小玩具。这一板块的展示实际是对各种滚动产品做再度展示，拓展幼儿的经验，使他们发现科学技术与生活的密切关系，从而激发其关心周围科技产品的兴趣，体验其中的乐趣。

②有趣的滚动实验

主要呈现幼儿在各种滚动游戏中的问题、发现及思考。比如：幼儿在"滚动乐园"游戏时，会提出许多的"为什么"，将这些问题进行梳理、分类、罗列，通过幼儿的滚动游戏去再次探索、验证想法，最后将自己的发现及思考，用图文结合的方式呈现在板块上。

③我设计的滚动玩具

以幼儿最感兴趣的游乐园中的滚动玩具作铺垫，启发幼儿大胆想象，设计"我心目中的游乐场滚动玩具"，将幼儿的设计图及创想思考直观的呈现。幼儿的表达，可以借助语音二维码的方式，这不仅为同伴间的分享提供契机，也为家长进一步了解幼儿在主题行进中的学习探索提供了新的途径。

（三）实践探究

1. 科学区的新材料

教师在科学区新投放了纸杯、薯片罐等材料。区域活动开始了，东东和天天先后来到科学区，发现了新材料。天天拿了一个纸杯在地上推了一下，纸杯拐了个弯，在离他不远的地方停了下来。这时，不远处东东雀跃地欢呼起来："快来看！我的薯片罐跑得多快，就像一辆小赛车！"天天皱了皱眉头，不解地捡起纸杯仔细地看了看，然后又用力地推了一下纸杯，纸杯拐了一个更大的弯，缓缓地停了下来。天天急匆匆地跑到东东跟前："你的怎么跑得这么快，我的怎么跑不远？"东东说："是不是你不够用劲呀！""我已经很用劲了！"天天大声地说。"让我试试！"东东也试了一次。"咦，怎么回事？""我们去问老师吧！"我问他们俩："到底是什么原因呢？让我们一起来看看。"我引导东东和天天仔细比较薯片罐和纸杯的不同，东东说："可能是因为薯片罐比纸杯高吧！"天天说："可能是纸杯太轻了。""是这样吗？"我笑眯眯地从箩筐里挑了一个高度与纸杯接近的薯片罐："你们再试试！"东东和天天试了试，失望地摇了摇头："还是一样。""那到底是什么原因呢？请你们再仔细比较一下，这两样东西还有什么不同？"东东和天天不停地翻看薯片罐和纸杯，忽然东东叫了起来："我知道了，薯片罐两头一样大，纸杯两头不一样大。"天天也开心地说："对！对！我也发现了！"……

在活动中，两名幼儿通过观察和实验，发现了纸杯和薯片罐滚动的秘密。这一秘密激发了他们探究的兴趣，他们试图通过改变"力"的大小来改变纸杯的滚动轨迹。在与教师的对话中，幼儿不断地比较着两种物体的异同，初步发现了滚动轨迹的秘密。这促进了他们观察能力、分析能力的发展，提升了幼儿的思维能力。他们能够带着问题进行实验了。

2. 锥形物体原地打转

在幼儿发现薯片罐和纸杯滚动的秘密后，为了使探究更深入，教师投放了锥形物体①，幼儿又会有什么新的发现呢？

第二天自由活动时，东东抢先来到科学区，顺手从箩筐里拿出薯片罐和纸杯玩了起来。不一会儿，天天也来了，他先从箩筐里挑了一个绿色的薯片罐，然后又开始挑纸杯。忽然，他发现了锥形物体。见状东东问天天："这东西怎么玩呀？""我们滚滚看吧！"于是，东东用手拨动了一下锥形物。"咦？它怎么老在原地打转啊！""是你的方法不对吧！"天天半信半疑地说。"谁说的！不信你试试！"东东不服气地嘟着嘴，把东西递了过去。天天小心地把锥形物放好，然后向前推了一把，锥形物在原地转了一个圈。"怎么样？这回你信了吧！"东东得意地扬了扬头。天天抓了抓头发，不好意思地笑了笑，说道："可是为什么它不会往前走呢？"东东一听也来了兴趣。两个小脑袋挤在了一起。"哎！我发现它的这一头特别尖。""对！它的屁股好像特别大。"听了东东的话，天天忍不住笑了起来。东东调皮地眨了眨眼睛，"昨天那个纸杯会转弯，是因为它们一头大一头小的关系，这个东西也是一头大一头小，它当然会转弯啦！""可是……"天天皱了皱眉头，说道："纸杯好像向前滚过了，可它没有。""我也这么觉得。"东东点点头。

从他们的对话中，我们不难发现，锥形物体给了幼儿更多的探究空

---

① 请在教师或家长的看管下玩耍，小心尖锐物体，防止误伤。——编辑注

间，激发了他们的问题意识，促使他们将好奇转化为探究行为，并在积极的实验中，不断地思考着三种物体滚动轨迹的成因。两个孩子在探究锥形物体的运动轨迹时，在前期探究的基础上，以相同的方式探究着锥形物体的运动轨迹。在与材料的互动中，进一步发现滚动轨迹的新现象，并试图把原有经验和新现象相连接，对滚动轨迹进行解释。教师的适时介入，新材料的支持，充分激发了幼儿主动探究的好奇与欲望。幼儿在不断地尝试中发现新秘密，积累新经验，体验发现的乐趣。

3. 滚动的秘密

为什么纸杯滚动的时候会转弯，薯片罐不会转弯？这个问题困扰着两个孩子。于是，我和他们一起开启了新的小实验。我们一起准备了白纸、颜料和笔，请东东和天天分别在纸杯和锥形物上涂上绿色和红色，然后请他们把两个物体分别放在两张白纸上进行操作。"你们发现了什么？""我画了一个大太阳。"东东指着锥形物抢着说。"我画的是一个绿色的大圆环。""哎呀！怎么这么奇怪呀！"我故意惊讶地说。"对，怎么画出来的图画是不一样的呀？"他们俩你看看我，我看看你。于是，我拿出一个锥形物，把尖头剪去一小块。"你们发现这个跟刚才的那两个有什么不同？""这个圆形比纸杯的圆形小。""那它画出来的图形会是怎样的呢？""一定也是圆圆的。""是吗？那我们来试试？"我在锥形物上涂上橘黄色，然后请天天试一试。"老师！"天天喊了起来，"它也是一个圆环，里面也有白色的圆形。""哦！我们猜对了！"两个人开心地跳了起来。我们把三张纸放在一起。"现在你们还能发现什么秘密？"东东和天天互相对望了一下。"我发现，有的里面没有圆形，有的里面有圆形。"天天慢吞吞地说。"对，我还发现里面的圆形有的大，有的小。"东东赶紧补充道。"我知道了。头尖尖的，画出来是圆形，头大大的，画出来的圆形里面就有白色的圆圈。""对！我也发现了，头大的里面的圆形就大，头小的里面的圆形就小！"天天也兴奋地说。"你们真是太聪明了！"

在这个小实验中，教师选择了介于纸杯和锥形物之间的形状，通过对锥形物体的小小改变，给幼儿提供了探究的线索和思考的支点。在这一过程中，幼儿运用已有的经验积极动脑、不断尝试、认真观察、努力思考，通过对比实验，更好地理解了滚动轨迹的奇妙秘密。

4. 活动思考

这场滚动游戏的探究，起源于在生活场景中教师捕捉到幼儿的兴趣点，并通过教师不断地聆听、支持、鼓励，提供材料，从而引发幼儿对滚动现象和秘密的持续兴趣及不断探究的深度学习。具体有以下几点思考。

(1)源于生活的体验才是真学习

在真实的生活场景中，幼儿往往会表现出最自然、最本真的状态，教师要做的是拥有一双会发现的眼睛去发现与识别。就如滚动游戏的起源，是老师发现幼儿在玩自制玩具"薯片罐，快快滚"活动中，对薯片罐的滚动意犹未尽。于是，在科学区提供了薯片罐等低结构材料，继续支持幼儿的探究兴趣，为幼儿的探索提供平台。

(2)基于问题的探究才是真探究

幼儿的内心世界充满了无数的为什么，他们天生喜欢提出各种各样的问题，而发自内心的好奇与问题正是幼儿探究的原动力。我们要做的是聆听、呵护与支持。当幼儿比较出薯片罐和纸杯的滚动轨迹的秘密之后，教师又给出了新材料——锥形物，再次引发幼儿的思考：为什么锥形物体的滚动又是不同的呢？这为幼儿主动发现不同形体的物品的不同滚动轨迹的现象提供了依据。幼儿在实践中不断推翻原有的思考，建立属于自己的新经验，从而助推思维的不断发展。

(3)运用智慧的互动才能真发展

我们特别期待在每一次的活动中看到幼儿发自内心的"哇"的时刻。我想，只有真正触动幼儿心灵的激动与惊喜，才能成就幼儿的发展。例如，当幼儿对"为什么纸杯滚动时会转弯，薯片罐不会转弯?"的问题陷入瓶颈时，更需要的是教师的智慧介入和支持，运用对比实验的方式把原先看不见的滚动轨迹，采用颜料留痕的方式给予幼儿直观的感受，从而让幼儿收获发现的欣喜。

这样的探究活动，让每一个幼儿都沉浸其中，不断尝试、积极思考，体验成功的喜悦，助推了思维的发展。这正是我们的科学教育所要追求的方向！

二、绚丽的色彩

(一)项目说明

色彩在我们的生活中无处不在，蓝天白云，红花绿草。色彩具有视觉性和情感性，视觉色彩能引起人们对冷暖、轻重、软硬等感觉的心理联想，幼儿看到不同颜色会有不同的感受。在绘画或感知事物的色彩时，幼儿常常会带着自己的情绪情感，利用色彩表现出来，通过他们的绘画作品，能感知他们的情感体验和情绪。色彩的表现特征十分丰富，不同的色彩能让人联想到不同的事物，如幼儿看到红色会联想到太阳和苹果，看到蓝色会联想到湖泊和天空。色彩能激发幼儿的联想力和想象力。

小班幼儿对色彩极为敏感，在他们早期的感官体验中，视觉占据着重要的地位，眼睛所捕捉到的色彩鲜艳的事物能够快速引起他们的注意。幼儿通过寻找生活中的色彩，运用多种材料、多种方式，创造性地表现色彩。色彩带给了幼儿美好，激发了他们对美的追求，提高了他们的审美能力。

（二）项目生成

本项目活动最初是由绘本《彩虹色的花》引发的。有一天，一群孩子围在一起，好像在看什么。一个孩子还惊叹地说："哇，好漂亮！"我忍不住想一探究竟。原来孩子们正在看一本名叫《彩虹色的花》的绘本故事，书中运用了大量鲜艳而强烈的对比色，最能吸引小班孩子的注意。看到孩子们这么喜欢，我们一起阅读了这本绘本。通过故事情节，孩子们认识了彩虹的颜色：红色、橙色、黄色、绿色、青色、蓝色、紫色，他们的小脑袋里还冒出了很多很多的想法：

"真的有彩虹色的花吗？"

"是彩虹把花变成彩虹色的吗？"

"能不能让魔术师把彩虹色的花变出来？"

"真的有的话，我们去找一下吧！"

"好看的颜色都是从哪里来的呢？"

…………

《幼儿园教育指导纲要（试行）》指出，要善于发现幼儿感兴趣的事物、游戏和偶发事件中所隐含的教育价值，把握时机积极引导。幼儿对于色彩的兴趣让我们抓住了一个可贵的教育契机，跟幼儿一起走进奇妙的色彩世界，开启这一场与色彩的相约之旅。

1. 项目活动目标

第一，对生活中各种各样的色彩感兴趣。

第二，尝试运用多种材料、多种方式表现色彩的美，喜欢表达自己的感受。

第三，发现颜色变化的奇妙，体验成功的喜悦。

2. 项目活动框架

对此，我们设计了"绚丽的色彩"活动框架图。如图 6-2 所示。

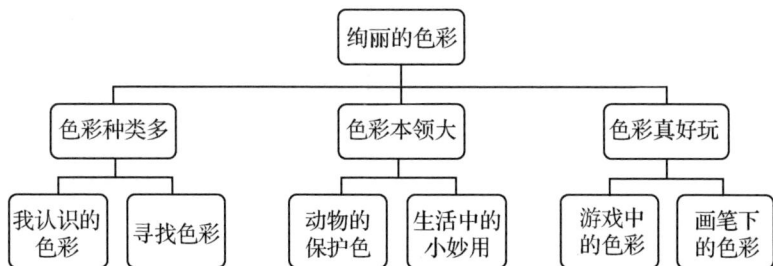

表 6-2 "绚丽的色彩"活动框架图

3. 项目活动内容

(1)主题活动

表 6-4 "绚丽的色彩"主题活动一览表

主题展开思路	活动名称	活动目标	侧重领域与涉及领域	活动场地
生活中的色彩	寻找彩虹花（亲子活动）	对花的色彩感兴趣，积极分享自己的所见所闻。	科学 语言	日湖公园
	十月飘香桂花甜	感知桂花的形、色、味，了解不同品种的桂花有不同的颜色。	语言 科学	幼儿园
	有趣的植物画	尝试用植物的根、茎、叶等部分拓印贴画，发现色彩的奇妙。	艺术	幼儿园
	颜色大聚会	能大胆涂刷，发现不同颜色"抱"在一起的奇妙变化。	艺术	幼儿园
	颜色在说话	喜欢缤纷的色彩，尝试表达对不同颜色的喜好。	语言	幼儿园
	有趣的扎染	感受扎染作品鲜艳的色彩及美丽的图案，并乐意尝试。	艺术	幼儿园

主题展开思路	活动名称	活动目标	侧重领域与涉及领域	活动场地
游戏中的色彩	颜色猜一猜	发现图片中色彩的规律美,体验游戏的乐趣。	语言 科学	幼儿园
	颜色宝宝捉迷藏	尝试区分红、黄、蓝、绿四种颜色,能完整表达自己的发现,说清楚谁不见了。	语言 科学	幼儿园

(2)区域活动

①语言区

表6-5 "绚丽的色彩"区域活动——语言区一览表

各项活动	所需材料	可能引发的活动	指导建议
《贪吃的变色龙》	"贪吃的变色龙"故事挂图、变色龙指偶	1. 请幼儿说说变色龙吃了哪些东西,变了哪几种颜色。2. 故事《贪吃的变色龙》以图文方式张贴在语言区,启发幼儿指偶表演。	师幼共同制作故事中出现的小动物指偶,引导幼儿边操作指偶边讲述故事情节。
《我来"话"色彩》	红、黄、蓝、绿等色彩卡	请幼儿看色彩卡联想物品,引发想象。	鼓励幼儿能大胆地猜测,并参与游戏。
《七彩舞台》	光盘、水桶	把光盘放进水里,在阳光下调整角度就会出现彩虹。孩子们可以在彩虹出现后,把它当成舞台背景,表演手偶或指偶剧。	在没有阳光的日子,可以用手电筒的光代替阳光进行游戏。

②表演区

表6-6 "绚丽的色彩"区域活动——表演区一览表

各项活动	所需材料	可能引发的活动	指导建议
《化装舞会》	各种头饰、服装、背景音乐	选择喜欢的头饰、服装进行搭配打扮自己。	演出服可以与美工区相结合,用各种色彩装饰服装。

③美工区

表 6-7　"绚丽的色彩"区域活动——美工区一览表

各项活动	所需材料	可能引发的活动	指导建议
《彩色线条》	大纸箱、各种颜色的颜料水、大刷子、小水枪	用水枪喷射、刷子涂抹等方法装饰大纸箱，感受色彩流淌的美丽。	适合在户外的水泥地上玩这个游戏。鼓励幼儿讲述自己的发现。
《印花》	自制蔬菜模具、白纸、颜料	用蔬菜根沾染颜色后印到白纸上，并印成花型。	鼓励幼儿印画后大胆想象，尝试讲述画面。
《五彩花》	纸盘、纸杯、剪刀、蜡笔、水粉颜料	选择自己喜欢的颜色给纸盘涂色，并用剪刀把纸盘剪出长条形，并把每一根长条卷起来。	鼓励幼儿用各种颜色进行装饰。
《彩虹花》	各种颜色的彩纸、胶水	用彩纸撕贴的方式制作彩虹色的花。	尝试撕各种形状、颜色的花瓣进行组合。

④数学区

表 6-8　"绚丽的色彩"区域活动——数学区一览表

各项活动	所需材料	可能引发的活动	指导建议
《色彩排序》	各种颜色动物卡片	引导幼儿按颜色排序进行操作。例如，在操作时按照红、黄两种颜色以及红、黄、蓝三种颜色交替排序的规律在托盘里排序。	鼓励幼儿探索不同的排序方式。
《色盲卡中的奥秘》	色盲卡实物图	幼儿找出色盲卡中相应的动物和数字，和实物图一一进行配对。	让幼儿乐意讲述观察到的事物。

⑤科学区

表 6-9　"绚丽的色彩"区域活动——科学区一览表

各项活动	所需材料	可能引发的活动	指导建议
《会变的颜色》	红、黄、蓝颜料若干，小桶，大的调色盘，调色笔	请幼儿将颜色两两混合，发现色彩变化的秘密。	鼓励幼儿多配色，并用自己配出的颜色进行创意制作。
《彩色眼镜》	自制纸质眼镜、透明色卡	选择不同颜色的色卡放到眼镜上，并戴上眼镜感知不同色彩的世界。	尝试叠加色卡，感知色彩的变化。
《彩色陀螺》	自制彩色陀螺、棉线	感受旋转时色彩的变化。	尝试制作彩色陀螺。
《分光镜》	改装后的卷芯桶、光盘	将光盘插到卷芯桶上，并用眼睛从另一端的洞口看"彩虹"。	带幼儿到阳光下玩"分光镜"，也可以用手电筒的光代替阳光。

（3）主题墙

①"我身边的色彩"

通过调查表的方式，记录幼儿找到的各种各样的色彩板块，让幼儿感受色彩在生活中的无处不在；通过图片和二维码结合的方式记录幼儿对色彩好奇的问题与想法。

②"色彩大妙用"

这主要包括"生活中的色彩运用"和"动物的保护色"两部分。通过照片、图片的形式呈现"色彩真好看""色彩真有用"版块；并通过互动游戏的方式来寻找动物身上的奇妙颜色配对。

③"玩转色彩"

这主要内容是幼儿在色彩游戏时的掠影，分享色彩游戏的快乐。呈现幼儿在色彩游戏中的作品，如美术作品《和凡·高的对话》《色彩滑滑梯》《色彩大爆炸》等儿童画，并用二维码语音的形式进行记录。

（三）实践探究

1. 寻"彩虹花"之旅

自从读完那本《彩虹色的花》绘本之后，孩子们对于彩虹色的花非常感兴趣，他们很想知道在哪里可以找到彩虹色的花。有的孩子说："我从来没有见过彩虹色的花。""世界上真的没有彩虹色的花。"有的孩子还是执着地在幼儿园、花店、花鸟市场找，还有的请爸爸妈妈上网寻找。最终结果是没有找到彩虹色的花，但是孩子们却有惊喜的发现。他们觉得彩虹色的花一定躲起来了，它在玩躲猫猫。它到底藏在哪里了呢……于是，大家从家里带来了许多有着彩虹色的物品，有彩色陀螺、彩虹伞、彩色弹簧、彩色糖纸、彩色魔力豆，还有光盘等。就这样，孩子们开启了一场"彩虹色"大收集。在收集中，发现这些彩虹色物品不仅好看，而且还很有用！

不难发现，幼儿从寻找彩虹色的花到收集彩虹色的物品，这个过程就是学习的过程。这是一场自主、开放的活动，幼儿的彩虹色的花在"躲猫猫"的说法充满了童趣，这也正是小班幼儿的泛灵表现。教师在活动中不断地去聆听、呵护幼儿美好的想法，支持幼儿的寻找身边的彩虹色，在寻物、比较、分类中，幼儿感知了色彩的多样性，了解了美丽的色彩给我们的生活带来的无限乐趣。

2. 色彩"躲猫猫"

孩子们一直认为色彩会躲猫猫，那它会躲到哪里呢？于是，我们就在科学区投放了各种各样的彩色透明片、彩色透明糖纸。有一天，安安和然然小朋友发现了新材料，安安把彩色片放在眼睛前面说："你的脸变成红红的了！"然然也拿起一片说："我也来看看，你的脸变成了绿绿的啦！"他们的对话吸引了更多的孩子来玩这个彩色片游戏。一旁的多多抓起两片，左看看，右瞧瞧，疑惑的小眼神看了看我。我笑着问他："怎么了？你发现什么了吗？"多多好奇地问："颜色会变魔术？""是吗？你是怎么做到的呢？"我又故意把问题抛回给他。他把手中的彩色片翻来覆去地合拢又分开，突然激动地说："看，我是这样做的。它们两个抱在一起，颜色就变了！"我笑着点点头："那你的红片和黄片叠在一起，变成了什么颜色呢？""橙子的颜色了。""真有意思，你再试一试其他颜色还能怎么变魔术呢？"多多兴奋地说："好！"在一旁的孩子们也都跃跃欲试。孩子们激动地说："彩虹色的花跟我们躲猫猫呢，我们找到它了呢！"这时，我又问："彩虹色的花可真调皮呢！它除了会躲在彩色片里，还会躲在哪里呢？我们再去找一找吧！"

于是，美工区的孩子把颜料混合在一起。他们把小黄和小蓝抱在一起，变出了绿色；把小红和小蓝混合在一起，找到了小紫……这时，一个孩子把三种橡皮泥的颜色混合在一起："老师，你看，我把它变成了泥土一样的颜色。""我们也试一试，不过好多颜色抱在一起就不好看了，脏兮兮的。"……

还有孩子把彩虹糖摆放到白色纸盘中慢慢加水，通过耐心地等待，发现彩虹糖渐渐融化。"哇，彩虹出现啦!"孩子们欢呼起来。色彩的变化给他们带来了巨大的惊喜。

在这场躲猫猫的色彩游戏中教师是观察者、适时的回应者，也是孩子们学习与探究的支持者。孩子们在与色彩材料的接触中，不断地尝试着、体验着，发现色彩变化的乐趣，体验与同伴分享的快乐。

3. 玩转绚丽的色彩

孩子们用各种材料与色彩做游戏的时候，在科学区的光盘一直被"冷落"在一边。于是，在一个天气晴好的日子，我们将光盘装在箩筐里，全都放到了有光照的走廊平台，等待着孩子们的发现。果然，在户外运动的时候，一群孩子惊喜地围在一起："光盘也会变出彩虹色呢!""是呀! 好神奇啊! 光盘平时看起来亮亮的，好像身上没有彩虹色啊!""上次放在教室里我没有看到有彩虹的颜色哦!""我知道了，肯定是太阳公公在帮忙呢!"……

我笑眯眯地回应着："听起来很有道理! 那我们再找一找还有哪些像光盘一样亮闪闪的东西也能在太阳公公的帮助下出现彩虹色吧!"于是，孩子们又开始行动起来，在教室里到处寻找亮闪闪的东西，有孩子找来了老师的笔，有的孩子端来了一盆水，还有的孩子把美工区的小铁架子都搬了过来。就这样，孩子们把各种材料晒在阳光下摆弄，仔细地观察，寻找着彩虹的身影。有的孩子把光盘当成了表演区的霓虹灯，还把光盘插在纸筒上，成了一个自制分光镜的玩具……美工区、科探区和活动室的各个角落能看到孩子们与色彩共舞的快乐身影，专注的神情。我们不得不惊叹孩子在游戏时的投入状态，孜孜不倦地尝试。他们体验着亲手制作色彩玩具的无限乐趣，与同伴交流的快乐，更收获着发现的惊喜。

(四)活动反思

在本次项目活动"绚丽的色彩"开展过程中，我们采用了三个主要的策略。

1. 发现幼儿兴趣，有效识别

兴趣是幼儿探究世界最好的内动力。在合适的时机，发现幼儿的兴趣，及时识别教育价值，才能真正凸显幼儿发展的有效性。在本次项目活动中，幼儿对绘本《彩虹色的花》产生兴趣后，我们捕捉到了"色彩"对幼儿的教育价值，继而引导幼儿开启了"寻彩虹花之旅"。在寻找的过程中，幼儿的主动性、积极性得以发挥，幼儿通过观察、谈话等方式拓展了色彩方面的认知经验。

2. 提供适宜支持，满足需求

找到幼儿的最近发展区，给予支持，往往会收获意想不到的效果。活动中，当幼儿想要寻找一朵彩虹色的花时，教师并没有直接告知答案，而是让幼儿自主去尝试，幼儿这才有了自己的想法——觉得彩虹色的花是在躲猫猫这更为进一步探究色彩的秘密提供了可能。当幼儿着迷于寻找色彩的秘密，教师及时提供低结构的材料，让幼儿与之接触，并不断地启发幼儿思考。幼儿通过运用多种材料，亲身体验，多种方式创造性地进行色彩游戏，不仅感受了色彩变化的乐趣，更体验了色彩的美丽。

3. 呈现活动轨迹，体验成果

活动轨迹记录了每一次幼儿探究时的问题、发现与想法。记录方式也是多种多样的，有孩子们的作品、绘画作品、手工作品、活动照片等，还有二维码的方式。在色彩项目活动中，在班级的美工区里张贴着幼儿的作品、科学区里放满了各种玩色彩游戏材料、主题墙上呈现着丰富的色彩活动等。教室成了一处"色彩花园"，到处是幼儿寻色、玩色的活动轨迹，这正潜移默化地激发了幼儿对色彩的喜爱，培养了幼儿的审美能力。

在"绚丽的色彩"项目活动中，幼儿从兴趣到探究，再到趣玩，缤纷的色彩就像是镶嵌在孩子们生活中的快乐音符，激发着他们对美好事物的欣赏和对美好生活的热爱。让我们继续怀揣着一颗童心，与幼儿一起游戏，一起成长！

三、好玩的磁铁

(一)项目说明

1. 项目活动来源

在一次玩具分享活动日，幼儿对磁铁小鱼玩具充满好奇，一群幼儿围在一起讨论着："为什么小鱼能被鱼竿吸起来，而其他的东西不可以？""这肯定是一块有魔力的小黑石，这里面是不是有电的关系啊？"

"我家里也有这样的魔力石玩具，明天我带来！"幼儿开始议论纷纷。"我妈妈的包包上也有魔力石的，扣子会自动吸住的。""我哥哥的铅笔盒上好像也有，这个叫吸铁石"……面对幼儿围绕磁铁的议论，我们不难发现，幼儿对于磁铁有初步的感性经验，但这些经验是比较零散的。这为幼儿了解物质世界提供了适时的机会，我们可以抓住这个机会支持幼儿主动学习，关注生活中的科学现象，建构起他们心中迫切想要了解的秘密与经验。

作为教师，我们可以为幼儿主动认识周围物质世界搭建平台，让幼儿在充满好奇的问题情境中，主动探究，沉浸其中，发展动手能力、推测能力以及主动解决问题的能力，体验发现的乐趣、创造的奇趣，形成良好的学习品质。

2. 项目价值分析

磁铁不是由人发明的。古代的希腊人和中国人发现自然界中有种天然磁化的石头，称其为"吸铁石"。这种石头可以魔术般地吸起小块的铁片，并且在随意摆动后总是指向同一方向。早期的航海者把这种磁铁作为最早的指南针用来在海上辨别方向。最早发现及使用磁铁的是我们中国人。利用磁铁的特性发明制作的"指南针"，成了中国闻名世界的四大发明之一。

在现代，磁铁被运用在我们生活的各个领域。幼儿的生活中处处有磁铁。小朋友玩的玩具、文具盒上，大人的包包、旅行箱上，家中的各种电器，如电冰箱的门、吸尘器上，都有磁铁。在医疗行业中，磁铁被运用在病人的检查、治疗中，如核磁共振、磁石治疗；在运输行业中，有港口、码头的磁力起重机，还有运行的磁悬浮列车。磁悬浮列车的时速可达 500 千米以上，是当今世界最快的地面客运交通工具，运行时噪音小、污染少，给人们的出行带来了不一样的体验。

中班幼儿好问，喜欢探究，他们总有问不完的"为什么"，喜欢对生活中奇妙的现象和事物一探究竟。磁铁被广泛生活中的各个行业、人群运用于各行各业，是一个很好的探究载体，也是幼儿学习科学、认识物质世界的重要载体。

根据中班幼儿的年龄特点和认知特点，可以让幼儿通过与磁铁的亲密接触，感受磁铁的三类特性，初步了解磁铁在生活中的应用，并能运用这些特性，制作一些简单的玩具，体验玩磁铁的快乐。通过与磁铁的互动，感受探究的乐趣，体验成功的喜悦。

(二)项目生成

1. 项目活动目标

第一，对磁铁游戏产生兴趣，乐意表达自己的发现。

第二，尝试用各种感官探索磁铁的秘密，了解磁铁在我们生活中的广泛运用，体会现代科技带来的便利。

第三，尝试制作简单的磁铁玩具，体验成功的喜悦。

2. 项目活动框架

针对"好玩的磁铁"项目活动，我们设计了如图 6-4 所示的活动框架图。

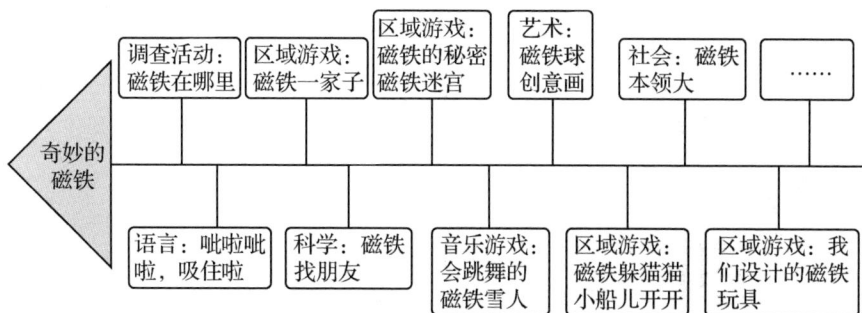

图 6-4 "好玩的磁铁"项目活动框架图

3. 项目活动内容

(1)主题活动

表 6-13 "好玩的磁铁"主题活动一览表

主题展开思路	活动名称	活动目标	侧重领域与涉及领域	活动场地	实施途径
寻磁铁	磁铁在哪里	在探索中发现磁铁的秘密，感受磁铁的运用给生活带来的便利。	社会科学	社区	个别学习
	磁铁找朋友	初步了解磁铁的特性：能吸住铁制的东西；尝试记录并表达自己的猜想和探究结果。	科学	幼儿园	小组学习
	绘本：天才小钓手	理解绘本内容，进一步了解磁铁的特性，并能用语言表达自己的发现。	科学语言	幼儿园	小组学习
	绘本：呲啦呲啦，吸住啦	理解绘本，知道哪些物体能被磁铁吸引，哪些不能被磁铁吸引，乐意表达自己的发现。	语言科学	幼儿园	小组学习

主题展开思路	活动名称	活动目标	侧重领域与涉及领域	活动场地	实施途径
探磁铁	磁铁的故事	理解故事内容，了解磁铁的特点；知道磁铁不能与手表、电脑、照相机、指南针等放在一起。	语言科学	幼儿园	集体学习
	磁铁的秘密	发现磁铁的相吸相斥的秘密，愿意参与探索活动，想办法解决问题，体验成功的快乐。	科学	幼儿园	集体学习
	密室逃脱	根据磁铁能吸住铁的特性，找出藏在沙堆下的钥匙，打开锁，帮助小动物逃脱，感受成功的乐趣。	科学	幼儿园	小组学习
	会跳舞的雪人	能随着音乐的节奏，根据磁铁具有穿透力的特性，有节奏地舞蹈。	艺术	幼儿园	集体学习
	猫捉老鼠	探索老鼠逃离猫爪的方法，感受成功的乐趣。	科学	幼儿园	小组学习
	小船往哪儿开	根据磁铁同性相斥、异性相吸的特性，引导小船前进或后退，体验探索活动的乐趣。	科学	幼儿园	小组学习
	磁铁迷宫	根据磁铁的穿透现象，探索回形针走出迷宫的方法，体验游戏的快乐。	科学	幼儿园	小组学习
用磁铁	参观港口的电磁起重机	通过参观港口的电磁起重机，进一步了解磁铁在人类生活中的作用。	科学社会	港口	个别学习
	磁悬浮列车	近距离体验磁悬浮列车的神奇，进一步了解磁铁在人类生活中的作用。	科学社会	科技馆	个别学习
	自制磁铁玩具	尝试用磁铁制作小玩具，体验动手动脑的乐趣。	科学艺术	幼儿园	集体学习

(2)区域活动

①语言区

磁铁奥秘我知道

——活动需要的材料：

关于磁铁的科普读物、图书，如《呲啦呲啦，吸住啦》《天才小钓手》《马蹄形磁铁小姐找新郎》《磁铁怪物》等，并提供各种形状的磁铁。

——可能引发的活动：

a. 请幼儿说说磁铁有什么本领，它们能吸住什么，为什么磁铁能吸住东西等。

b. 绘本《磁铁怪物》以图文方式张贴在语言区，启发幼儿边看图边进行磁铁操作，进一步感知磁铁。

——对教师指导的建议：

投放多种绘本材料，与幼儿共同探秘磁铁，并对幼儿的感知经验进行记录。

②美工区

A. 慢吞吞的小乌龟

——活动需要的材料：

制作步骤图、剪刀、彩纸、回形针、厚纸板、蜡笔、棒形磁铁和胶带。

——可能引发的活动：

a. 观察制作步骤图，自主设计乌龟爬行小路的路线。

b. 自主选择自己喜欢的材料和工具，动手制作乌龟，并用胶带把回形针固定在乌龟的头部。

c. 将棒形磁铁放在厚纸板下面，牵引小乌龟顺着路移动。

——对教师指导的建议：

a. 指导和帮助有需要的幼儿将回形针固定在乌龟模型的头部。

b. 鼓励幼儿运用多种材料制作乌龟、设计小路，体验艺术创作的乐趣。

B. 磁铁钓鱼

——活动需要的材料：

大海背景图、剪刀、彩纸、回形针、树枝、U 形磁铁、线、胶带。

——可能引发的活动：

a. 观察美工区张贴的照片，自主设计小鱼的造型。

b. 自主选择自己喜欢的材料和工具，动手制作小鱼，并将回形针固定在小鱼的头部。

c. 用线把磁铁和树枝绑起来做钓鱼竿。

——对教师指导的建议：

a. 指导幼儿固定磁铁和树枝方法。

b. 鼓励幼儿发挥想象，运用多种方式制作小鱼。

③益智区

A. 磁铁找朋友

——活动需要的材料：

棒形磁铁、纸片、纽扣、雪花片玩具、回形针、铁钉、别针、铁片、硬币等物品，两个不同颜色的小框。

——可能引发的活动：

a. 寻找并发现磁铁的"好朋友"。

b. 将物品分类放在不同的小框中，探索磁铁的特性。

——对教师指导的建议：

a. 提醒幼儿放置物品时要轻拿轻放，要有区分的放置。

b. 鼓励幼儿用其他材料进行实验操作，体验动手操作的乐趣。

B. 回形针走迷宫

——活动需要的材料：

迷宫操作板、回形针若干。

——可能引发的活动：

a. 观察迷宫的路线，寻找到终点。

b. 使用回形针将磁铁珠子按路线走到终点处。

——对教师指导的建议：

指导幼儿手眼协调地操作，感受磁铁的穿透性。

④建构区

磁力屋

——活动需要的材料：

提供多种磁性积木。

——可能引发的活动：

a. 运用不同的磁性积木，多种建构方法搭建"城市"的"房屋"；

b. 在活动中与同伴友好合作，共同搭建更大的"城市"。

——对教师指导的建议：

a. 指导幼儿有层次地进行叠加，避免随意平铺。

b. 鼓励幼儿大胆探索多种搭建方法。

⑤科学区

A. 猫捉老鼠

——活动需要的材料：

自制的小猫盒子、老鼠(都带有圆形磁铁)。

——可能引发的活动：

a. 选择一只小猫和老鼠，两者间隔一定距离进行游戏。

b. 利用两个磁铁的特性(相斥或相吸)，开始小猫追赶老鼠的游戏。

——对教师指导的建议：

教师要用提问方式引发幼儿在游戏中的思考。

B. 倒车入库

——活动需要的材料：

停车场操作板、标有"1"～"8"的数字小汽车(带有磁铁)、磁铁棒。

——可能引发的活动：

a. 手拿一个磁铁棒，靠近任意一辆小汽车。

b. 运用磁铁间的相斥原理，将小汽车停进对应数字的停车场中。

——对教师指导的建议：

指导幼儿控制好磁铁棒和小汽车的距离和位置，更好地将小汽车往前推。

(3)主题墙

①磁铁找朋友

主要展示师幼共同收集的各种材料，有的可以被磁铁吸住、有的不能被磁铁吸住，幼儿在比较中初步发现磁铁的特性。

②磁铁在哪里

设计调查表。用绘画的形式展示幼儿收集的磁铁应用场景。展示亲子收集的磁铁在工业和军事方面的应用资料。

③了不起的磁铁

展示亲子游学活动的照片用文字或绘画形式展示幼儿的体验感受。

(三)实践探究

1. 寻——磁铁在哪里

磁铁能吸铁,那在哪儿会用到磁铁呢?有的孩子说:"我家的冰箱门上有磁铁,因为冰箱门打开后,会自动关起来。"幼儿对磁铁在哪里产生了兴趣,作为幼儿活动的支持者,要挖掘可提升的相关经验。那么我们怎样才能知道磁铁在哪里呢?有孩子说:"磁铁可以吸铁,我们可以拿着铁去找!"但也有孩子提出来:"这样会把电器弄坏的。"孩子们各抒己见。最终,我们商议用调查表的方式,和爸爸妈妈一起寻找在生活中都有哪里会用到磁铁,然后将发现记录在表格上。通过"哪里有磁铁"亲子调查活动,幼儿主动参与、寻找生活中的磁铁,体验发现的乐趣。经过后期的调查表汇总,幼儿惊奇地发现,小小的磁铁在生活中被广泛应用。原来磁铁有各种各样的样子,有磁块、磁条、磁面墙、磁泥、磁流体等。这为幼儿探究磁铁拓宽了空间,进一步激发了幼儿的探究欲望。幼儿惊叹着磁铁的奇妙。

2. 探——磁铁的秘密

(1)磁铁找朋友

在收集了各种各样的磁铁后,老师将磁面墙放到了科学区的墙面上,并且用变魔术的方式引发幼儿的思考,大家产生了好奇:哪些东西能跟磁铁玩游戏呢?我们采取小组探究的形式,为幼儿准备了木质积木、纸片、铁片、回形针、铁螺丝、花布片及每人一块磁铁,并提供了表格,供幼儿探索后将结果记录在表格上。通过实验,幼儿发现铁片、铁质回形针、铁螺丝能被磁面墙吸住,是磁铁的好朋友,而木片、纸片、布片、塑料等材质的物品则不能被磁面墙吸住。幼儿通过与材料的互动,在操作与摆弄中,对磁铁的特性——磁铁能吸铁,有了初步的认识,自主建构了对磁铁的新经验,体验了发现的乐趣。

(2)磁铁的秘密

在活动中察觉幼儿对磁铁表现出的强烈兴趣,我们没有停留在了解磁铁简单特性的层面上,而是鼓励幼儿继续挖掘、发现磁铁的秘密。我们利用童话故事,给幼儿设置情境,让幼儿想办法去拯救被关在密室里的小动物。当幼儿听说小动物被怪物绑上了重重的铁枷锁,他们展开了大讨论,大胆想象,利用磁铁的特性,来尝试帮助小动物们脱离密室。

他们说："我们可以试一试，把小动物吸到磁铁上，再一点点往上升。"那就试试吧！当他们手持磁铁，沿着密室的壁，把小动物一点点从密室底下升上来的时候，幼儿充分体验到了帮助他人的快乐和解决问题后的满足感。在实验中，幼儿发现磁铁在一定的距离下可以不碰到铁而把铁吸住，并用磁铁的穿透性解决游戏情境中的实际问题。在游戏过程中，我们关注幼儿的深度思考，每个幼儿都是积极的参与者，他们在真实的情境中发现问题，解决问题，提升了思考能力。

（3）好玩的磁铁游戏

就这样，追随着幼儿的兴趣，一个个充满魔力的活动又开启了。

①磁铁穿透强

在"会跳舞的雪人""磁铁迷宫"的游戏开始之前，幼儿充满好奇和疑问。有的孩子说："磁铁不可能吸住雪人吧。"面对质疑的最好解决方法就是亲身探究体验。一尝试，结果显而易见。"哇！我的磁铁真厉害，隔着纸板雪人真的跳起舞来啦！""你看，我一碰，迷宫板里的球球就动了。"孩子们惊喜于磁铁的魔力。

幼儿在游戏中发现秘密，总结经验：原来磁铁之间隔着板也能够吸住。他们忍不住拿着一张画纸或者是书袋里的书本开始试验起来。果真，磁铁的穿透性很强，两块磁铁之间能够隔着某种物体吸住并移动。幼儿从质疑到确信，在实践中建立属于自己的经验，这是难能可贵的探索之旅。

正因为幼儿发现了磁铁原来能隔着物体也能有吸力，于是我们展开了磁铁还能怎么玩的大讨论。通过小组交流，大家想到了许多有趣的玩法，如磁铁球创意画、磁铁小人、磁铁小怪兽等。幼儿在活动中发现着磁铁的神奇，感受着玩磁铁的乐趣。

②磁铁躲猫猫

有的孩子已经在生活中接触过磁铁，知道它会吸住东西，但他们还不知道磁铁另一个同性相斥的特性，两块磁铁好像永远碰不到彼此，玩着躲猫猫的游戏。

有些孩子一开始会感到奇怪，怎么有的猫一下就把老鼠捉住了，而有几只猫永远追不到老鼠呢？在坚持不懈的尝试中，他们拿着手里的"猫"不停地追赶那只老鼠，乐此不疲。而开小船的幼儿则是一副成就感十足的样子，因为在他们的操控下，就算不碰到小船，也有办法让它持续地往前开，自如地变换方向。"猫捉老鼠"和"小船往哪儿开"实验打破了幼儿的原有认知。磁铁游戏让幼儿在大胆的尝试中积累新经验，收获新发现。

3. 用——能干的磁铁

(1)磁铁用处大

幼儿运用多种感官探索、发现磁铁的秘密，认识磁铁在生活中的应用。在"磁铁在哪儿"的活动中，就有孩子发现在医院有"核磁共振"，并记录在了调查表上。原来磁铁的特性，还可以帮助病人检查出疑难杂症呢！也有小朋友在交流中说："去上海旅游时，我坐过磁悬浮列车去飞机场。是没有车轮，悬在轨道上开的，可快了！"幼儿纷纷表示都想去坐一坐磁悬浮列车，他们议论道："磁铁真是个大力士！"还有的说："磁铁的力气好大呀，把列车都可以托起来，真是太了不起了！"通过调查、交流，幼儿了解了磁铁在生活中的广泛运用，感受着现代科技力量对人们生活的影响。幼小的心灵中也就此种下了乐于探索科技奥秘的小种子。

(2)磁铁力气大

磁铁的力气有多大呢？它能吸起多重的东西呢？幼儿在班级的科学区里做起了这个实验：一块小小的磁铁，就能吸起好几个硬币，再多加一块磁铁，能吸引的硬币又会不断增加……于是，幼儿幻想着，一块超级大的磁铁，是不是就能像起重机一样吸起重重的东西呢？幼儿对此感到十分好奇，想要亲眼见证一下"磁铁大力士"。这个想法得到了班级里在港口工作的一位家长的支持。于是，我们的"亲子游学宁波港"活动开启了。幼儿将共同去见证电磁起重机的工作。当他们亲眼看到电磁起重机把一大堆的铁条、铁板轻轻松松地吸起来，转运到大型卡车上时，都不禁发出了惊叹声！

在这个过程中，我们不难发现：班级游戏区所投放的低结构材料，是引发幼儿深度探究的方式，作为教育者需要观察、发现幼儿的兴趣，并支持幼儿的深度学习。在这个活动中，我们的家长资源提供了有力保障，让幼儿通过亲身体验的方式感受到磁铁力量的强大，磁铁趣味无限。

(3)磁铁小创客——未来的磁铁

有了体验活动，幼儿对磁铁的认识有了新的突破，对磁铁游戏的热情也达到了新的高度，未来磁铁还能有什么新的本领？他们充分展开了想象的翅膀，拿起手中的画笔，描绘出未来的磁铁。在幼儿的想象中，汽车不再用汽油，在磁铁铺成的道路上滑行，可以随时上下客；房子穿上铁衣服，想搬去哪儿就搬去哪儿；小朋友头上带上磁铁的帽子，就不再会迷路了……幼儿创想着，表达着，他们眼里的磁铁变得那么有魔力和神奇。

4. 后续活动

幼儿对磁铁的兴趣还在不断持续，并且把对磁铁的认识，灵活运用到实际生活中。有一位家长跟我们分享了他的孩子的故事——有一次，外婆在帮嘻嘻小朋友缝玩具娃娃，不小心把针掉到地上了，外婆戴上老花眼镜在地面上吃力地四处寻找，却怎么也找不到。而嘻嘻小朋友想起了运用磁铁的好办法，他找来磁铁块，在地面上蹭来蹭去，很快找回了丢失的针。

通过这个小故事可以看出，幼儿自发的学习探究所获得的经验，更容易巧妙地被迁移运用于生活实践中。幼儿在面对问题与困难时，表现出来的勤动脑，勤思考，大胆、主动尝试的积极状态，不正是我们所追求的课程意义嘛！

5. 活动反思

在"好玩的磁铁"活动中，幼儿经历了一段宝贵的学习旅程。磁铁钓鱼玩具引发了孩子们对磁铁的关注与好奇。教师的聆听与支持为幼儿的主动探究提供了学习的机会。幼儿体会着磁铁带来的无限乐趣。

(1)关注幼儿，激发兴趣

正如陈鹤琴先生所言，大自然、大社会都是活教材。因此，建构开放的、整合的、生活性的课程，一定是从幼儿的经验、需要及兴趣出发的。在本次主题式项目活动中，教师能积极关注幼儿生活中的兴趣和问题，及时地发现幼儿对磁铁的好奇，为幼儿创造会提问、爱提问、能主动提问的契机，并根据幼儿的发展水平，不断支持幼儿对磁铁的持续探究兴趣，使每一个幼儿在玩中有所悟。

(2)支持幼儿，助力成长

幼儿的成长是自主的，更是需要得到支持的。教育的使命就是助力每一个幼儿在原有水平上提升与发展。那么如何去支持与助力呢？这就需要我们教育者创设的活动对幼儿有足够的吸引力，符合幼儿的发展需求。这不仅需要创设的活动具有科学性，还应具有时代精神，更需要关注个体发展的需求，聚焦"缺什么补什么"的问题。在本次主题式项目活动推进中，教师通过积极研讨交流，储备关于磁铁的知识经验，结合核心经验把握中班幼儿的年龄特点，让课程的内容经得起科学的推敲，满足每一个幼儿的最近发展区需求。通过为幼儿提供适宜的自由、宽松探究环境，提供丰富的探究材料，幼儿在师生互动、生生互动、亲子互动中体验发现磁铁秘密的乐趣，收获自主解决问题的喜悦。

　　活动告一段落，但幼儿对于磁铁的探究仍在延续。当他们发现生活中跟磁铁有关的物品时，还会与同伴交流，并且将这种对事物持续兴趣的专注带入到对其他事物的探究中。这正是我们的教育所要追求的，幼儿对于万千事物变化的敏感性，专注性，解决问题的主动性，也为幼儿的终身发展奠定良好的学习品质而助力。

第七章

探究性课程——奇妙的自然

第一节　主题说明、主题目标、探究特点

一、主题说明

大自然丰富多彩、神奇有趣。日月星辰、春夏秋冬、风云雨雪，它们千姿百态、变化无穷，蕴藏着许多有趣的秘密，引发着幼儿的探究兴趣。

幼儿与生俱来拥有一种亲自然性，喜欢亲身体验自然界的奇妙。他们在太阳下嬉戏，会惊喜地发现光和影子的秘密；在美丽的夜空中，月亮姐姐总是变化着自己的模样；树上的叶子在飘动，那是风儿来了；天气是个很调皮的孩子，有时晴，有时雨，有时还会暴躁地大声吼叫，冬天里会飘起洁白的雪花……大自然是如此奇妙，激发了幼儿对自然的求索之心。

幼儿对自然界中神奇的自然现象是非常感兴趣的。常见的自然现象，尤其是天气现象一直以来都是他们熟悉而又特别喜欢探究的内容之一。幼儿对于自然现象和天气可获得的经验是：了解和认识常见的天气现象；能通过观察了解天气的变化；初步了解天气与动植物生长、活动以及人们生活的关系；初步感知和了解季节更替和周期性变化；能感知和了解光影、月相的变化。①

---

① 参见刘占兰：《幼儿园科学教育资源》，216 页，北京，人民教育出版社，2014。

《3－6 岁儿童学习与发展指南》中也提出了相应的内容和目标：3～4 岁的幼儿能初步感知和体验天气对自己和生活的影响；4～5 岁的幼儿能感知和发现不同季节的特点，体验季节对动植物和人的影响；5～6 岁的幼儿能感知并了解季节的周期性，知道变化的顺序。[①]

幼儿对自然与天气的了解虽然很有限，但他们能在日常生活中感受到天气的变化，能认识一些常见的自然现象。随着年龄和经验的增长，他们获得信息的渠道也逐渐丰富起来，相关经验逐步扩展。让幼儿走近大自然，聚焦生活中常见的自然现象，关注季节、气候变化的规律，并发现自然与动植物和人的关系，从而为关爱环境、关爱动植物、关爱自己的生活奠定基础，这是非常有趣而有意义的活动。

二、主题目标

"奇妙的自然"主题活动的主题目标主要是帮助幼儿学会观察常见的天气现象，发现其明显的特征和变化；了解季节周期性更替的规律，并发现与之相关的天气现象；发现不同季节的特点，体验季节对动植物和人的影响；提高主动适应天气变化的能力等。

"奇妙的自然"主题活动针对幼儿园各年龄阶段的幼儿又有着不同的目标要求。它要求小班幼儿试着喜欢接触大自然，并对常见现象感兴趣，试着发现常见天气的明显变化，初步感知和体验天气与自身的关系；要求中班幼儿对天气和自然现象产生探究兴趣，能发现一年四季明显的季节特征及与之相关的天气现象，体验季节变化对动植物和人的影响；要求大班幼儿学会了解季节的周期性，知道变化的顺序，能感知四季对动植物生长变化以及对人们生活的影响，发现自然与天气的奇妙变化，提高主动适应天气变化的能力。

三、探究特点

(一)多渠道发现自然的常见现象

探究自然的奇妙、天气的变化，必须要让幼儿亲身经历和感受。也许他们还不能真正了解这些现象产生的原因，但他们却能通过自己的亲身经历和多感官的参与，获得多种有价值的经验。例如，幼儿对风的感

① 参见刘占兰：《幼儿园科学教育资源》，214 页，北京，人民教育出版社，2014。

受：看到彩旗飞舞，或刚梳好的头发吹乱了，那是风来了；听到树叶发出沙沙声，那是风的力量；暖暖的春风，凉凉的秋风，那是不同季节里风带给我们的不同感受。当风儿吹在身上的不同部位时，能带给幼儿充分的体验，发现风的存在。阳光灿烂的日子，幼儿会发现自己和小伙伴的影子在不同的时间，方向发生着变化，由此进一步观察到了太阳位置变化带来的"光和影"的有趣变化。江南的多雨天气给了幼儿感受雨、发现雨的机会。收集雨水、测量雨量、持续观察，他们在丰富的活动中体验着发现的惊喜。幼儿多通道的观察、体验、识别，为他们获得关于自然与天气现象的信息提供了非常有价值的经验。

(二)多元化表征自然的变化过程

幼儿会用特有的方式来表达自己的新思、新想和新知。他们在主动获得经验的过程中，逐渐形成和发展出具有个性的表达与表现方式，会用动作、语言、图像、符号等表达感受和经验。如在"我和风儿一起玩"的活动中，中大班幼儿能用简单的图示记录自己看到的、听到的甚至是闻到的关于风的发现与感受；不同的幼儿会用数字大小或者旋风状的符号、加号、减号等创造性地记录下大风与小风。多元的表征体现的是幼儿自我主动的探索过程，每个孩子记录的不同是对"风"的经验的多样化，能不断地推动和激励他们通过观察、观测获得天气特点、天气变化、四季里的风带来的不同感受。

幼儿在探究自然现象的过程中，我们应注重因地制宜地创设环境，提供适宜的材料来支持幼儿对自然现象和天气变化的观察与探究。充分考虑季节特征、地域特点、环境资源等因素，关注幼儿的年龄特点，调动幼儿的多种感官，去聆听、去发现、去触摸、去感受自然现象的变化与多样，引导他们开展有意义的探究与发现亲身体验与探究，保持和培养幼儿对自然现象的探究热情。

第二节　活动案例

一、多变的天气真神奇

(一)项目说明

春，万物复苏的季节，温煦的阳光，轻柔的小雨，时晴时阴的多云，突如其来的暴雨。它仿佛是一个神奇的魔法师，变换着不同的天气，塑造着不同的场景，给孩子们带来无穷的惊喜。

正在户外玩得开心的孩子们，忽然发现头上滴到了几滴小雨，抬头一看，太阳还高高挂着，一点也没有要躲起来的意思。"哇，下太阳雨喽!"孩子们惊喜着，欢悦着。下午还是晴空万里，放学时，一下子乌云密布，刮起了大风，下起了暴雨。孩子们躲进爸爸妈妈撑着的大伞里，急匆匆地往家赶。一到家雨也停了，而幸运的我们居然还看到了彩虹。轰隆隆，轰隆隆，一声声雷惊醒了大地，不少睡梦中的孩子也被这春天的雷声惊醒了……今年惊蛰的前一天，打了一个非常响的雷，下了一场大大的暴雨。第二天来园时，孩子们都纷纷感叹着:"昨天的雨好大呀!""一声很响很响的雷，吓死我了!""我感觉都快地震了，耳朵都快震聋了。""为什么昨天打雷下雨了呢?""我还看到了闪电呢，一道光一样的。"……

接下来的一段时间里，这多变的天气依然常常会和我们开玩笑。孩子们发现雨天的日子也变多了，他们开始担心一直下雨的天气会不会让刚刚发芽的小花小草因为喝了太多水撑到肚子难受，到底它们喝多少水才舒服，才会快快长大呢? 在这多变的天气里，我们开始了一场别样的探究之旅。

1. 课程开展的价值分析

(1)"千变万化"引兴趣

大自然的一切与奇妙的天气有着密切的关系。我们常常在孩子们的画中看到绚烂的彩虹，洁白的云朵，轻柔的雨滴，温暖的阳光……它们带给孩子们美好的感受，赠予他们生命成长的能量。雨的形成、雷的生成、风的变化，这些奇妙、多变的天气现象激发着孩子们探索自然、走近自然的兴趣。同时，天气与孩子们的生活息息相关，每个孩子都经历过它们，感受过它们，也离不开它们。

(2)"瞬息万变"寻主题

在春天这个奇妙特别的季节，雷雨最能突显它的"多变"。刚刚还是阳光灿烂，瞬间就能阴云笼罩，接着一阵狂风暴雨，同时，它还能变幻出"东边日出西边雨"，成为一道奇景。"惊蛰"大雷雨的出现更是让孩子们印象深刻。白天还是晴空万里，到了晚上天气骤变，雷声轰鸣，伴随着一道道刺眼的闪电，一阵暴雨倾盆而下，第二天一早醒来，一切又回到了平静。而在睡梦中被这阵雷声、雨声所惊醒的孩子们，却始终惦记着这场雨。

(3)"临机应变"获资源

大班幼儿抽象逻辑思维已经开始萌芽，他们好问、爱探索，常常喜欢问为什么。其中，关于"雨"的问题他们问得最多，也是他们最感兴趣的。以幼儿的兴趣作为整个课程开展的中心，结合幼儿自身的年龄特点、认知结构以及实际情况，我们在"多变的天气真神奇"的多个元素中选取了"雨"这个点开展了一系列活动。接下来，长时间的降雨天气也为幼儿的探究与发现提供了很好的资源，帮助幼儿开展充满趣味的探索。

2. 问题引发

在探究初期，孩子们提出了一系列的问题。

"那天晚上到底下了多少雨？"

"为什么会下暴雨？"

"雨从哪里来？"

"怎么知道下了多少雨呢？"

…………

我们通过对这一系列问题的探究，了解到幼儿对天气是有一定的兴趣的，我们需要不断地引导他们对天气现象观测的兴趣，培养他们仔细观察的习惯，并能持续地进行探究活动。

(二)项目生成

"奇妙的天气"项目活动可以开展哪些活动呢？首先，孩子们发现春天这个季节的天气是多变的，比较明显的变化就是雨天的增多(多雨的天气)和天气骤变的无常(时晴时雨)，围绕着"雨"，我们以惊蛰大雷雨为缘起，预设了三个板块的活动——雨之语、雨之秘、雨之趣，并针对时晴时雨的天气现象开展一系列活动，让幼儿在参与中用多感官感知天气的多变，还设计了活动目标、活动框架、主题活动内容、区域活动内容和主题墙的活动轨迹呈现等。由此及彼、由近及远将项目推进，支持幼儿通过多种途径和方式进行气象观察。

1. 项目活动目标

第一，感知春天是个天气多变的季节，引发对天气的关注。

第二，了解惊蛰节气的主要特征，感受天气与生活的密切关系。

第三，愿意用多种感官探究春雨，喜欢参与相关活动。

2. 项目活动框架

针对"奇妙的天气"项目活动，我们设计了"多变的天气真神奇"活动框架图。如图 7-1 所示。

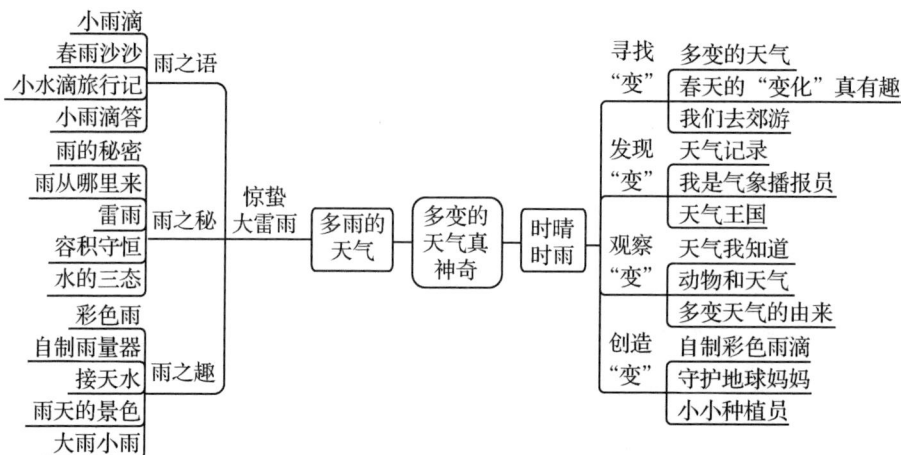

图 7-1 "多变的天气真神奇"活动框架图

3. 项目活动内容

(1)主题活动

表 7-1 "多变的天气真神奇"主题活动一览表

主题展开思路	活动名称	活动目标	侧重领域与涉及领域	活动场地
多雨的天气	小雨滴	认真倾听，初步感受关于雨点的文化作品。	科学 语言	幼儿园
	春雨沙沙	理解歌曲内容，初步学习用甜美的声音歌唱，表现春雨与种子之间亲密的关系。	艺术 科学 语言	幼儿园
	小水滴旅行记	能理解故事内容并能清楚地表达自己的想法，萌发保护水资源的意识。	语言 社会	幼儿园
	小雨滴答	认真倾听故事，理解故事的内容，知道要节约用水。	社会 科学	幼儿园
	雨的秘密	喜欢观察雨水，并能用多种感官感知雨水的特征。	科学	幼儿园

主题展开思路	活动名称	活动目标	侧重领域与涉及领域	活动场地
	雨从哪里来	对自然雨从哪里来的问题感兴趣,并能发现下雨前后周围环境的变化。	科学 社会	幼儿园
	雷雨	了解雷雨形成的原因,发挥想象,表现雷雨时的场景。	科学 社会 语言	幼儿园
	容积守恒	学习用比较的方式,不受形状、数量等各种因素的影响,感知量的不变性。	科学	幼儿园
	水的三态	了解水的变化,知道水遇热会变成水蒸气,遇冷会结冰。	科学	幼儿园
	彩色雨	初步学习用点和线的方式表示雨点。	艺术	幼儿园
	自制雨量器	能根据雨量器的特点,小组合作制作简易的雨量器,并在实践中不断改进。	科学	幼儿园
	接天水	自制漏斗和管道,将雨水承接到自然角中。	科学	幼儿园
	雨天的景色	能用各种辅助材料进行手工创意,制作各种雨天的情境。	艺术	幼儿园
	大雨小雨	能用声音的强弱和肢体动作来表示雨点的大小。	健康 艺术	幼儿园
时晴时雨	多变的天气	发现春天里天气现象的多变,并能大胆地表达自己的想法。	科学	幼儿园
	我们去郊游	感受欣赏春天里大自然的美景,体验郊游的乐趣。	社会	幼儿园
	天气记录	用自己喜欢的方式并根据不同的天气情况进行每日记录。	科学 艺术	幼儿园
	我是气象播报员	能够有条理、大胆自信地播报每日天气情况,能有个性化表现。	语言	幼儿园

主题展开思路	活动名称	活动目标	侧重领域与涉及领域	活动场地
时晴时雨	天气王国	理解故事内容，知道各种天气现象以及天气与人们生活的关系。	语言	幼儿园
	动物和天气	了解动物和天气的密切关系，观察天气对动物生活的影响。	科学	幼儿园
	小小种植员	在惊蛰前后播种适合春季生长的植物，观察记录，照顾其生长。	科学	幼儿园

(2)区域活动

①语言区

A. 小水滴旅行记

——活动需要的材料：

绘本《小水滴旅行记》，太阳、风形象各一，小水滴形象若干。

——可能引发的活动：

a. 水是如何形成的。

b. 将绘本《小水滴旅行记》投放在语言区，请幼儿大胆自信地表演故事，模仿故事中的对话。

——对教师指导的建议：

a. 投放多种支撑材料，与幼儿共同创编和记录《小水滴旅行记》的故事。

b. 共同制作故事中出现的形象。

B. 天气王国

——活动需要的材料：

各类天气现象符号各一，8组生活图片(晒被子、放风筝、轮船、飞机、伞、墨镜、帽子、口罩)。

——可能引发的活动：

a. 认识晴、雨、雪、雾等天气符号，发现天气是多变的，引发对天气的关注。

b. 在看看、议议、说说中感受天气与生活的密切关系。

——对教师指导的建议：

a. 鼓励幼儿大胆自信地表达，能与同伴积极分享自己的发现。

b. 根据幼儿的生活经验，尽可能提供多种天气变化的场景图片，激发幼儿持续表达的兴趣。

②表演区

下雨了

——活动需要的材料：

各种乐器，小花小草造型及小动物形象，打雷音乐等。

——可能引发的活动：

a. 选择喜欢表演的伙伴，进行角色的分配和讨论。

b. 寻找适合的音乐、背景供表演情景剧时使用。

——对教师指导的建议：

a. 用多种材料与幼儿一同布置场景，可参考春耕期间幼儿看到的景象。

b. 请幼儿编排故事，参与表演，用多种乐器合作下雨的声音，表现小动物们在下雨时的样子。

③美工区

A. "雨"你有约

——活动需要的材料：

剪刀、胶水、卡纸、瓦楞纸、纸板、吸管、游戏棒、冰棍棒、牙膏盒、绳子、水彩笔、橡皮泥等材料与工具。

——可能引发的活动：

a. 选择自己喜欢的材料绘画雨天的情景。

b. 为自己的作品取名字，同伴们相互欣赏。

——对教师指导的建议：

a. 指导和帮助幼儿结合生活经验进行创造。

b. 鼓励幼儿运用多种材料进行创作，体验艺术创作的乐趣。

B. 自制雨量器

——活动需要的材料：

记号笔、水彩笔、油画棒等多种材料。

——可能引发的活动：

a. 根据现有经验，自主设计雨量器的形态、颜色、功能。

b. 创作前，能够说说自己对雨量器的设计想法。

c. 同伴间互相欣赏绘画作品，并交流自己对雨量器的解读。

——对教师指导的建议：

a. 引导幼儿对雨量器的原理和功能进行思考。

b. 鼓励幼儿发挥想象，运用多种绘画方式进行创作。

④科学区

A. 天气记录

——活动需要的材料：

自制的天气记录本、记号笔、彩色笔等。

——可能引发的活动：

a. 通过记录每日天气情况，知道天气预报与人们生活的联系。

b. 能够大胆地参与讨论、设计天气图标，对天气记录感兴趣。

——对教师指导的建议：

a. 关注每个幼儿的记录情况，能根据不同的天气情况如实、有条理地记录。

b. 建议幼儿用自己喜欢的表现方式进行记录，鼓励个性化记录。

B. 容积守恒

——活动需要的材料：

有刻度的杯子、各种各样的容器、水、记录表等。

——可能引发的活动：

a. 观察水在不同容器中的水位情况，猜测水量的多少。

b. 通过操作验证自己的猜测，并了解容积守恒的原理。

——对教师指导的建议：

a. 在实验过程中引导幼儿了解相同的水在不同的容器里呈现的水位高低是不同的。

b. 给予幼儿自主的空间，引导幼儿大胆猜测及表达。

C. 雨量器

——活动需要的材料：

长短不一的工具，如尺子、绳子、小棒、积塑、纸条等；笔、测量记录表等。

——可能引发的活动：

a. 尝试利用各种工具来测量雨量的多少，探索正确的测量方法。

b. 寻找最适合测量雨量的测量工具。

——对教师指导的建议：

a. 引导幼儿仔细观察，正确测量雨量的高度。

b. 支持幼儿进行探索结果的分享。

（3）主题墙

根据项目进程创设以下几块板块。

①发现"多变的天气"

通过寻找、观察、记录等方式发现春季天气的多变，并通过多种形式将幼儿的观察结果表现在主题墙上。

②春分期间雨量统计表

制作个性化的雨量统计表，用幼儿自制的雨量器在雨天进行测量、统计、记录，可以以亲子的方式进行，最后以统计图的形式进行呈现，让幼儿在自主记录的过程中发现春分期间的雨量特点。

③自制雨量器

将幼儿设计、制作、呈现雨量器的过程记录在主题墙上，比如，将幼儿设计的雨量器以绘画的方式呈现，并将幼儿的设计想法以文字的方式记录；请家长配合记录幼儿寻找雨量容器的过程，以照片和文字的形式记录，最后把孩子整个制作的过程及结果进行记录。

（三）实践探究

1. 气象记录本里的秘密

对于天气记录，孩子们并不陌生，而针对春季中多变且"变幻无常"的天气，孩子们提出，要自己设计一本"升级版"的气象记录本。

我们发现，春天的天气真的很爱和我们开玩笑，它太会变了。早上记录本上才画上的大太阳，午觉睡醒时，天空中多了几片乌云；十点多开始的暴雨，到了下午就彻底停了；太阳公公和我们如同捉迷藏一般，一会儿出来，一会儿躲起来。所以，我们将一天一次的天气记录升级为一天两次，分别在早上和下午两个时间段进行，这也方便我们能随时对比，发现变化。

记录本上的内容一天比一天多了。孩子们每天入园时，会观察并记录当天的天气。不经意间，孩子们发现记录本上雨天逐渐增多了，晴天的日子慢慢变少了，这引发了孩子们的好奇，这是为什么呢？到底比平时多了多少雨呢？看样子，光一天两次的天气记录不能让我们完全发现天气的秘密，孩子们提出："我们要及时做总结。"通过讨论，我们决定一周做一次汇总，一个月做一次大的汇总。我们还请教了爸爸妈妈们，发现加上"统计图"作辅助，我们的气象记录将更全面、更直观，也更科学。通过这个方法，我们明显地发现惊蛰过后雨天增多了，那到底多多少呢？后一天的雨和前一天的雨又有什么不同呢？

2. 雨天趣味多

(1)我们一起来玩雨

在天气多变的春天，我们常常会在不经意间偶遇一场雨。有些孩子提出其实淋着雨、踩水坑是件很好玩的事，就像动画片里的"佩奇"一样，他们很想好好地玩一次雨。这个说法一出来，就得到了大家的支持。我们达成一致，穿上雨鞋、雨衣，这样，我们可以彻底洒脱地"玩雨"喽！于是，我们在柜子里备好雨衣、雨鞋，等着春雨的随时到来。

终于，我们盼来了这场雨。看！有雨滴落下来了，水泥地上开始有了零星的水渍，圆圆的印记像小蝌蚪的脑袋，也像长颈鹿身上的斑点，又像许多小蚂蚁在地上爬来爬去……孩子们谈论得越来越兴奋。没过多久，雨滴越来越大，开始噼里啪啦落在了孩子们的身上。这场雨来得真是畅快。真如他们所期盼的，雨水在地上很快积起了小水坑，孩子们终于能跳进去，感受雨水溅起来的"冲击感"，他们还把脚来回在水坑里搅动，玩得不亦乐乎。还有的孩子特意把手放进花坛边的小水洼里，捧起水来看看是不是很干净。孩子们畅快地奔跑在雨水中，时而停下来听听雨水打在雨衣上的声音，时而在雨中转圈。在这场动听的"雨"的旋律中，小伙伴们手拉着手一起在雨中舞动起来。

(2)好玩的"小水坑"

自从那天玩雨后，孩子们对"积水"情有独钟。当雨天过后，我们发现幼儿园里也有许多大大小小的水坑，孩子们依然喜欢穿着雨鞋去踩一踩，玩一玩。他们还发现踩过水坑后，脚上还会留下湿答答的印记，走到室内的地上就留下了一串串"雨天的脚印"。孩子们会设计很多路线，当发现脚印变淡的时候，他们就又跑到水坑边去踩一下。

这天，有个孩子突然提出了个疑问："为什么水坑有大有小呢？我要跑那么远去踩大水坑，小水坑的水马上就被踩没了。"另一个孩子也赞同她的想法："是呀是呀，难道这边雨下得大，那边雨下得小吗？不然怎么水会这边多，那边少呢?"但是，这个想法立马被反驳了:"下雨就是下雨啊，我明明看到幼儿园的天上都下雨了，怎么可能会有地方没有下，一定是有些地方把雨水挡住了，所以地上存起来的雨就少了。"宝贝们理直气壮的样子也逗笑了我。本以为话题也就到此为止了，没想到这开启了他们更多的猜想，如:他们觉得也许是因为路面不平的关系，有的水坑雨水容易流过去，有的流不过去;水坑是有大有小的，所以能存起来的雨水就会有多有少;有的水坑是小朋友踩过的，所以水都被踩没了。那到底水坑里的水有多少呢? 有的孩子提议用尺来量一量，测一测。

对于大班幼儿来说，这小小的水坑的意义不仅仅在于好玩，还在于它引起了幼儿的思考。我想，他们与雨的缘分才刚刚开始吧!

(3)我来测测雨

顺着之前的发现，孩子们开始进行雨量的测量。我们进行了以下实验。

实验一:寻找容器来测雨

测量雨量，我们需要准备测量的工具——容器。孩子们和爸爸妈妈们都自发地在家寻找了起来，有的孩子找到了喝水的杯子，有的孩子找到了洗脸的脸盆，有的孩子找到了吃饭的碗，有的孩子找到了炒菜的锅，有的孩子找到了装水的水桶。这天晚上下了一场雨，孩子们都纷纷拿出了自己找到的容器，有的把它放在窗台，有的把它放在家门口，有的把它放在阳台。

第二天，孩子们都兴奋地说着自己收集到的雨水。有的说"我接了一点点的水，只到桶底"，有的说"我接了很多，杯子的一半都接到了"。大家都你一句我一句地说着，他们还想比一比，谁接的水多。可是这该怎么比较呢? 有的孩子提出:"我们的容器不一样，又不能放在一起做对比，而且我们等雨的时间也不一样，有的把容器放在窗台接了整整一个晚上的雨，肯定是最多的。""对了，我们接雨的位置也不一样，我家上面有雨棚挡着，只能接到一点点雨"……孩子们纷纷表达了自己的想法。

经过这次讨论，我们调整了策略:重新寻找便于实验的容器;实验过程中我们要统一时间;寻找合适的位置进行实验。

于是，大家又回去找，看有没有更加适合的容器。经过一顿翻找，有个孩子在家找到了奶瓶，他发现奶瓶上面是有刻度的。他问了妈妈刻度的意义后明白了，原来只要水量到达一定的位置，这个位置就代表着这个水量的多少。这个发现一下子开阔了孩子们的思维。孩子们一个接一个地找到了更多有刻度的杯子。

实验二：制作雨量器

根据这个发现，孩子们找到了许多有刻度的杯子，如奶瓶、量杯、药瓶、果汁机，他们还发现电饭煲里都有刻度。可是找不到有刻度容器的孩子们该怎么办呢？这也真的难不倒他们，有的孩子在容器外面贴上一把尺子，还有的孩子按着尺子把刻度直接画在了瓶子上。孩子们的探究精神，不由得让我竖起大拇指。可是，光有容器就够了吗？当然不，我们还可以做些什么呢？我们开始寻找新的资源。经过一位妈妈的帮助，我们邀请来了气象局的播报员曹阿姨，听她说说这有趣而又奇妙的天气。曹阿姨给我们带来了许多气象局监测天气时的照片，也告诉了我们许多科学小知识。当然，光听曹阿姨讲是不够的，我们还有精彩的互动。我们将自己的疑问整理了下，向曹阿姨提了几个问题。程程问："惊蛰都会响雷吗？""气象局是怎么测量雨水的呢？"言言也拿着自己的记录本好奇地问阿姨："每年的惊蛰是不是都是 3 月 4 号呢？会迟到吗？还是一直都那么准时？""气象局也是和我们一样，每天都会测雨量吗？这有什么用吗？"曹阿姨也是有备而来。她出示了气象局专门测量雨量的装置——雨量器。而这又成了我们后续活动开展的一个新的节点。

看过曹阿姨带来的雨量器后，班里的孩子们纷纷表示，他们也可以来制作一个属于自己的雨量器，而之前他们寻找到的有刻度的容器刚好就是雨量器的"身体"，专门用来接雨水。另一个部分像个漏斗，方便更快地接雨水。对大班的孩子来说，制作一个漏斗很简单。但是，操作过程中我们发现，这个漏斗可是很有讲究的。它的大小必须要和容器口吻合，不能太大，也不能太小。另外，该用什么材料做呢？我们又一次开始了讨论。"一定不能用纸，因为纸碰到水就容易破。"豪豪说道。"那也不一定，如果厚一点的纸就不会破，又不是一直浸在水里。"小白杨立刻反对。"要不，我们还是试试用软一点的塑料纸来做吧？"汐汐建议。最后关于漏斗的材料我们没有达成一致，那就让孩子们找一些自己喜欢的材料，用自己最喜欢的颜色来装饰，用自己的方式去表现自己想要的吧。没想到，孩子们的雨量器让我们大为惊叹。当然，也有些孩子不知该如何下手，在老师和爸爸妈妈的帮助下，他们也有了自己的雨量器。孩子们在测量雨量的过程中，不断地更新，不断地调整，制作出越发完美的雨量器。比如，他们设计的接水装置，除了传统的漏斗型，还用细长的管子做接水通道，或者扁平细长的物品来引流雨水到容器里。可是，有了雨量器，该怎么读数呢？如何根据雨量器，正确地记录降雨量呢？所以，我们一定要先学会认识刻度，对于直接有刻度的容器来说，读数显得简单多了，按照水位对应的数字进行记录就可以了。而几个将尺贴在容器外面的孩子发现，他们的尺可能贴得有问题，不能从上往下，而是应该调整为从下往上，这样也能正确读数了。每次记录的时候我们都耐心地从下往上数格子，往往都是确认好几次才拿起笔记录下来。孩子们说："这是'科学家'该有的态度，我们一定要认真仔细，负责任。"

这样的活动也得到了爸爸妈妈们的支持。它能够更好地观察、发现大自然的奇妙现象，让孩子们善观察，细发现，发展孩子们的动手能力，做自己真正想做的事情，同时也让孩子们对探索大自然有了更加浓厚的兴趣。

现在，各种各样的自制雨量器出现在了孩子们的家中，它们就像孩子们的宝贝一样，孩子们每天都不忘去看一眼，雨量有没有增加，又增加了多少。除了孩子们在家放置的自制雨量器之外，我们在教室门口的位置也摆放了一个小型的专业雨量器。我们家园同步，共同支持孩子们的探究。

3. 雨水活动多

俗话说："春雨贵如油！"春天正是农作物生长的好时节，大自然的奇妙之处也在这里。它似乎懂得人们的心思，懂得万物的所需，在这个时节，雨水总是洋洋洒洒地下起来，滋润大地，创造生机，带来希望。谷雨茶也就是雨前茶，是谷雨之前采制的春茶，又叫二春茶。春季温度适中，雨量充沛，民间常常举行各种和茶有关的活动。

在班里的谷雨活动中，孩子们带来了自己家里的茶叶，今天我们也要品品茶。我们先将各自带来的茶叶进行了比较与观察，原来茶叶的品种有那么多，红茶、白茶、绿茶、普洱……有个孩子拿着一罐茶叶邀请朋友们："快来闻闻，这是我爸爸平时在家喝的茶，是宁波的白茶，很有名的。"旁边的小伙伴立马拿了点和自己的茶叶比较了下："我发现你的是绿色，为什么叫白茶呀？我的是红色，我带的是红茶。"在看茶、闻茶后，我们开始了品茶。我们品了不同品种的茶。孩子们品茶的架势还是有模有样的。"哇，茶叶闻起来那么香，喝起来苦苦的，但咽下去以后又甜甜的味道了。"孩子们"品"得津津有味。

4. 后续活动

作为大自然的受益者，我们常常感恩着它的馈赠，那我们可以做些什么来回赠大自然呢？在这气候适宜。雨水丰富的季节，我们结合3月12日的植树节开展了一系列的种植活动。幼儿园后面的小菜园里有我们播种的小青菜，花坛里有我们栽下的太阳花秧苗，植物角里有我们移植的迎春花。我们想趁着这万物生长的春雨季多为地球添点"绿"，我们还将我们的故事用画记录了下来，制作了绘本《"雨"你有约》。

在这条充满惊喜与挑战的探索之路中，孩子们的收获远远超出我们的预期，同时也有许多值得我们反思的地方。

5. 活动反思

(1)让幼儿成为课程的设计者

课程内容的选择必定来源于幼儿，但对于幼儿的兴趣点要有取舍，主要可以从三个方面来分析：内容的价值、核心价值和课程实施的资源。春季，一个天气多变的季节，给幼儿了解天气、观察天气提供了很好的先天条件。从幼儿对春天天气的直观感受——"多变"中，挖掘他们最为感兴趣的"雨"作为他们课程探究的重点，这是基于幼儿对春耕活动的兴趣，活动内容也适合大班幼儿的年龄特点以及他们的发展需求。同时，课程开展的时间段刚好是春分前后，这时宁波雨量密集繁多。因此，这个课程是适合开展且有实施条件的。当我们把选择的权利给予幼儿的时候，作为老师，我们更多的是要学会分析与判断，既要满足幼儿的需求，也要适合幼儿的发展。

(2)让幼儿成为课程的实施者

在整个课程的开展过程中，由课程内容散开的分支是非常多的，这其中有幼儿给予的灵感，也有教师前期的预设。但预设只是预测，有许多不可控性，在这个过程中，课程的主角永远是幼儿，他们始终站在课程的中心。以这点作为课程实施的宗旨，课程的价值才得以体现。比如，在本次课程中关于降雨量，幼儿先根据自己的已有经验提出了很多疑问与想法，但我们没有马上干预或者做出解答，对于关键问题：如何测量降雨的水量？这一问题的发散完全由幼儿自己来完成，他们直接成了课程的主动者。幼儿自发地回家寻找装雨水的容器，他们找来的容器各不相同，但是每一次寻找的背后有他们的想法。比如，有的孩子找的容器是一个脸盆，他觉得这个容器可以容纳更多的雨水，口比较大，雨水就容易收集；有的孩子找的是一个牛奶盒，她认为牛奶盒是细长型的，可能就会收集到更多的雨水，而且比较环保，可以废物利用；还有的孩子直接找了奶瓶去收集，因为上面有刻度，可以直接知道雨水收集了多少……我想这就是课程带给孩子们的奇妙之处，也给他们提供了很好的平台。在接下去的实施中，他们对自己初次寻找的容器又进行了反思、比对和排除，一次又一次，他们自己思索，同伴也给了他们很多灵感。然后如何让测量与收集雨水可以同时进行呢？幼儿的想法就更具创造性了，他们用有刻度的长管来做容器，用漏斗做了连接器，方便收集雨水。其实对比市场上真正的雨量器，他们的创造很接近，原理是一致的，但这次学习，他们不是被动学习，而是变成了主动学习。一个个步骤都是幼儿带着思考完成的。

（3）让幼儿成为课程的消费者

课程的起点是幼儿，课程的结点也归结于幼儿，他们的成长有目共睹。在课程中参与中，他们能静能动，会发现，会思考。对于他们提出的记录表，到课程实施中幼儿已经对"雨天"有别样的敏感，他们会主动看好刻度记录数据，一个月做一次统计图。这对大班的幼儿来说不仅从思维能力上、学习习惯上对今后的小学生活有帮助，从长远来看，也有助于他们学习能力的建立，对他们的终生发展具有建设性意义。同时，幼儿还能感受"坚持"的成就感、"成功"的喜悦感。课程带给幼儿的精彩有很多。

二、变化的月相真有趣

（一）项目说明

1. 项目活动来源

本次项目活动的引发源于 2018 年夏天发生的一场月全食。那是

9 月之初刚开学的时候，从中班升入大班的孩子们亲亲热热、叽叽喳喳地和许久未见的小伙伴们分享着自己暑假的快乐体验。这时候，一个孩子说："暑假里我还看到了红色的月亮，妈妈说月亮被吃掉了。"这句话一说出来可不得了了，孩子们一下子炸开锅来，你一言我一语地讨论了起来。

"我平时见过的月亮都是晚上看见的，它是白白的、黄黄的，怎么会有红色的月亮呢？"这是个善于观察思考、勇于质疑的孩子。

"月亮是不是受伤流血了？""月亮婆婆肯定是脸红了吧！"孩子们都很能代入角色联想，试图挖掘月亮变色的秘密。

"月亮会变成红色，它还会变成别的颜色吗？我喜欢蓝色的月亮！"元元的想象力一直都这么丰富。

"月亮被谁吃掉了呢？是不是怪兽啊？"月亮怎么会变不见呢？看来孩子们对这个问题也很感兴趣，想一探究竟。

"月亮姑娘会变大变小的，有时候它是圆圆的，有时候它是弯弯的，所以她的衣服也会变大变小。"嘉嘉联系了已有的知识经验，想到了中班我们听过的《月亮姑娘做衣裳》的故事。

"我知道，我在书上看到过，月亮不是被吃掉了，它是被遮住看不见了。"子乔向来爱看书爱动脑筋，知识渊博的他马上就想起了"月食"的缘故。

听着孩子们的议论，在一旁侧耳倾听的我也陷入了思考：月亮……月亮？月亮！

2. 项目价值分析

（1）月亮的那些传说

从古至今，月亮与人类始终都密不可分，直至现在它都仍从方方面面影响着人们。每个人的心中都有一轮月亮，于孩子而言，神秘又令人浮想联翩的月亮点缀了他们的整个童年。月亮多美呀，上面真的住着嫦娥仙子吗？月亮多圆呀，可为什么有时它又像是被咬掉了半边？月亮多亮呀，它的光芒是从哪儿来的呢？

"月亮"蕴含着极为丰富的教育价值。通过对月亮活动的探究，孩子们不但满足了对月亮的好奇心，更体会到了自然的奇妙之处，了解了自然与人类的关系，对科学产生的浓厚兴趣。

(2)月亮的教育价值

月亮虽然距离孩子们十分遥远，但是与他们的日常生活关系却并不遥远。孩子们能够看到月亮，并感知到月亮对自己的影响。这是整个项目活动开展的大前提。

正因此，在大讨论中我们发现孩子们来源于日常观察、阅读积累的"月亮"经验储备已相当丰富。同时我们还能识别得知，他们还对"月亮"的颜色、形状等都产生了强烈的求知欲，并愿意进行进一步的探究。这也与他们所处年龄阶段的特点——好问、好学，在活动中抱着更强的主动性、目的性息息相关。

而本班幼儿，虽是刚升入大班，但经过两年幼儿园科学教育与园本科学特色探究性活动，大部分孩子都已具备了一定的观察实验、科学思考、表达交流与设计制作能力。面对"月亮"，他们不但愿意积极地思考和提问，而且他们也做好了解决问题的准备。

3. 项目开展条件

(1)天时

开学之初的 9 月正适合开展月相变化的观察记录，因为 9 月的满月是一年之中最圆的。同时在 9 月我们还将迎来与月亮紧密相关的传统佳节——中秋节。如能结合节日开展，项目活动会更富综合性，内容也能更加饱满。

(2)地利

甬港幼儿园坐落在东海之滨的宁波，而从宁波流传的众多民谚、民歌中便能看出甬城人民古往今来对中秋节一贯的重视。不管是"天下中秋皆十五，唯宁波在十六"富有文化底蕴的独特习俗，还是为庆中秋"设瓜果饼饵，焚香祀月，儿女罗拜""各家皆置酒玩月"，都可见一斑。宁波人的中秋节不光是团圆的日子，人们还在那天龙舟竞渡、百舸争流，商会也会因此集资请戏班增添节日气氛。从宋代始，宁波过中秋节家家户户摆宴席，供水果、月饼、米糕、龙凤金团、灰汁团、印糕、绿豆糕、芋艿等具有宁波特色的食品。宁波人不仅有着匠心独具的"宁式月饼"，过去还因为吃不起月饼想到研制并食用如米馒头、水溻糕、烊糕等来代替月饼。宁波人对祭月拜月和蕴含团圆之意的月亮之珍重，相信这也将成为我们开展此项目活动的一大优势。

(3)人和

经过两年的合作，本园家长对幼儿园的教育理念都有了一定的了解，对班级活动也能做出积极的配合。在家长资源中具备宁波市天文协会的相关资源，并愿意向班级提供。在活动开展至"月亮运动"相关知识时，可以邀请天文协会人员前来幼儿园，带来生动形象的、结合影像资料与天文工具的宣讲，为孩子们揭开月亮的神秘面纱。

(二)项目生成

1. 项目活动目标

第一，感知月亮自然现象的奇妙，通过倾听故事及观察、记录月亮的变化，初步了解月亮的变化规律。

第二，喜欢欣赏关于月亮的文学作品，并能用多种形式表现对月亮的认识与感受。

第三，初步了解中秋节的来历和传说，积极参与中秋节的民俗活动，感知传统文化的丰富内涵。

2. 项目活动框架

针对此次活动，我们设计了如图 7-2 所示的活动框架图。

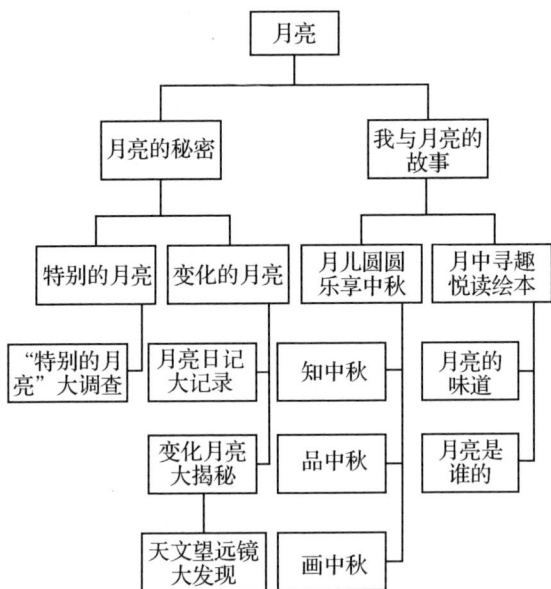

图 7-2　"变化的月相真有趣"活动框架图

3. 项目活动内容

(1)主题活动

表 7-2　"变化的月相真有趣"主题活动一览表

主题展开思路		活动名称	活动目标	侧重领域与涉及领域	实施途径
月亮的秘密	特别的月亮	特别的月亮（一）	讲述自己知道的月亮的自然现象；懂得倾听他人的发言。	语言　科学	谈话活动
		特别的月亮（二）	与同伴分享交流自己调查得知的特别的月亮，并简单介绍成因。	语言　科学	小组活动
	变化的月亮	会变的月亮	认识月亮形状变化的规律，知道自然界的事物会发生变化。	科学　语言	集体教学
		月亮姑娘做衣裳	理解故事，初步了解月亮变化规律；能简单记录月亮外形变化；萌发对月亮变化的好奇心和观察兴趣。	语言科学　艺术	集体教学
		月亮日记	统计与梳理观察记录，了解月亮的变化规律；对探究月亮的变化过程和规律感兴趣。	科学　艺术语言	亲子活动
		月亮变圆了	结合儿歌，认识蛾眉月、半月、圆月，并锻炼奔跑能力。	健康语言　科学	集体教学
		遮月亮的人	理解故事内容，尝试在自主阅读后，发挥想象并清楚表达自己的想法。	语言科学　社会	集体教学
		月亮的畅想	能借助月亮的不同形状进行联想，并用图画和语言大胆表达。	艺术　语言	小组活动
		太阳、地球和月亮	初步感知太阳、地球和月亮的关系；了解月亮变化的原因；激发幼儿探索宇宙奥秘的愿望。	科学　语言	家长助教
		月亮围着地球转	发展身体平衡能力以及方位感。	健康语言　科学	集体教学
		望远镜	了解望远镜的基本结构，能尝试自己制作。	科学　社会	小组活动
		太空探秘	了解天文望远镜、空间探测器、宇宙飞船、人造卫星、宇宙空间站等航天器；产生对探索太空活动的憧憬。	科学社会　语言	集体教学

主题展开思路		活动名称	活动目标	侧重领域与涉及领域	实施途径
我与月亮的故事	月儿圆圆乐享中秋	快乐中秋节（一）	初步了解中秋节的来历和传说，以及我国人民过中秋节的一些风俗习惯。	社会 语言	集体教学
		八月十五的月亮	在听唱中感受歌曲旋律与节奏；理解歌词，体验中秋团圆情感。	艺术 社会	集体教学
		香香的月饼	了解做月饼的过程；练习"团、压、捏、刻、印"等技能；感受中秋节的欢乐气氛。	艺术 社会	家长助教
		分吃月饼	通过操作，了解二等分、四等分的含义，知道整体大于部分、部分小于整体。	科学 语言	集体教学
		月饼盒变变变	了解月饼的相关知识，对中秋节产生喜爱之情；通过创意手工锻炼动手能力。	艺术 社会	小组活动
		快乐中秋节（二）	乐意与同伴交流分享自己中秋节的经历；能用自己喜欢的方式表达中秋节的活动；体验组合画的乐趣。	艺术 社会 语言	集体教学
		过小桥送月饼	能持物走高 30 厘米、宽 20 厘米的平衡木；发展平衡能力和上下肢动作的协调性。	健康	集体教学
	月中寻趣悦读绘本	月亮的味道	感受故事内容的有趣，体验动物们齐心协力，成功"吃到"月亮后的快乐心情。	语言 社会	集体教学
		够月亮	与同伴一起尝试探索小动物"叠罗汉"时保持平衡的方法。	科学 社会 语言	小组活动
		我想去月亮上看看	能发挥想象力畅想怎样去月球、月球上有什么，并用语言和绘画大胆表达。	艺术 语言	集体教学
		太空之旅	在穿宇航服、坐宇宙飞船、月球探秘、寻找行星、返回地球这一系列游戏活动中锻炼跳跃能力。	健康 科学	集体教学

主题展开思路		活动名称	活动目标	侧重领域与涉及领域	实施途径
我与月亮的故事	月中寻趣悦读绘本	上月球	运用已有的数学知识解答游戏中的问题；体验"登月"过程中的快乐。	科学 语言	集体教学
		月亮冰激凌	调动多种身体感觉，体会自然的神奇和伟大；感受绘画、剪纸、布艺、摄影等多种艺术表现形式的有趣与有用。	语言 艺术 社会	集体教学
		我带月亮去散步	仔细观察绘本画面，理解绘本内容；体会绘本中温馨静谧的意境。	语言 社会	小组活动
		月亮是谁的	喜欢故事，能安静自主地阅读并能基本读懂书中的内容。	语言 社会	小组活动
		猴子捞月亮	理解故事中猴子捞不到月亮的原因，感受故事的乐趣；观察并了解物体在水中成像的现象。	语言 科学	集体教学
		月亮找到了	初步学会对画面进行有序的观察，能发现人物动作、表情及背景的变化。	语言 社会 艺术	小组活动

(2)区域活动

①语言区

A. 嫦娥奔月

——活动需要的材料：

手电筒，幕布，月亮图片，抠出嫦娥形状的纸板，《嫦娥奔月》故事图片等。

——可能引发的活动：

a. 用"小孔成像"法，展示嫦娥奔月的场景。幼儿能更生动地看到嫦娥奔月的情形，并且让幼儿增加了小孔成像的科普知识。

b. 依据故事图片，启发幼儿边讲故事边操作纸板与做手影动作呈现嫦娥奔月场景。

——对教师指导的建议：

a. 教师与幼儿共同抠画出嫦娥奔月形态的纸板。

b. 教师引导幼儿用小手做各种各样的动作，激发幼儿对手影游戏的兴趣。结合故事，让幼儿充分发挥自己的想象能力，根据故事做出手影。

B. 月亮的味道

——活动需要的材料：

自制玩教具、动物图卡。

——可能引发的活动：

a. 幼儿操作玩教具，小动物们依次"叠罗汉"够月亮。

b. 在小动物"叠罗汉"的过程中，幼儿开口说故事情节，尝试完整讲故事。

——对教师指导的建议：

a. 支持幼儿与同伴进行故事表演，做到把故事讲完整、讲清楚。

b. 引导幼儿在别人讲述时安静倾听。

C. 自制图书——我与月亮的故事

——活动需要的材料：

彩色纸、剪刀、彩笔、油画棒、打孔机、毛线等。

——可能引发的活动：

a. 幼儿按图示步骤自制图书。

b. 幼儿有序讲述图书内容。

——对教师指导的建议：

a. 指导幼儿通过各种各样的表现形式使图书画面更生动有趣。

b. 支持幼儿分享自制的图书。

②美工区

A. 月饼展览会

——活动需要的材料：

各种月饼包装盒、纸盘，各色橡皮泥、塑料刀、牙签、制作模具等。

——可能引发的活动：

a. 自主选择自己喜欢的材料和工具，大胆、创新地制作月饼。

b. 在月饼展览会上，参观、评价同伴做的月饼。

——对教师指导的建议：

a. 指导和帮助有需要的幼儿学习使用团圆、压扁、搓条等泥工技能。

b. 鼓励幼儿大胆、自信地制作，体验美工活动的乐趣。

B. 月饼盒大变身

——活动需要的材料：

各种月饼盒，记号笔、水彩笔、油画棒等各种材料。

——可能引发的活动：

a. 幼儿在月饼盒上粘贴一些简单的装饰，加上挂绳、流苏，制作中秋灯笼。

b. 幼儿自主发挥创意，运用自己喜欢的方式和材料，用月饼盒制作小动物、交通工具等，或直接在盒子上面完成自己的绘画。

——对教师指导的建议：

鼓励幼儿自主拼搭，发挥想象，运用多种方式进行创作。

③科学区

A. 神奇的月亮

——活动需要的材料：

月亮图片，灯泡，一大一小两个球，记录纸和笔。

——可能引发的活动：

a. 展出各种形状的月亮图片，模拟月食全过程：使用灯泡代替太阳，一个孩子举起大球代替地球，另一个孩子举起小球代替月球。打开灯泡，大球围绕灯泡转，小球围绕大球转，观察大球、小球各自被对方的黑影遮挡的情况。

b. 记录下大球、小球各自被对方的黑影遮挡的情况，完成记录后与同伴相互交流。

——对教师指导的建议：

a. 提醒幼儿记录下多种情况。

b. 指导幼儿用自己喜欢的方式记录，并与同伴讲解交流。

B. 望远镜

——活动需要的材料：

范例作品、卷筒纸芯、胶带、剪刀、较硬的纸条若干，蜡笔，凹透镜与凸透镜，记录纸、笔与各种材料等。

——可能引发的活动：

a. 用凹透镜与凸透镜观察材料，并记录下自己看到的现象。

b. 用废旧材料制作玩具望远镜，比比谁看得更清楚。

——对教师指导的建议：

a. 提醒幼儿使用凹透镜和凸透镜时要轻拿轻放，避免摔碎。

b. 指导与帮助有需要的幼儿制作望远镜。

④益智区

月相对对碰

——活动需要的材料：

带有圆孔的泡沫板若干、贴有标记的"棋子"若干(棋子颜色不同，每组有两个或四个相同的月相图案)。

——可能引发的活动：

在规定时间内，两个幼儿逐个翻看自己的棋子，记住每个棋子图案或数字出现的位置。游戏开始，幼儿根据自己的记忆，将两个相同图案或数字的棋子同时翻出，将所有棋子一一对应翻出，快者为胜。

——对教师指导的建议：

游戏中，当幼儿因意见不同发生纠纷，致使游戏不能进行时，教师要以参与者身份或游戏角色的语言提出建议，进行间接指导。即使游戏的玩法有些"出轨"，也不要用强制、命令的方式加以制止，而是让幼儿在不同的玩法中体验、比较，从而发现最佳玩法。

⑤建构区

A. 望月台

——活动需要的材料：

各种形状的木质积木、彩色纸杯、水管玩具、雪花片及其他各种辅助材料等。

——可能引发的活动：

a. 幼儿自主合作，设计自己心目中的望月台，并画出示意图。

b. 尝试用多种材料搭建出图示的望月台。

——对教师指导的建议：

a. 引导幼儿根据主题，创造性地选择和制作辅助材料，不断丰富搭建主题。

b. 支持幼儿在搭建时与同伴商量，并会运用合适的方法解决问题。

c. 在活动结束后，提醒幼儿对建构材料进行分类整理。

B. 太空站

——活动需要的材料：

各种形状的木质积木，圆球、轨道、纸杯、胶带等。

——可能引发的活动：

a. 幼儿自主合作，设计自己心目中的太空站，并画出示意图。

b. 尝试用多种材料搭建出图示的太空站。

——对教师指导的建议：

a. 引导幼儿根据主题，创造性地选择和制作辅助材料，不断丰富搭建主题。

b. 支持幼儿在搭建时与同伴商量，并会运用合适的方法解决问题。

c. 在活动结束后，提醒幼儿对建构材料进行分类整理。

（3）主题墙

①月亮的秘密我知道

主要内容分两块。第一部分是"特别的月亮"，墙面上展示了相关调查表与孩子们用自己喜欢的方式表达的交流所得；第二部分是"变化的月亮"，其中展示了亲子合作记录的月亮日记，幼儿总结并共同绘制的月亮周期变化图，以及"天文的秘密"活动中的照片。通过梳理与记录这一路走来的学习过程，表现孩子在其中的参与与收获。

②月儿圆圆乐享中秋

主要分为"知中秋""品中秋""画中秋"。"知中秋"中，展示孩子们用自己喜欢的方式表达"我心中的中秋"作品；"品中秋"则收集了孩子们做月饼、吃月饼的点点滴滴；"画中秋"由表现幼儿和亲人、同伴赏月场景的图画组成。

③月亮的味道

主要是孩子们对"月亮的味道"与"月亮不见了"猜想的童言稚语；小动物叠高摘月亮的可操作性墙面；登高"上月球"的拉绳游戏；月亮后续更多故事的呈现。通过多种角度挖掘绘本内涵，更好地解读《月亮的味道》，也引发孩子对其他月亮故事的浓厚兴趣，从而让孩子们爱上月亮的故事、爱上阅读。

（三）实践探究

1. 月亮的秘密

（1）月亮的秘密知多少——特别的月亮

项目生成于血月月食的大讨论，也正因此引出了孩子们一致的疑问：

"月亮还会怎么变?""月亮为什么会这么变?"

面对这个问题,我适时提出开始一场"特别的月亮大调查",并发下了调查表。于是不相信也没见过血月月食的俊俊决心回家去查查资料,证实一番;元元想知道还有没有其他颜色的月亮,他决定回去问问妈妈;嘉嘉觉得月亮可能还会变得非常大,但是她并不确定这样的月亮到底存不存在;轩轩想起了自己还见过太阳和月亮一起出现在天空上;子乔则是想去翻翻书里还有哪些奇怪的月亮……

怀着不同想法,兴致勃勃回家去的孩子们,第二天就把调查记录表带回了幼儿园。在"特别的月亮"分享会上,带着各自收获的孩子迫不及待地想上前跟大家诉说。"蓝月亮""红月亮""超级月亮""日月同辉",许许多多他们闻所未闻的名词,令他们惊奇不已。

看着图片上各种奇奇怪怪的月亮,孩子们一下子认识到:原来月亮真的不只我们平时见过的那样,它还可以这么特别!

(2)月亮的秘密知多少——变化的月亮

①《月亮日记》

孩子们对月亮的兴趣转眼之间高涨了起来。连续两天,我来到幼儿园都能听到孩子们在晨间提及:"我昨天看了月亮,月亮……""我家阳台上能看到月亮,月亮小小的,弯弯的。"

对呀,特别的月亮或许难得一见,但平常的月亮我们却天天都能看到!在这一日的晨谈中,我便请几个昨晚看过月亮的孩子说说自己看到的月亮长什么样。熙熙说:"月亮是这样的。"她一边用手比画了一条弧线,"有点细细的,像眉毛一样。"藤藤说:"月亮有点小,是弯弯的。"听到这样的描述,孩子们其实很难有直观的印象,也很容易质疑熙熙和藤藤在自己家里看到的月亮的样子。为了解决这个问题,在引导下,他们自己就想出了更好的办法,那就是每个孩子都回家好好地看看月亮,而且为了避免遗忘,要及时把月亮画下来,第二天来幼儿园比一比画上的月亮就能得到答案了。

天公作美,当天晚上是个大晴天。翌日大多数孩子都依言带来了画作。经过他们"科学"而"严谨"的比对,最终孩子们得出了这样的结论:每个地方看到的月亮都差不多。

既然每个人看到的月亮都是一样的,那么每晚看到的月亮会是一样的吗?听着大部分孩子都大声地说出"不会",还说起了自己看过各种形

幼儿园探究性课程的探索与实践

态的月亮，有"圆圆的大饼""又圆又大的盘子""弯弯的香蕉"等等。我提出了这样的建议：不如我们每天都画下自己看到的月亮，做一本《月亮日记》，看看月亮到底是怎么从"圆圆的盘子"变成"弯弯的眉毛"吧！

为了引导孩子们养成持久、细心的观察态度，促进月相观察记录良好开展，我们商量了之后，设置了"每日打卡"，提倡孩子在每天早晨刚入园时进行《月亮日记》打卡，打卡成功的孩子可以获得奖励，从而激发他们坚持观察与记录的热情，也给了他们一个机会与平台分享交流昨日的发现："昨天云把月亮都挡住了，看不见月亮了，我就画了云"；"昨天月亮半圆了，月亮越来越大了耶！"在观察与记录的过程中，孩子们在为月亮的变化而惊喜，而我同样为孩子们的成长而感到惊喜。

②上弦月与下弦月

一转眼半个月过去了，随着月亮越变越圆，满月终于来临了！第二天早上，班里的氛围简直像过节一样，一大早就有孩子激动地跟我说："老师！我昨天看见了很圆很圆的月亮！"孩子们在欣喜中终于盼来了守候已久的圆月。

而在后半个月月亮越变越小的过程中，孩子坚持观察月亮的情绪情感也显然有所回落，甚至有几个耐不住性子的孩子直接撂开手来，不再参与他们之前酷爱的"每日打卡"。

转机来自几日后一个孩子新的发现。早晨，仍在继续打卡的辰辰翻看着自己的《月亮日记》，忽然发现："哎？昨天我看到的月亮跟之前有一天的好像啊！"她有点怕自己说错，笑了一下，"不过，好像是反的。"

我凑过去一看，顿时明白，这个有心的孩子发现的正是"上弦月"与"下弦月"的不同。

这两天的月亮怎么会长得这么像呢？为什么它们是相反的呢？还会有长得很像但是反的月亮吗？借着这一契机，我鼓励他们带着新的问题，再次热情满满地投入到每晚的观察记录中去。他们惊讶地发现，但凡不下雨的晚上看到的月亮，居然几乎都能在之前的日记里找到长得很像的伙伴！

此时，我在班级门口展示了月亮的集体日记，通过在一面墙上汇总一个月的月相记录，让他们能一目了然地感知上弦月与下弦月的相似与不同，从而更好地感受与发现月亮变化的规律。

③变化月亮大揭秘

当月亮重新变回记录第一天的样子时，孩子们还没有意识到《月亮日记》已经完成了。又过了两天，当孩子们发现和最开始几天一模一样时，他们猜测月亮应该会像日记上一样变圆然后又变弯了。

在亲眼见证了这段时间月亮到底是怎么一点点变化后，孩子们回头一数天数，恰好是三十天，差不多一个月。真是太巧了！这是怎么回事？

有少数孩子知道其中的秘密，子乔："是因为有东西挡住了月亮，月亮一直在转，一圈刚好一个月。"然而很多孩子听了子乔说的话，即使回家去问了爸爸妈妈，也还是一头雾水。

为了让孩子们更直观地感知太阳、地球和月亮的关系，并了解我们看到的月亮变化的原因，通过家长资源的支持，在"变化月亮大揭秘"活动中，我们邀请来了青少年宫的项叔叔与宁波市天文协会的庄启宁爷爷，带着孩子们走近"天文的秘密"。

在活动室里，项叔叔、庄爷爷结合视频、图片与太阳、月亮、地球模型实物进行的生动讲解，终于解开了孩子们困惑已久的谜团：太阳、地球和月亮都在转，是因为它们的相互遮挡才最终造成了月亮变化的种种现象。

2. 月儿圆圆乐享中秋

在一边记录《月亮日记》的时候，中秋节的脚步越来越近了。中秋节是我国的传统节日，孩子在中小班已经有了庆祝中秋的体验，对中秋节的传统习俗也有一定的了解。

在谈话活动中，有个孩子的问题引起了大家的注意：中秋节是只有我们地方才有的吗？以前的人也是这样过中秋的吗？其他地方有没有这样的节日？我们追随着幼儿的兴趣点，在"月儿圆圆乐享中秋"的活动中更注重让孩子了解中秋节的来历和各时各地不同的庆祝习俗，以及感受现代中秋节所特有的艺术性，如欣赏中秋相关故事、歌曲的动画影片、制作精美的月饼盒、制作冰皮月饼等。

在动手制作"爱心月饼"的家长助教活动中，我们充分利用家长资源，教师与家长共同为孩子们准备了足量、安全、卫生的月饼食材，有的家长还带来了自己家中的月饼制作模具。布置后的大活动室变成了一个"热闹"的大厨房，铺好桌布的桌上摆了面团、馅和各种制作工具。兴趣高涨、跃跃欲试的孩子洗好手后开始大胆动手，搓一搓，团一团，包上甜甜的豆沙馅，放进简单的模具里压一压，漂亮又美味的月饼就做好了。动手做冰皮月饼不仅锻炼了孩子的动手能力，更丰富了他们对中秋节的体验。

沿着"知中秋""品中秋""画中秋"的轨迹，孩子们通过多种方式更直观深入地了解中秋，体会中秋节的传统内涵。

3. 月中寻趣悦读绘本

在某天的图书漂流活动中，有个孩子带来了一本图书《月亮的味道》。这本书真是太有趣了！通过潜在价值分析，我们发现《月亮的味道》不仅适合大班年龄阶段的孩子，而且可以让孩子从色、形、味等多种角度感知月亮，将绘本阅读变得有声有色、生动有趣。

在集体阅读后，孩子们七嘴八舌地说起自己对这本绘本的看法。月亮在孩子们心里是什么味道呢？爬啊爬，圆圆的月亮到底为什么会不见了呢？有的孩子说月亮是甜甜的，像白砂糖一样；有的说是凉凉的，像冰激凌一样。关于月亮不见的原因，孩子们也是各抒己见。

根据孩子们的兴趣，我们根据绘本继续深挖与拓展，绘本阅读活动后，不但投放了"我来帮你摘月亮"的玩偶盒子，鼓励孩子们一边操作一边讲述故事，还将拉绳的重力游戏化为了"一起登月"的科学游戏，联系故事，让孩子们亲身操作，在游戏中体会"登月"的快乐。

通过《月亮的味道》生发出的活动本不在预设之内，但由于绘本本身的价值和幼儿的喜爱，我们开展了一系列活动。因阅读及其延伸活动反响良好，在教师的引导下，幼儿自发搜集了更多关于月亮的故事。以月亮为主题的绘本阅读活动也在幼儿的期待中继续着……

4. "我的宇宙梦"科技节

从自然到人文，从外向内，在项目活动的开展过程中，多种形式的活动丰富着孩子们的经验。其中，"天文的秘密"活动中，庄启宁爷爷的到来为孩子们打开了一扇通向广袤太空的窗口。

那里不只有月亮，还有浩瀚星辰，有太多未知等待孩子们去探索。看似不起眼的一架架孩子们自己动手制作的天文望远镜，却体现出孩子们对太空的好奇心和求知欲，更包含着孩子们对宇宙的梦想。

而本届甬港科技节正以"我的宇宙梦"为题，相信他们会在其中有更大的收获。一路走来，"月亮"不断启发孩子们思考、表达、探索、创造。孩子们心中这一轮月亮不仅照亮了他们的世界，也将在接下来引领着他们看到更广阔的未来。

5. 活动反思

本次项目活动以既蕴含深厚文化内涵又具有科学探究兴趣、价值的"月亮"为主题，幼儿在活动中感知月亮自然现象的奇妙，初步了解月亮的变化规律，同时体会了中秋月亮的传统文化内涵，并欣赏月亮绘本，用多种形式表现对月亮的认识与感受，抒发自己的喜爱之情。

本次项目课程资源的有机融合，让家长、幼儿和相关社会人员都成了课程中的一员。在过程中，我们融合五大领域的集体教学活动、小组活动、区域自主的个别化学习、家长助教等多种形式，助推项目活动的开展和推进。

项目活动更不单停留在活动中，它还存在于为幼儿创设的环境之中。我们创设了与本次主题相关的环境，主题墙、《月亮日记》打卡区、阅读区留下的点滴痕迹等都是孩子们学习过程的表现与展示。孩子们可以与他人分享经验、感受，也能完成自我的回忆、思考。

回忆本次项目活动的开展过程，当中实际存在着好几次教师可以直接解答幼儿问题的时机，但是我们并没有这样做。比如，在不同的地方看到的月亮是一样的吗？上弦月和下弦月为什么长得这么像？不着急解答他们的问题，而是让他们自主地学习，自己去发现和寻找问题的答案。经过本次项目活动，我们感受到学习应该是在幼儿身上主动发生的，教师不必急于灌输，有时候教师的"退步"能转为幼儿的进步。在幼儿的已有知识经验基础上，激发幼儿的兴趣与疑问，促进他们主动建构，为他们提供机会，探索解决各种问题才是作为倾听者、引导者、支持者的教师所应该完成的。

其实本次项目活动在设计、实施中还有着许许多多的不足。项目活动"月亮"从科学领域出发，之后向语言、艺术、社会等领域的延伸，是为了让幼儿进行多方面广泛的学习体验。但在实际实施过程中，这一综合性的项目活动领域间的融合渗透还有所欠缺。

但无论如何，我们坚信一次历练的就是一次成长。经过一次次项目课程活动的设计与实施，在幼儿发展的同时，教师也与幼儿共生共长，做到了经验的拓展、理论的提升。

第八章

探究性课程——巧妙的工艺

ᐯ
ᐯᐯ
ᐯᐯᐯ
ᐯᐯ
ᐯ

第一节　主题说明、主题目标、探究特点

一、主题说明

工艺是劳动者利用各类生产工具对各种原材料、半成品进行加工或处理，最终使之成为成品的方法与过程。我国是历史悠久的文明古国，这其中出现的手工艺可谓是门类繁多，如陶瓷、木雕、剪纸、竹编等，个个光彩夺目，是中华文化的瑰宝，值得我们去传承、保护和探究。

宁波是一座古老和现代并存的城市，在这里，民俗文化有着丰富而充实的底蕴，民间工艺有着完整的保留和传承。比如，老外滩具有浓郁欧洲风格的建筑，通过保存历史建筑，植入新都市文化，将厚重的历史与发展的愿望完美结合在一起；"宁波帮"开路先锋严信厚的父亲严恒独创七巧书法，与当今孩子们最爱的七巧板形成了巧妙的时空穿越，一起玩转图形的魔法；以美食和年糕著称的宁波，印糕板一直伴随着各种面食延续至今，印糕板上的花纹寓意深远、作用巧妙，印糕板里的别有洞天等待着孩子们去探索、去发现。孩子们的身边还有很多现代工艺——木艺、纸艺、七巧画、花草纸手作等，它们不仅闪耀着人们的智慧，是人类发展的强大动力，更蕴含着丰富的文化内涵，传达着浓浓的情感。

《3—6岁儿童学习与发展指南》在科学领域的教育建议中指出，为幼儿提供一些有趣的探究工具，用自己的好奇心和探究积极性感染和带动幼儿。我们可以引导幼儿在探究中认识周围事物和现象，让他们"关注和

了解科技产品与人们生活的密切关系",鼓励幼儿"拆装或动手制作,经历技术设计的简单过程",在潜移默化中引导他们关注和发现生活中的科技成果,了解传统工艺和技术,在尝试中体验设计与工艺的过程和种种精彩,感受并体会工具和技术与人的关系,丰富儿童的才情与智慧,使其形成创造性思维和操作实践的能力。

二、主题目标

(一)主题目标

"巧妙的工艺"主题活动的主题目标主要是帮助幼儿对生活中常见的小工具、传统工艺等产生探究的兴趣;初步经历传统工艺的设计与制作的基本流程,体验简单的民族技术活动;感知小工具、传统工艺的发展与我们生活的关系,初步获得有关科学技术的经验。

(二)各年龄段目标

"巧妙的工艺"主题活动针对幼儿园各年龄阶段的幼儿又有着不同的目标要求。它要求小班幼儿学会认识生活中常见的小工具,尝试探索和使用简单的工具,发现小工具的大作用;要求中班幼儿学会有目的地选择和使用小工具,解决生活中的问题,初步发现生活中各种工艺的美,并产生探究的兴趣,学会感知工具、传统工艺与自己生活的关系,体验它们的重要性;要求大班幼儿初步了解传统工艺的发展历程,以及与人们生活的关系,学会选择合适的工具和材料,尝试计划、设计并制作简单的工艺作品,初步经历传统工艺的简单流程,获得初步的科学技术经验。

三、探究特点

(一)幼儿对工艺的认识和理解是渐进性的

幼儿对工艺的认识是一个循序渐进的过程,不同年龄阶段的幼儿有着不同的认知特点和能力水平。他们对生活中常见的或经常使用的带有一定历史演变历程的工具、传统工艺等从最初的无意识使用和观赏,逐步发展到关注它们的外形特点、作用价值及与我们生活的关系。如花草纸源于中国最古老的手工造纸法。幼儿最初的感受也仅仅停留在它所带来的美。也正由于美的吸引,幼儿萌发了了解花草纸秘密的愿望。在成人的帮助下，他们查找相关的资料和制作程序，寻找、准备工具，和小伙伴们一起制作纸浆水、加胶、抄纸、造型、二次浇浆，最后将纸浆铺平放到阳光下晒干。花草纸的探究活动巧妙地将纸的妙、花的美、草的香融合在一起，让幼儿亲身经历和感受着从古至今传承下来的手工艺之魅力及带给我们的美好。

(二)幼儿参与探究的过程和方式是自主性的

幼儿是天生的小小探险家和发明家。他们在与传统工艺的接触中，已经不满足于看一看、玩一玩，四五岁的幼儿已经表现出强烈的制作动机和愿望。到了大班，他们已经初步具备了更好地使用工具和简单设计与制作的能力。如在新年活动中，幼儿接触到了宁波传统美食——金团。他们被金团上的花纹深深吸引，进而引发了对"花纹是怎么来的?"一系列探究。孩子们走进宁波历史文化气息浓厚的南塘老街，发现了制作金团的阿姨用一块"板"快速地完成了复杂的"花纹雕刻"。于是，他们自发地开始了照片采集、人物访问、印糕板收集、花纹设计、金团制作等长达两周的一系列探究活动。在这个过程中，幼儿体验到了创造的价值与乐趣，体验到了科学技术带给我们生活的种种便利，更体验到了传统工艺的魅力。

"巧妙的工艺"在探究性课程中的意义在于，不仅可以使幼儿了解工艺、熟悉过程、设计与创作作品，还可以让他们初步了解工艺的发展历程，制作简单的工艺作品，在了解工艺与人类关系的基础上，体验工艺的源远流长；同时，在现代文化氛围中汲取民族文化的精髓，开阔幼儿视野，领略民族文化的魅力，培育热爱生活、热爱家乡、热爱祖国的情感；发展幼儿动手能力、创造性思维、系统性思维、专注能力、思考能力；培养自信、坚持、互助、爱劳动的品质，开启心智，提升美感。其意义是非常重大的。

第二节 活动案例

一、奇妙的模具真省力

(一)项目说明

1. 缘起

一次幼儿园中秋节活动中，孩子们从家里带来了自己喜欢吃的月饼。

大家发现月饼的种类各式各样，形状也各不相同。突然，在一旁观察月饼的昊昊叫了起来："老师，你看，我带来的月饼跟悦悦的形状一模一样，月饼上面的图案也一样，好奇怪啊！"

孩子们纷纷议论："难道昊昊和悦悦的月饼是在同一个地方买来的？""我要再去找找看有没有其他小朋友跟我的月饼是一样的。"那么为什么昊昊和悦悦带来的月饼是一模一样的呢？让我们去一探究竟吧！

2. 课程开展的价值分析

在孩子们的生活中模具是一种常见的工具，开展"奇妙的模具真省力"活动，孩子们可以感知有趣的复制，在糕点模具的演变中，感受模具给我们生活带来的便利，还可以观察发现印糕板花纹的精美，并尝试自己来设计糕点花纹，感受宁波的民俗风情，领略民族文化的魅力。在自己动手使用印糕板制作糕点的实践活动中，孩子们可以提升动手能力，感受糕点模具的作用。由此看来，"糕点模具"是一个非常有价值的切入点，更是一个集多领域为一体的综合性主题活动。

孩子们在活动中发现，其实一模一样的月饼只需要使用一样的模具印一下就能够制作出来。可不要小看这样一块小小的糕点模具，这里面其实蕴含着丰富的教育资源。我们走进印糕馆，可以了解许多重要节日的风俗习惯，如中秋节、重阳节等。每逢这种节日，人们都会制作各种糕点，糕点的制作大多数需要印糕板的帮忙。然而现在中国传统的民间习俗渐渐消失，印糕板也慢慢失去了它原本的实用价值，渐渐地被人所遗忘。因此，我们要跟孩子们一起用自己的方式，让传统文化与习俗慢慢地被更多的孩子们再次接受与感知。

在本主题活动中，孩子们可以了解宁波的民俗风情，领略民族文化的魅力，通过自己动手做印糕板的过程发展动手能力、创造性思维、系统性思维、专注能力并提升幼儿的审美能力。

3. 问题引发

这些一模一样的月饼到底是怎么做出来的呢？那就让我们一起动手做一做月饼来寻找答案吧！教师提供许多制作月饼的材料，幼儿带着问题开始制作美味的月饼。在制作过程中，他们惊奇地发现，有一种工具真神奇，可以把每个月饼都变得一样！大家恍然大悟，原来可以把月饼变得一模一样的是这种工具——印糕板。用"印糕板"这个模具成功制作出一模一样的月饼后，孩子们开始对模具产生兴趣。孩子们似乎依然充

满好奇,他们围绕着"模具"展开了非常激烈的讨论:

"为什么每个印糕板花纹都是不一样的呢?"

"印糕板上的各种花纹代表什么意思呢?"

"印糕板除了能制作月饼、大糕,还能做哪些东西?"

"为什么同样的模具印出来图案有的深,有的浅呢?"

"印糕板是怎么做出来的?"

"我看见过做梁弄大糕的印糕板,超级大,一次可以做好多个大糕,我们可以设计出一下子就能印好多个月饼的印糕板吗?"

"我印出来的月饼跟你们不一样,我的是小动物形状的,有小鱼、小猴、小兔子,可好看了。"

…………

从孩子们的疑问与讨论中可以看出,在做月饼的过程中他们对"印糕板"有初步的操作与感知经验,并具有浓厚的兴趣。

(二)项目生成

"糕点"是我国传统美食,宁波又是一座古老和现代并存的城市,在这里,各式各样的糕点深受人们的喜爱,那么"印糕板"项目可以开展哪些活动呢?从班级幼儿对印糕板的了解程度、探究能力、知识结构出发,我们和孩子们一起调查、分析、整理,追随探究的兴趣点。我们预设了三个板块的活动——寻觅·印糕板的秘密、探索·我和印糕板的故事、创造·有用的糕点模具,并设计了活动目标、活动框架及主题活动内容、区域活动内容、主题墙的活动轨迹呈现等。由此及彼、由近及远将项目推进,支持孩子们通过多种途径和方式,了解宁波的"老底子"印糕文化,探究宁波乃至中国传统印糕工艺。

1. 项目活动目标

第一,感受印糕板花纹的多样性及其深刻的寓意,提升对美的感知,以及对家乡的民俗风情的认知。

第二,通过观察与操作,体验糕点模具给人们生活带来的便利,体会劳动人民的勤劳和智慧,萌发对家乡的喜爱之情。

2. 项目活动框架

针对此次活动，我们设计了如图 8-1 所示的活动框架图。

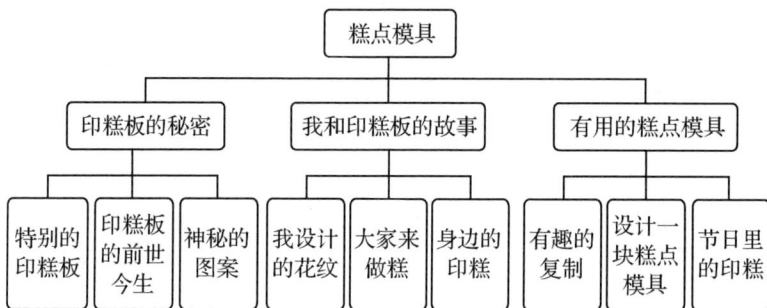

图 8-1 "奇妙的模具真省力"活动框架图

3. 项目活动内容

(1)主题活动

表 8-1 "奇妙的模具真省力"主题活动一览表

主题展开思路	活动名称	活动目标	侧重领域与涉及领域	活动场地
印糕板的秘密	江南印糕板	认识江南地区经常使用的印糕板，观察上面的图案和形状，初步了解不同图案的寓意。	社会 艺术语言	幼儿园
	金团的秘密	通过观察、品尝宁波的特色糕点——金团，了解制作金团的秘密，感知印糕板的用处。	科学 社会语言	赵大有店铺
	超大印糕板	欣赏特别的印糕板——超大印糕板，通过猜测、讲述，感受民间工艺的智慧。	艺术科学 语言	幼儿园
	老底子印糕板	欣赏老底子使用的印糕板，感受从前人们的智慧。	语言社会 艺术	幼儿园
	现代糕点模具	通过比较，发现现代糕点模具和以前的区别，感受现代工业的发展。	科学 语言	幼儿园

主题展开思路	活动名称	活动目标	侧重领域与涉及领域	活动场地
印糕板的秘密	花纹拓印	尝试拓印印糕板里代表各种寓意的花纹，提升对美的欣赏感受。	艺术（美术）	幼儿园
	各种材质的印糕板	对比木头、陶瓷、石头等材料做成的印糕板，探索哪种更好用。	科学 社会	幼儿园
我和印糕板的故事	设计糕点花纹	尝试用线描、剪贴等方法，设计一种糕点的形状和花纹，感受创作的快乐。	艺术（美术）	幼儿园
	古镇寻糕	通过走访鸣鹤古镇，参观糕点制作过程，感知糕点模具的作用。	社会 语言 艺术	鸣鹤古镇
	梁弄大糕	体验制作梁弄大糕的过程，感知糕点模具的作用。	社会 艺术	小厨房
	艾青饼	尝试用模具制作艾青饼，感受手作和用模具制作之间的异同。	科学 社会	幼儿家中
	博物馆里的印糕板	参观博物馆里关于糕点模具的展区，感受传统工艺的精湛，体会劳动人们的智慧。	社会 艺术	博物馆
	花纹雕刻	通过在泥塑上雕刻的方法，设计一款自己创作的糕点，并大胆表述自己的创意灵感。	科学 艺术 语言	幼儿园
	大家来做糕	幼儿自主选择糕点模具，用搓、压、按、拍的方法制作糕点，感受糕点模具的妙用。	社会 艺术	小厨房

主题展开思路	活动名称	活动目标	侧重领域与涉及领域	活动场地
有用的糕点模具	有趣的复制	观察糕点,思考每块糕点一模一样的原因,自由选择工具、材料尝试复制。	科学 数学	幼儿园
	印糕板里的别样洞天	通过观察糕点上的不同花纹,感受不同花纹独特的节日韵味以及人们对生活的期待。	社会 语言	幼儿园
	独一无二的糕点模具	仔细观察糕点模具,感受模具中的花纹,并进行设计绘画,在泥塑上制作花纹。	社会 艺术	幼儿园
	飘香的木雕艺术	欣赏不同的印糕板花纹,摸一摸,感受印糕板的秘密并尝试自己动手制作印糕板。	艺术	木工坊
	中秋月饼	了解中秋节的习俗,尝试用擀、捏、包、压等方式制作月饼,感受月饼模具的多种多样及便利之处。	社会 艺术	小厨房
	制作重阳糕	了解重阳节的来历,尝试用模具自己动手制作重阳糕,并将重阳糕送给祖辈,表达自己的爱意。	社会 艺术	小厨房

(2)区域活动

①表演区

爷爷为我打月饼

——活动需要的材料:

《八月十五月儿圆》的背景,爷爷和我的头饰,月饼模具一块,月饼若干,歌曲音乐等。

——可能引发的活动:

a. 根据歌词表演动作,重点表演拍模具(打月饼)的动作。

b. 也可以进行这首歌曲的手语表演。

——对教师指导的建议:

a. 可以适当参与幼儿的表演,在共同表演中引导幼儿感受"打月饼"

的动作。

b. 引导幼儿在表演中感受中秋团圆的气氛，理解"一块月饼一片情"蕴含的祖孙情。

②语言区

糕点故事会

——活动需要的材料：

各式印糕板的图片、绘本(《世界上最大的蛋糕》《最好吃的蛋糕》《神奇的蛋糕派对》)等。提供结婚、祭祀、乔迁、满月等各种场景的图片。

——可能引发的活动：

a. 幼儿说说印糕板不同花纹的不同寓意，分别在什么场合使用，和场景图对应，说一说其中的故事。

b. 阅读以蛋糕为核心的绘本故事，感受糕点在人与人交往中扮演的角色，感受生活中的仪式感。

——对教师指导的建议：

a. 引导幼儿根据糕点花纹的寓意展开想象，结合场景巧编故事。

b. 引导幼儿用心阅读绘本，感受糕点在我们生活中带来的仪式感。

③美工区

A. 糕点设计师

——活动需要的材料：

各种线条参考图，各种成品糕点图，白纸、记号笔等。

——可能引发的活动：

a. 仔细观察一些糕点的形状花纹，预设自己要设计一款什么形状、什么图案的糕点。

b. 自主设计糕点，并说一说设计的糕点代表什么意思。

——对教师指导的建议：

a. 指导和帮助有需要的幼儿进行糕点设计的构思。

b. 鼓励幼儿和同伴交流讨论，互相介绍自己设计的糕点。

B. 糕点模具我来做

——活动需要的材料：

简易的糕点模具照片；陶泥、树枝、木头、白胶、榔头、钉子等材料与工具。

——可能引发的活动：

a. 仔细观察糕点模具，采用围合的方法制作一款自己设计的糕点模具。

b. 自主选择模具制作的材料，设计前，说一说自己对模具设计的想法，希望自己设计的糕点模具给人们带来怎样的便利。

c. 同伴间互相欣赏设计作品，并交流自己设计的模具的想法。

——对教师指导的建议：

a. 引导幼儿观察糕点模具，感受其以各种形状围合的特点。

b. 鼓励幼儿发挥想象，运用多种材料来制作糕点模具，对有困难的幼儿给予适当的帮助。

④科学区

A. 糕点模具博物馆

——活动需要的材料：

展示各种各样的糕点模具，以及模具做糕的照片。

——可能引发的活动：

a. 观察各种各样的糕点模具，对比模具的形状、材料、使用方法，用记录的方式呈现每种糕点模具的不同特征。

b. 寻找糕点模具的历史发展过程，感受人们的智慧和现代工业的发展。

——对教师指导的建议：

a. 对幼儿的活动进行及时的肯定和资源的共享。

b. 和幼儿一起探究糕点模具的发展史。

B. 有趣的复制

——活动需要的材料：

印糕板、饼干模具、陶泥、吹塑纸、印泥、钱币、印花机若干。

——可能引发的活动：

a. 幼儿观察糕点，思考每块糕点一模一样的原因，启发幼儿思考复制的方法。

b. 幼儿自由选择工具、材料尝试复制。

——对教师指导的建议：

a. 引导幼儿在操作中感受模具带来的快速、方便。

b. 指导幼儿用正确方式进行复制，帮助能力稍弱的幼儿。

⑤角色区

赵大有糕点铺

——活动需要的材料：

各种图案、形状的印糕板、陶泥、蒸笼等。

——可能引发的活动：

a. 幼儿用搓、按、压、拍的方法，使用印糕板来制作印糕。

b. 将做好的印糕放进蒸笼，"蒸熟"后在美食区进行售卖。

——对教师指导的建议：

a. 引导幼儿将陶泥搓圆润后，再放进印糕板模具里按压。

b. 鼓励幼儿为自己做的印糕取名字，用自己的方式叫卖。

（3）主题墙

①各式各样的印糕板

以照片和实物的形式呈现，展示幼儿和家长共同寻找来的不同图案（寿桃、锦鲤、莲花等）、不同材质（木质、陶瓷、石质等）的印糕板，感受印糕板的多样性，体会"老底子"人们的智慧。

②印糕板的前世今生

以实物呈现糕点模具的演变进程，感受现代工业的发展。

③糕点对对碰

以图片的形式呈现，各式糕点和糕点模具对应，可操作，看一看、猜一猜每种糕点都是由哪块模具做出来的。

④寻找身边的印糕

以照片形式呈现，展现孩子们寻找身边的传统糕点，以及制作传统糕点作坊的照片，感受家乡的风土人情。

⑤我设计的糕点模具

以绘画形式呈现，展现孩子们自己设计的糕点图案和花纹，以及自己设计的糕点模具，绘画上可备注幼儿思考的轨迹。

（4）家长工作

首先，带孩子走访南塘老街、鸣鹤古镇等地，参观糕点制作过程，引导孩子了解糕点模具的作用，将孩子在参观过程中遇到的问题记录下来。

其次，利用休息时间，带孩子在家里用糕点模具进行食物制作，鼓励孩子自己动手，感受糕点模具的用处。

最后，关注主题活动的发展，与孩子共同收集一些材料，如通过各种途径寻找关于糕点模具的图片、实物、资料以及影像资料等。

（三）实践探究

1. 印糕板还可以做什么

（1）长辈心里的"老底子"印糕板

印糕板是什么呢？其实就是老宁波人嘴里所说的"模子"——用来做各式糕点的木头模子。上了年纪的老人还会告诉你："喏！老底子造房子、讨娘子、生儿子，都离不开它！"

从前江南一带，逢年过节、造屋上梁、添丁进口、拜寿婚嫁，家家户户都要用米粉来做一些糕团。糕团往雕了花的模板上一扣，倒出来就是一个精美的小糕点，再放灶上蒸一蒸就很美味啦，这些做糕点的雕花模板就是印糕板。

菲菲外婆说："小时候，外婆家里做的糕点真是好吃呀，大家在一起做糕点、吃糕点，那都是大日子才有的，平日里还吃不到呢！"是的，在宁波，小孩满月、周岁，生活中乔迁、办喜事、寿辰、祭祖等，都会用上带着各种寓意的不同印糕板，比如："鲤鱼"印糕板，寓意跳龙门；"龙凤呈祥"印糕板，寓意喜庆吉祥；"年年有鱼"印糕板的"鱼"和"余"同音，寓意收获丰富。不同的印糕板图案有着不同的寓意，"老底子"人们为啥那么爱印糕，因为除了好吃之外，它更寄寓了美好的祝愿。

（2）互联网上的印糕板

孩子们身处于信息发展极为迅速的时代，他们提议与家长一起上网查找不同的印糕板。在互联网上，孩子们查看到了不同时期、不同年代的印糕板，它们的形状、花纹、大小各不相同，并且发现了国外制作糕点的"印糕板"。原来在不同地方的人们都有着同样的智慧，在寻找的过程中，孩子们发现现在的印糕板，不管是木头的，还是塑料的、不锈钢的，早已沦落为一种单纯地能够快速进行制作的工具，至于做出来的糕饼上会有什么花样或字样，已经不那么重要了。相反，在木制印糕板的鼎盛时期，家家户户做糕点不仅仅是食用，更多的是为了各式各样的民俗活动。例如，喜事、丧事、祭祀、踏青或是逢年过节，不同场合都有它应景的木糕板。

在不断的观察中，孩子们已经不满足从网上的图片中寻找和查阅各种印糕板，他们急需在现实生活中亲眼看见这些各种各样的印糕板，探索其中的奥秘，印糕板博物馆的探寻之旅即将开启⋯⋯

（3）博物馆里的印糕板

孩子们由家长带领着来到了江南民俗糕板馆，参观了沈万林收藏的印糕板。推开糕板馆的木门，大片大片精美的雕花印糕板让孩子们啧啧称奇。

一年四季、四时八节、造房子、讨娘子，在这些民俗节日和百姓的各大喜事里，印糕同样无处不在，当然不同节日对应的印糕图案也不同。博物馆里除了最为常见的木质印糕板之外，馆里还收藏了不少特别材质的糕板，如瓷制印糕板，还有年代久远的南唐顺义年间石质印糕板等。糕板馆里一路走一路看，发现印糕板其实就是"老底子"人们生活的一部分。一个人从出生到离世，印糕板几乎无处不在，伴随着"老底子"人的一生。

现在，在印糕馆，每逢几个重要的民俗节日，如中秋节、重阳节等，这里都会举办用传统印糕板制作糕点的活动。随着时间的流逝，中国传统的民间习俗渐渐消失，印糕板也慢慢失去了它原本的实用价值，被人所遗忘。沈万林用自己的方式，让传统文化与习俗慢慢地被民众再次接受与感知。

每每想到这些民间传统艺术品终有一天也许会流失，无法得知它所产生的历史，它所记录的故事，它所承载的情感，后人不再能了解它曾经的过往，不免让人惋惜。在探寻不同时代的印糕板的过程中，孩子们对已经失传的印糕板制作方式和花纹感到遗憾，想要去"复活"它们。在了解的过程中，孩子们明白了最重要的事情是去继承它，去保护这些手工艺的制作流程，将这项"老底子"传统的糕点工艺传承下去。

2. 印糕板中的传说会

旧时，刻印的师傅们每个人都会刻好几百种花样，印模上面有吉兽祥瑞、花鸟虫鱼、历史传说、故事人物等，由此关于印糕板的图案样式有许多的传说故事。在"印糕板中的传说会"中，一位绍兴的孩子兴奋地与大家分享着他所知道的传说故事："绍兴流传着范仲淹和印糕的传说。范仲淹家里特别穷，一日三顿粥，他经常饿得肚子咕咕叫。他的好朋友石梅卿看到之后，回去用糯米制作了糕点并且用印糕板印出白云的图案，寓意是希望范仲淹能够早日考取功名，平步青云，并将这白云糕天天送去范仲淹家，直到范仲淹中举。据说，现在的白云糕，就是这样流传下来的。"孩子们可能理解不了什么是中举，但是他们在大人的描述下知道吃了白云糕将来知识能够渊博的美好寓意，以及好朋友之间真挚的情感。

"老底子"人们为什么那么爱印糕，因为它除了好吃之外，更寄寓了美好的祝愿。从这些印糕板上，我们不仅可以领略精湛的木刻技艺，而且印糕板上各类图案的寓意更是别有洞天。人们选用不同的印糕板，将自己的美好祝愿表达出来，隐含着人们对美好生活的期盼。

随着近几年宁波各地古镇的挖掘和开发，传统的印糕板再一次呈现在人们的眼前，孩子们在观察的过程中不断地了解着不同印糕板所表达的寓意。

3. 为什么要有印糕板

(1)寻·印糕板的前世今生

宁波的糕点为什么如此受欢迎，这跟宁波人的习俗紧密相连。旧时宁波人办大事，都会用上各式糕点。在这里，制作糕点的工艺也有着完整的保留与传承，在南塘老街、鸣鹤古镇等地和缸鸭狗、赵大有等老店都能找到做糕的手艺。我们带幼儿走访南塘老街、鸣鹤古镇等地，参观糕点制作过程，引导幼儿了解糕点模具的作用，将幼儿在参观过程中遇到的问题记录下来。随着不断地探索与实地观察，幼儿对"印糕"与"印糕板"的探究更加深入……

(2)探·印糕板材料探秘

知道了印糕的制作方法后，孩子们对印糕板产生了兴趣。过去人们制作糕点都需要用印糕板，所谓印糕板就是用来制作各种各样的糕点的木头模子。时至今日，木质印糕板已经历了上千年的历史。随着科学技术的发展，现在市面上出现了很多简单方便的糕点模具，现在这种传统手工工具已经渐渐被塑料、硅胶和金属制成的印糕模具所取代。为什么不用最传统的木质印糕板了呢？随着越来越多新颖的糕点被开发，这些糕点的质地不同，需要用不同材质的印糕板。旧时精美的印糕板因为制作过程繁杂等原因被越来越高效并且便捷的机械压制技术代替，渐渐地退出历史舞台。

(3)践·印糕的制作方式

印糕是我们宁波地区特色的传统小吃，当然，印糕的形状也是各式各样，圆形、方形等，美味的印糕怎么做？"老底子"做印糕将五谷杂粮磨成粉，拌入蜜糖、桂花等作料，经过手工揉合后，在印模中一一撇实、刮平，然后将印糕板翻过来拍打几下，很快地"微型浮雕"就从印模中脱颖而出。

孩子们也尝试着和爸爸妈妈一起制作印糕，将面团揉好裹上馅料再放入印糕板中压实，然后脱模，一块印模就呈现在大家眼前了。在压制的过程中，孩子们发现，有的印糕上面的花纹比较模糊，有的印糕花纹很清晰。这是为什么呢？经过多次的试验，孩子们发现了，印糕花纹的清晰程度和面团在印糕板中揿实的程度有关，揿的力度越大，花纹就越清晰。

这样循环往复的过程带给孩子们的关于印糕的认知和经验是真正源于生活并且服务于生活的，基于此，他们在实践中动一动、做一做，实践出了快乐与智慧。

4. 品·印糕里多滋多味

"糕"与"高"谐音，遇有时令节气时登高吃糕，有"步步登高"之意。因此，中国很多地方无论是过年过节、嫁娶祝寿，还是造房子上梁等，家家户户都要用糯米粉或粳米粉按照当地的习俗来制作糕点，以表达对理想的追求，对美好生活的向往，对亲友的期望、怀念和寄托，因此我国流传下来的糕点品种有很多。

"我最喜欢吃豆沙馅的金团！"

"绿豆糕你们吃过吧，外婆做的绿豆糕软软甜甜最好吃了。"

"你们都没吃过我奶奶做的桂花糕，每年秋天我都会跟奶奶一起去晒桂花，奶奶做的桂花糕我一次能吃好几块！"

不同的糕点有不同的寓意与滋味，更重要的是融合在印糕里面与糕点密不可分的亲情的味道。

5. 印糕板的大创作

(1)我给印糕板画个像

小孩子最喜欢这些印有精美图案的糕点，每次都会把上面的花纹先啃个精光。有些孩子想要介绍他所发现的造型奇特的印糕板，苦于没有实物作为依据。孩子们为了能更加形象地分享和表述自己找的印糕板，于是想到了一个好办法：我给印糕板画个像！面对眼花缭乱、精美细致的印糕板，孩子们有点无从下手，那么就先从整体观察入手，首先请孩子们观察印糕板的大致轮廓造型，然后在此基础上进行局部观察。孩子们在观察中发现有的印糕板是轴对称的，有的印糕板上花纹是按规律排列的，最后是细节呈现的引导。在观察作画的过程中，孩子们不仅感受到了传统工艺的艺术美，还了解了蕴含在其中的数学知识。

在看看画画中，孩子们就有了属于他们独一无二的"印糕板图鉴"。在后续的印糕板介绍中，孩子们有了这个重要的图鉴依据，于是大胆生动地描绘他们所见到的印糕板。我们更直观地看到和听到孩子们对印糕板个性化的认知和特别的情感。孩子们在收集、互相交流与描绘的过程中使"印糕板图鉴"日渐丰富。

(2)我来设计印糕板

我们追随着幼儿的发展轨迹发现，在描绘"印糕板图鉴"基础上，孩子们已不满足临摹见过的印糕板，他们越来越需要设计属于自己想象中的印糕板，而美工区材料已满足不了孩子们的奇思妙想。于是，孩子们自发地成立了"印糕板的设计中心"，开始大展身手，摇身一变，成为小小印糕板设计师，创作设计陶泥、超轻黏土、木头等多种材质的印糕板。每种印糕板有不同的功用，有青花瓷印糕板、交通工具印糕板、动物形状印糕板等。所有的设计稿都汇集成了"印糕板设计图鉴"，里面的设计稿都经过孩子们的反复推敲，有的设计图是孩子们修改了好几次的改进版本。孩子们在设计的阶段还会求助家长帮助他们实现自己的想法。成功后，孩子们会挑选合适的位置展示自己设计的作品，和小伙伴一起欣赏，为新型印糕板取名字，骄傲而又自豪地和朋友们分享着他们"心中的印糕板"。

(3)印糕板创作真奇妙

用各类辅助材料创作出自己喜欢的印糕板一直是孩子们很感兴趣、非常有成就感的一项活动，那些简单的材料加上模具就可以制作成各式各样的印糕板。然而，小小印糕板设计师们在其中并不是瞎忙活，他们的忙活让我们看到了他们在选择材料上、在制作印糕板中呈现的印糕板功能等方面的进阶。

在孩子们各方面能力不断提升的同时，我们逐步形成了印糕板创作的基本步骤：选材料、设计、制作、装饰等。孩子们利用陶泥、超轻黏土、木头等多种材料制作不同功用的印糕板。就这样，孩子们实实在在当了一回印糕板制作小师傅。

在制作过程中孩子们发现了一个又一个小秘密。比如，将印糕板里面的花纹刻得深一点，印出来的"糕点"花纹就更加立体；印糕板里面凸出来的地方，印出来的"糕点"相应的位置是凹进去的；在一块大印糕板上挖好几个印糕孔，那么一次性就能印好几块"糕点"。孩子们在一次次制作印糕板的过程中探索着、发现着、创造着，有成功，也有失败。在制作的过程中，他们常常舍不得推倒制作失败的印糕板，毫无疑问，孩子们在一次次失败中渐渐成长着。

随着孩子们对印糕板了解的深入，他们产生了想做一个真的印糕板的想法。经过讨论和征求家长与孩子们的意见，我们决定进行一次寻找制作印糕板基地的亲子活动。通过活动前期的资料的收集、材料的准备，活动中的分工明确、团结协作，活动后的介绍及检验等，最后孩子们都设计出了既美观又实用的印糕板。这场活动使孩子们体验到了制作印糕板的别样情怀。

(4)我心中"未来"的板

这个神奇的印糕板使孩子们产生了一定的兴趣，对未来有着美好的憧憬。他们把自己化身为小小设计师，想设计未来的印糕板。

随着课程的推进，孩子们对未来的印糕板设计越来越有自己的想法，他们想尝试设计一块属于自己的神奇的"板"。于是，孩子们开始进行初步的"未来"的板的设计。画板、剪板的模型、泥塑板都已不在他们的话下。有的孩子还会求助家长把他们的想法和板的各种新型的功能写在纸上。成功后，孩子们特别有成就感，还会和小伙伴们一起为自己设计的印糕板取名字，聊聊自己设计的印糕板的作用是什么，有别于其他印糕板的地方是什么。

现在就让我们一起来看看孩子们设计的印糕板吧：

"我设计的印糕板可厉害了，有很多种模式可以切换。"

"我的印糕板很小巧，可以折叠起来，适合随身携带。"

"我的印糕板只要轻轻一按按钮就可以变出不同的图案来。"

"我设计的印糕板的材质很环保，不给地球造成污染。"

…………

就这样，在探究活动的推进中，孩子们从单一材料的印糕板制作到综合材料的印糕板创作，在一次次的操作中，自发地探索、选择，忙得不亦乐乎。而我们则看到了他们不断螺旋上升的"学习进阶"，包括创造水平、设计能力、材料选择、同伴合作、责任担当……

6. 活动反思

(1)是调查，也是体验式的探究

在印糕板上，我们不仅可以领略精湛的木刻技艺，而且印糕板上各类图案的寓意更是别有洞天。这些多姿多彩的图案吸引着孩子们去看一看，摸一摸，闻一闻。在这个查找的过程中，孩子们认识了许多印糕板花纹的图案，甚至能一下子叫出它们的名字啦！

调查中，孩子们产生了许多的问题，怎么办呢？求助老师和经验丰富的家长，还可以上网去查询。在咨询与探究中，孩子们已经不满足从图片中寻找查阅各种印糕板，他们急需在现实生活中亲眼看见这些各种各样的印糕板。印糕板博物馆的探寻之旅开启了孩子们另一场探寻之旅，在了解的过程得知了它所产生的历史，它所记录的故事，它所承载的情感，让孩子们明白了最重要的事情是去继承它，去保护这些手工艺的制作流程，将这项"老底子"传统的糕点工艺传承下去。

(2)是探寻，也是开放式的学习

宁波的糕点为什么如此受欢迎呢？孩子们开始了自己的探索，原来跟宁波人的习俗紧密相连，旧时宁波人办大事，都会用上各式糕点。例如，小孩满月、周岁，还有乔迁、办喜事、祭祖等，都会用上带着各种寓意的不同糕点。孩子们在探索中发现糕板其实就是老底子人们旧时生活的一部分，小到日常喜事，大到节日庆典，糕板几乎无处不在地伴随着人们的生活。

但是为什么现在老底子印糕板渐渐的不见了？制作印糕板的工匠也越来越少了呢？孩子们带着自己的疑问去询问了老师和家长。旧时精美的印糕板退出历史舞台的原因有很多，但是主要是因为制作过程繁杂，渐渐被高效并且便捷的机械压制技术代替。

在探寻的过程中，孩子们早就对印糕垂涎欲滴，我们开展了印糕品鉴会。

"我的印糕上面有好多种颜色。"

"这种印糕上面的花纹好特别啊，是立体的，这个怎么做的呀?"

"这个白色的印糕吃起来凉凉的，是薄荷味的。"

孩子们一阵阵的欢声笑语成了品鉴会的最美旋律。

(3)是创作，也是多元化的锻炼

孩子们带来了许多印糕板的制作工具，大家议论纷纷：它们分别叫什么名字？又怎么制作印糕板呢？第一步该干什么？……这么多问题，看来还得先听听老师和家长的经验。接下来，孩子们迫不及待地开始制作，在一次次的试验中找到了制作的方法：先挑选软硬适中的陶瓷泥作为制作印糕板的材料，再压成正方形的泥块，然后等陶瓷泥半干的时候挖出自己想要的印糕形状和深度，刻出印糕板的形状，最后把陶瓷泥晾干。

在制作的过程中，孩子们一起观察，一起探究，时而讨论，时而猜想，时而又争论了起来……大家要用自己的双手亲自创作出属于自己的印糕板。在制作的过程中引导幼儿用适当的方式表达与交流他们制作讨论的过程与结果，将单个孩子的经验分享给更多的孩子，实现经验共享，获得更多的制作方法，并实现不断螺旋上升的"学习进阶"。沉浸在"印糕板"创作活动中的孩子们，既感受着作为"大创意家"的乐趣，又进一步体会着"印糕板"的实用性和美观性，而我们也随着孩子们的每一次探索、发现、制作而一同成长着。

在探究式学习中，我们要给孩子最大的想象范围与空间，支持他们的自我探究，做他们自主学习、自主游戏的支持者、鼓励者，引导孩子们不断地将"印糕板"这一宝贵的资源深挖、深化，让孩子们体验成功、快乐的同时也收获着满满的自信。

二、花样的纸艺真好玩

（一）项目说明

1. 缘起

项目活动"纸浆"源于班级课程"多彩的纸艺"。在开展纸艺活动时，小朋友不小心碰翻了水壶，红色的皱纸把白纸染红，在探究皱纸褪色的秘密时，又意外地发现，皱纸不仅褪了色，还变成了纸浆。这一发现，把孩子们的探究兴趣从色彩变化转移到纸浆上。"为什么皱纸在水里会变成小碎片？这些小碎片是什么?""是不是所有的纸泡在水里都会变成小碎片?""厚厚的纸泡在水里也会变成小碎片吗?"……

2. 课程开展的价值分析

我们深知，幼儿园课程源于幼儿对周围世界的好奇心和探究的欲望，"走近孩子，探寻课程"是我们生成课程、发展课程的基础。这个偶发事件引发了孩子们对"纸在水中会发生什么变化"的好奇心和探究的欲望。而这个探究点，让我想到了纸浆。我认为"纸浆"是一个很好的课程内容，主要是基于以下几方面的考虑。

(1)开发"纸浆"课程的必要性和重要性

第一，造纸术是中国的四大发明之一，作为中国人，我们应该对祖国的文化有一定的了解。

第二，"纸浆"是制作纸的基本原料，它是幼儿探究纸的秘密的重要途径。它能帮助幼儿初步了解纸的结构和制作工艺，对幼儿了解纸的发明和纸的制作工艺有着非常积极的意义。

(2)"纸浆"的探究价值分析

第一，我们探究的纸浆是利用比较松软、容易吸水并且纸浆含量较高的纸，如身边常见的报纸、餐巾纸等。通过浸泡、揉搓、捣烂等方法制作出来，制作工艺简单，幼儿容易操作。

第二，纸浆具有低结构的特点，可塑性强，给了幼儿很多想象、探究、表达的空间。它贴近幼儿的日常生活，原材料收集比较容易，唾手可得，非常适合在幼儿园开展探究活动。

第三，纸浆在生活中有广泛的应用，具有很强的实用价值。寻找纸浆制品，能帮助幼儿了解"变废为宝"的意义，懂得垃圾分类的重要性和必要性。

(3)本班幼儿学习特点和活动内容适宜性分析

第一，我们比较注重幼儿探究能力的培养，幼儿经过幼儿园两年多的学习和生活，初步养成了爱探究、善提问、乐尝试的学习习惯。同时在开展"多彩的纸艺"活动中，也积累了很多与纸有关的生活经验，为课程开发积累了一定的感性经验。

第二，四大发明是大班第一学期主题教学活动内容之一。

(二)项目生成

1. 项目活动目标

第一，对纸浆感兴趣，乐意探究纸浆的秘密，能对纸浆进行多角度的探索，体验探究活动的快乐。

第二，喜欢用纸浆进行美术创作，提升美术表现力和创意能力。

第三，发现纸浆在生活中的广泛应用，懂得"废物利用"和"变废为宝"的意义，感受垃圾分类的重要性。

2. 项目活动框架

针对此次活动，我们设计了如图 8-2 所示的活动框架图。

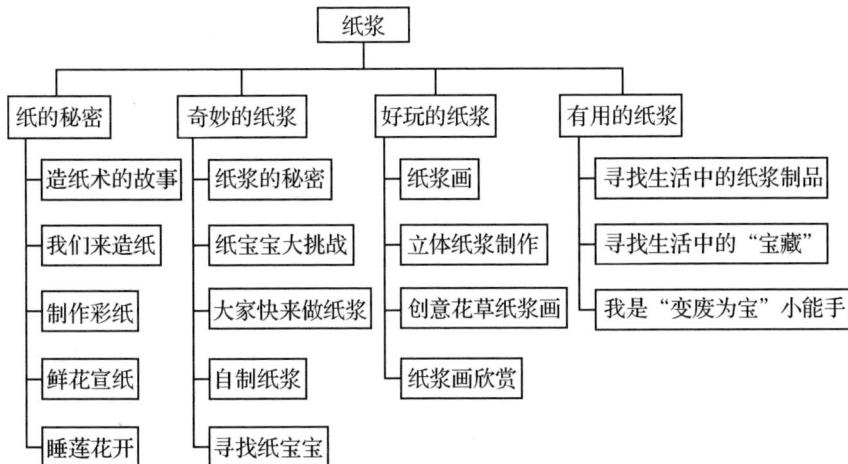

图 8-2 "纸浆"活动框架图

3. 项目活动内容

表 8-2 "纸浆"主题活动一览表

主题展开思路	活动名称	活动目标	侧重领域与涉及领域	活动场地
纸的秘密	造纸术的故事	1. 理解故事内容，初步了解纸的由来，知道造纸术是我国四大发明之一。 2. 知道纸在生活中的用处很广，懂得节约用纸，爱惜纸。	语言	集体活动
	我们来造纸	尝试用造纸框和纸浆造纸，初步了解古代宣纸的基本制作工艺，体验"造纸"活动的乐趣。	科学	小组活动

主题展开思路	活动名称	活动目标	侧重领域与涉及领域	活动场地
纸的秘密	制作彩纸	1. 尝试用食用色素、纸浆、造纸框等材料，用不同的方式制作彩纸，感受造纸活动的乐趣。 2. 能用语言大胆表达自己的想法和制作过程，提升语言表达能力。	科学 语言	小组活动
	鲜花宣纸	1. 尝试用纸浆和鲜花制作宣纸。 2. 能大胆进行设计，体验成功的喜悦。	艺术	小组活动
	睡莲花开	1. 初步感知不同纸张制作的睡莲的吸水性能不同。纸越松越软，吸水性越好。 2. 体验实验活动的乐趣。	科学	集体活动
奇妙的纸浆	纸宝宝大挑战	1. 初步感知，不同质地的纸，浆化的速度不一样。 2. 操作发现现有材料中餐巾纸和报纸是最适合制作纸浆的原料。	科学 语言	集体观察活动
	寻找纸宝宝	1. 收集各种纸，了解其名称、用途、质地等，并用绘画或照片的形式记录调查结果。 2. 感受亲子探究活动的乐趣。	社会 科学	亲子探究活动
	大家快来做纸浆	1. 尝试用撕、搅拌、加热水或使用捣臼等方法制作纸浆。 2. 体验制作纸浆成功的喜悦。	科学 语言	小组活动

主题展开 思路	活动 名称	活动目标	侧重领域与 涉及领域	活动场地
奇妙的纸浆	自制纸浆	能用较连贯的语言表达自己是如何制作纸浆的,有什么发现和感受,提升自身表达能力。	语言 科学	集体活动
	纸浆变漂亮了	尝试用水粉、水彩等颜料改变纸浆颜色,并初步了解颜料和纸浆充分融合,才能使纸浆的色彩效果更好。	美工 科学 语言	集体活动
	创意花草纸浆画	尝试用造纸框、鲜花、纸浆制作花草纸浆画,体验制作纸浆画的乐趣。	艺术 语言	小组活动
	创意纸浆画	尝试在瓷砖、木板、玻璃等材料上作画,鼓励幼儿大胆进行创造。	艺术 语言	集体活动
有用的纸浆	我是"变废为宝"小能手	能利用废旧材料进行创意活动,感受"变废为宝"带来的乐趣。	社会 美术	小组活动
	寻找生活中的纸浆制品	收集生活中的纸浆制品,初步了解纸盘、纸碗等日用品都是纸浆制成的,感受纸浆在生活中的应用。	社会 语言	集体活动
	寻找生活中的"宝藏"	1. 知道生活中有许多东西像废纸一样可以再利用。 2. 了解垃圾分类的意义,愿意学习垃圾分类。	社会 语言	体验

171

(2)区域活动

①科学区

A. 我爱做纸浆

——活动所需要的材料:

餐巾纸、报纸、广告纸、打印纸、马粪纸、卡纸,搅拌机、捣臼等材料。

——可能引发的活动：

a. 学习制作纸浆，发现不同类型的纸变成纸浆的速度不同。

b. 尝试用撕、揉搓、搅拌机、使用捣臼、加热水等方法把不易变成纸浆的纸打烂，从而提升纸的浆化速度，并比较哪种方法效果更好。

——对教师指导的建议：

a. 引导幼儿观察不同质地的纸张变成纸浆的速度有什么不同，为什么有些纸容易变成纸浆，有些纸不容易变成纸浆。

b. 引导幼儿思考：如何让不容易烂的纸尽快变成纸浆，鼓励幼儿用多种方法、多种工具进行尝试并记录实验结果。

B. 我们来造纸

——活动所需要的材料：

造纸框，大的塑料盆，水，捣臼、筷子、搅拌机，食用色素等。

——可能引发的活动：

a. 制造宣纸。

b. 想办法让宣纸质地更细腻、更均匀。

c. 发现宣纸、纸浆与水之间的关系。

d. 制作彩色宣纸。

——对教师指导的建议：

a. 引导幼儿尝试用造纸框造纸，初步了解宣纸的制作方法。

b. 引导幼儿发现不同的纸浆制作出来的宣纸效果不同，从而引发幼儿改进纸浆质量——把纸浆弄得更碎、更烂，从而提升宣纸质量。

c. 引导幼儿探究纸浆中水的配比问题，并请幼儿记录实验结果。

d. 引导幼儿借助色素，制作彩色宣纸。

C. 制作彩色纸浆。

——活动所需要的材料：

报纸纸浆、白胶、胶水、水粉等。

——可能引发的活动：

把报纸纸浆变成漂亮的彩色纸浆。

——对教师指导的建议：

引导幼儿借助水粉颜料，使报纸纸浆成为纸浆画的原材料。

②美工区

A. 美丽的纸浆画

——活动所需要的材料：

彩色纸浆、瓷砖、木板、竹签、玻璃瓶、镊子等。

——可能引发的活动：

a. 创意纸浆画。

b. 立体纸浆作品。

——对教师指导的建议：

a. 提供半成品，引导幼儿进行纸浆画制作，掌握纸浆画的基本制作方法。

b. 鼓励幼儿自己设计、制作纸浆画。

c. 鼓励幼儿在多种材料上进行立体纸浆画制作。

B. 花草纸艺画

——活动所需要的材料：

纸浆、造纸框，鲜花、叶子、野果子等。

——可能引发的活动：

制作鲜花宣纸和鲜花纸浆画。

——对教师指导的建议：

a. 结合季节，引导幼儿把鲜花、草、叶等材料融入宣纸制作，尝试制作鲜花宣纸。

b. 鼓励幼儿利用纸浆及鲜花、草、叶等材料的特性，展开想象，借形创意，制作鲜花纸浆创意画。

(3)主题墙

在主题墙的创设上，我们以"幼儿提问—幼儿猜想—幼儿探究—幼儿策略—幼儿收获(作品、成果)"为主线，呈现幼儿探究的每个过程。我们鼓励幼儿以自己的方式呈现自己的问题、猜想、策略等。大部分幼儿采用了绘画、表格、照片、作品等较为直观的方式，也有的幼儿在老师的帮助下，借助软件，记录自己的发现，向同伴介绍自己的探究过程和策略等。在墙面的呈现上，我们借助箭头，呈现幼儿的探究路径，注重内在联系的呈现，使主题墙的创设成为幼儿互相学习、互相交流、互相分享的平台。

（三）实践探究

1. 第一轮提问引发的探究活动——寻找纸的秘密

《纲要》指出："幼儿园教育应尊重幼儿身心发展的规律和学习特点，充分关注幼儿已有的生活经验，引导幼儿在生活和活动中生动、活泼、主动地学习。"纸浆制作离不开原材料——废纸。那么在生活中，除了我们常用的报纸、餐巾纸、打印纸外，还有哪些纸？在剖析孩子们的问题时，我们发现孩子们提出了"是不是所有的纸泡在水里都会变成小碎片？""厚厚的纸泡在水里也会变成小碎片吗？""硬硬的卡纸会变成什么呢？"等问题，可见孩子们对不同的纸会不会变成纸浆有强烈的好奇心。我们认为这些问题很有探究的价值，但如何投放材料才能让孩子们获得更好的发展，使材料发挥最大的教育价值呢？对此，我们进行了深入的思考，并设计了两个活动。

（1）寻找纸宝宝——在收集中感知纸的特性，丰富幼儿已有经验。

孩子们在生活中经常接触纸，对纸有一定的感性经验，但由于缺乏有目的的观察，他们对纸的认识还是比较肤浅、零散的。因此，我们从收集各种各样的纸入手，通过收集，帮助孩子们了解纸的一些基本特性，如纸的名称、从哪里购买、用途是什么、有什么区别等，并通过绘画及照片的形式记录下来。在家长的帮助下，孩子们不仅了解了纸的名称，还对纸的特性、用途、质地等都有了初步的了解。在此基础上，我们开展了"我收集的纸宝宝"谈话活动。在活动中，孩子们结合调查表(见表8-3)对纸进行了详细的介绍，充分地表达自己的发现，并通过汇总的方式，根据纸的软硬、厚薄等特点进行了分类，说明孩子们对纸有了一定的了解。

表 8-3　纸宝宝的秘密调查表

纸的名称	在哪里购买	用途	纸的特点

（2）纸宝宝大挑战——探究哪种纸最适合做纸浆

通过收集活动，孩子们认识了报纸、打印纸、广告纸、卡纸、皱纸、马粪纸、瓦伦纸等，并对这些纸的特性有了一定的了解。在此基础上，我们开展了"纸宝宝大挑战"活动，要求孩子根据自己已有的经验，选择五种纸作为对比材料。通过讨论，孩子们根据纸的软硬、厚薄的不同，选择了比较熟悉的报纸、餐巾纸、打印纸、卡纸、马粪纸等作为对比材料，并把这五种纸剪成长短、大小相同的纸片，放入大小相同、水面一样高的瓶子里进行观察。在实验前，孩子们对这五种纸中哪种纸更适合做纸浆进行了猜想，并提出自己的想法。从猜测结果来看，86%的孩子猜测是餐巾纸或报纸，原因是餐巾纸和报纸比较软、比较薄，有14%的孩子猜测是打印纸或马粪纸。此后的观察，孩子们都很认真，为了让自己选择的材料快点变成纸浆，他们也会悄悄地摇一摇以加快它们变成纸浆的速度。他们用图画和照片记录着自己的观察结果。最后，我们以集体交流的形式分享实验结果。孩子们兴奋地发现，他们的猜想基本正确，餐巾纸和报纸是所有纸里面最先变成纸浆的。最后大家一致认为，制作纸浆最好的材料是餐巾纸和报纸。

2. 第二轮提问引发的探究活动——纸浆的秘密和造纸

实验结果又引发了孩子们的第二轮提问：

为什么报纸和餐巾纸泡在水里很快就变成了纸浆，打印纸、广告纸泡了很久都没有变成纸浆呢？有没有办法把它们变成纸浆？

为什么纸变成纸浆的速度不一样，有的快、有的慢？

纸浆有什么用？它能做什么？

…………

根据幼儿的问题，我们把它分成了两大块，一块是继续探究纸浆的秘密，另一块是造纸。

(1)继续探究纸浆的秘密

①科学活动"睡莲花开"——了解纸的松实度与纸的吸水性

纸是由纸浆做成的，但由于纸浆含量及制作工艺的不同，做出来的纸可谓千差万别。而报纸和餐巾纸之所以容易变成纸浆，是因为其纸浆含量高，比较松；而复印纸和广告纸属于机制纸浆，纸浆含量低，比较实。对此，我们设计了科学活动"睡莲花开"。我们为幼儿提供了餐巾纸、报纸和打印纸做成的睡莲，通过摸一摸、看一看、照一照等方式，帮助幼儿区别这三种纸的不同，从而了解纸的松实度与纸的吸水性之间的关系。同时，我们还在科学区投放了不同纸质的睡莲，请幼儿在科学区中继续探究。

②科学区小组活动"我爱做纸浆"

在实践、交流、分享的过程中，聪慧的孩子发现餐巾纸、报纸等泡在水里容易烂，容易变成纸浆，而广告纸、打印纸不容易变成纸浆。于是孩子们提出了：复印纸、广告纸、马粪纸、卡纸等纸能否做纸浆？如何做？是不是要泡很久才行？对此，我们查阅了相关资料，了解到如果要用这些材料制作纸浆，必须把它们充分搅碎。于是，我们为孩子们提供搅拌机及各种纸，让孩子们自主选择、实验。在活动中，教师引导幼儿讨论如何让纸烂得更快。孩子们边讨论，边尝试，撕碎、干搅、加水搅等，还把打印纸、广告纸、马粪纸分开打碎，然后浸泡到水里，比较它们变成纸浆速度的不同。在这个过程中，孩子们的沟通、协商、合作能力都有了明显提高。其间，教师也通过科学区的主题墙，记录了孩子们的问题、探究过程、探究策略、猜想及实验结果等。

（2）造纸

随着探究活动的不断深入，孩子们对纸浆是怎么做出来的有了较深的了解，随之而来的是孩子们对纸浆用途的探究兴趣：纸浆有用吗？有什么用？能做什么？根据孩子的问题，我们进行了以下安排。

①语言活动"造纸术的故事"

随着主题的开展，我们陆续在阅读区投放了各种绘本《造纸术的故事》《蔡伦造纸》《中国四大发明》等，还收集了各种造纸照片，如《手工造纸的秘密》照片和视频、《德国哈内姆勒造纸》现代造纸视频等，引发了孩子们对造纸的兴趣。另外，造纸术是中国四大发明之一，东汉时期的蔡伦对中国的造纸术进行了改进，发明了既便宜又实用的纸，比西方国家早了200多年，每个孩子都应该了解它，并为此感到自豪。因此，我设计了教学活动"造纸术的故事"。

②科学区小组探究活动"我们来造纸"

通过故事阅读和视频欣赏，孩子们对造纸活动产生了浓厚的兴趣，他们跃跃欲试。于是，我们购买了造纸框和大的盆、塑料筐等材料，开展了小组探究活动"我们来造纸"。

在造纸过程中，孩子们又有了新的发现，纸浆越碎，做出来的纸越漂亮；纸浆越烂，水多一点，但不能过多，做出来的纸越均匀。根据孩子们的发现，我们在区域中又提供了温水、捣臼、筷子、打蛋器等材料，让孩子们在区域活动中探究让餐巾纸变得更碎的方法。在纸浆中放多少水做出来的纸最漂亮呢？围绕这个问题，我们又为每组孩子提供相同数量的纸浆和量杯，请孩子边尝试边记录，把数学有机融入探究活动中。时值春季，鲜花烂漫，孩子们收集了各种鲜花和树叶，我们就让他们把鲜花融入纸画中，制作出了鲜花宣纸、鲜花纸浆画等。

3. 第三轮提问引发的探究——区域活动中材料的提供和指导策略应用

在制作纸的过程中，孩子们发现报纸纸浆做出来的纸灰暗、不美观，于是孩子们问：为什么报纸的纸浆是灰灰的、黑黑的？报纸的纸浆不能造纸怎么办？它能做什么？收废品的叔叔阿姨为什么要买报纸？这黑黑的报纸真的能造纸吗？造出来的纸是不是灰灰的或是黑黑的？

对于这些问题，我们采用了求助法，让孩子们向周围的人求助。很快，孩子们从不同的人那里得到了他们想要的答案。在此基础上，我们请孩子们思考，如何让报纸纸浆变漂亮的问题。我们有意识地在美工区投放了《美丽的纸浆画》的书，孩子们看了以后大受启发，纷纷开始制作起来。在纸浆制作过程中，孩子们发现纸浆干了以后就变成硬硬的一团，于是他们纷纷用纸浆制作各种东西。在制作过程中，孩子们发现，这些石头、苹果很容易"散架"。于是孩子们开始讨论："为什么我做的东西会散开？""有什么方法让它不散开来呢？"我们认为，这些问题完全可以借助孩子们已有的生活经验去解决。因此，我们在美工区投放了胶水、白胶等材料。在活动中，孩子们尝试了很多方法，如把胶水涂在制作好的作品上、把胶水或白胶与纸浆融合等，最后发现把白胶或胶水拌入纸浆中做出来的效果最好。报纸纸浆虽然容易做，但颜色灰暗，很多孩子们想弃之不用，我们采用了同样的方式，在美工区里投放了水粉、水彩、食用色素等。孩子们尝试了各种方法，如涂色、混合等，也获得了成功。有了这些材料，孩子们制作纸浆画的兴趣越来越浓厚，当纸浆不够时，他们会自己找材料、自己制作，玩得不亦乐乎。为了让孩子们感受纸浆画的美，我们还开展了欣赏活动"漂亮的纸浆画"。结合季节、节日开展了纸浆制作活动"糖葫芦""好玩的灯笼"等。

随着纸浆活动的不断深入，孩子们对纸浆的兴趣越来越浓厚。一次，嘉嘉和妈妈逛超市时，妈妈告诉他，一次性餐盒也是纸浆做的。回来后他把这个秘密告诉了其他小朋友，引发了孩子们寻找生活中纸浆制品的兴趣。其实纸浆作为环保材料，以其低成本、高环保的特点在生活中被越来越多地应用。除一次性餐盒外，一些蛋托、面具、包装盒等也是用纸浆做的。如何利用这个活动，实现最大的教育价值呢？对此，我们开展了"寻找生活中的纸制品"倡议活动。孩子们在家长的带领下，开始了"亲子快乐大搜索"模式。他们在商场、大型超市里不断搜寻，体验着发现目标时的惊喜和快乐。很多孩子还把搜索到的东西买来和大家分享。在集体交流分享的过程中，孩子们用清晰、连贯的语言讲述了自己的探究过程及探究结果。这既发展了孩子们的探究能力，同时也发展了孩子们的语言表达能力。

经过一系列的探究活动，孩子们对变废为宝的意义有了一定的了解。开始变得热心于变废为宝活动，于是我们开展了"寻找生活中的'宝藏'"活动。他们结合生活经验，积极寻找生活中能变废为宝的材料，并和家长一起探究这些废旧材料收集起来后有什么用。在家长的帮助下，孩子们用废旧材料制作了玩具、花盆、演唱服装等，不仅丰富了幼儿园的活动材料，更让孩子们体验到了变废为宝的乐趣。同时，孩子们对垃圾分类的重要性有了较为深刻的了解。他们会时不时地互相提醒："垃圾分类了吗？不要扔错哦！"

4. 活动反思

(1)关注幼儿问题，发现和拓展主题

这次课程设计给我的感受最深的是：幼儿是学习的主体，是课程主导者。教师是课程开展的支持者、合作者和推动者。课程的开发以幼儿原有经验为基础，教师从幼儿感兴趣的生活、实践中入手，观察发现幼儿的认知需求，根据幼儿的问题和兴趣点，选择合适的主题，并对该主题的教育价值、幼儿年龄特点、学习能力进行分析，最后生成主题。主题的生成不是事先已经设定好的，而是源于幼儿的需求，就像《寻找纸浆的秘密》这个课程，其源于幼儿的一次偶发性事件——发现皱纸在水中变成了纸浆。由于幼儿对这一现象非常感兴趣，教师通过对纸浆课程的价值分析以及幼儿年龄特点、学习能力的分析，确定了该主题，并根据幼儿已有的生活经验和认知水平、学习能力等预设活动框架。在主题开展过程中，教师一直在观察、了解幼儿的学习情况，他们的困惑、他们的问题、他们感兴趣的内容，并从幼儿众多的问题中，甄别、筛选有价值的问题，通过设计教学活动、投放相应的操作材料，引发幼儿进一步探究，拓展主题。因此课程的开发需要教师拥有"一双喜欢观察的眼睛，一对乐于倾听的耳朵，一个善于分析的大脑"，并时时关注幼儿的问题，把握好课程发展的方向。

(2)善于分析，合理设计，才能达到促进幼儿发展的目的

课程设计以幼儿提出的问题为导向，但教师的作用同样不可忽略。教师对幼儿提出的问题的甄别和价值判断的正确与否，直接影响着课程开发的价值。活动设计的安排，材料提供的合理性和有效性都对幼儿探究活动的开展和学习能力的提高有着积极的意义，如针对幼儿提出的"是不是所有的纸泡在水里都会变成小碎片？"这个问题，我们没有简单地为幼儿提供各种纸马上进行实验，而是采用"寻找纸宝宝""选择合适的纸""观察、记录纸的变化""分享、交流、归类"等手段，让幼儿在层层递进的设计中，在反复感知和运用已有经验解决问题的过程中，提升分析能力、判断能力、解决问题能力等，最大限度地发挥主观能动性，达到促进幼儿发展的目的。

(3)合理提供材料，提升自主学习的能力

在课程指导过程中，我们根据幼儿的能力，积极提供合适的操作材料，帮助幼儿在原有经验的基础上，自主建构新经验，获得新体验。例如，在制作纸的过程中，孩子们发现纸浆越碎，制作的纸越好，教师根据幼儿的需求，提供了温水、捣臼、筷子、打蛋器、搅拌机等材料工具，让幼儿根据需要，自主选择材料，把纸浆弄碎。在这个过程中，幼儿通过操作，感受到让纸浆变得更细腻的方法有很多，除用手搓以外，还可以借助工具，不同的工具会产生不同的效果，有些工具能让自己既省力，效果又好。在这个过程中，幼儿一直在积极主动地建构新经验，获得新体验。

5. 课程的开展提升了幼儿的问题意识和提问水平

在课程开展过程中，我们发现随着课程开展的不断深入，幼儿的问题越来越多，这些问题产生于幼儿探索或操作的过程，因此问题的针对性更强，也更具有操作和探究的价值。可见课程的设计和开展提升了幼儿的问题意识和提问水平。

6. 课程开发能使幼儿获得良好的发展

通过这个项目课程，我们发现其实幼儿远比我们想象的要聪明、能干、有韧性。他们对事物的好奇心和追根究底的执着，让我们感受到，即使是面临很大的困难，他们也会勇敢地接受挑战，想方设法去解决问题。他们在项目课程中所投入的热情和精神，能让他们自身所蕴含的能

179

量及能力迸发出来。而这种能量和能力的迸发最后使幼儿获得了良好的发展。

7. 存在的不足

在课程开展过程中，我们也发现了不少问题，主要是：

第一，教师指导策略相对比较单一，在后期的课程开发上，我们将在指导策略的多元化方面进行进一步的思考。第二，课程内容在五大领域的拓展上，还需要进一步探究。第三，课程开展形式如何更符合幼儿的需要，如何兼顾幼儿个体差异方面还需要进一步的思考。

在以后的课程开发上，我们要更好地关注幼儿的兴趣和需求，多分析幼儿的年龄特点，多分析课程内容，深入挖掘，多多思考，让每个幼儿有所发展、有所收获。

第九章

探究性课程——共生的环境

第一节　主题说明、主题目标、探究特点

一、主题说明

大自然是人类生存的家园，也是万物生存的环境。人类生存的环境按照属性分自然环境、人工环境和社会环境。自然环境可分为大气环境、水环境、土壤环境、地质环境和生物环境等。人工环境，是指在自然环境的基础上经过人的加工改造所形成的环境，或人为创造的环境。社会环境是指由人与人之间的各种社会关系所形成的环境。人与自然具有统一性和同构性。

共生又叫互利共生，是两种生物彼此互利地生存在一起，缺此失彼都不能生存的一类种间关系，是生物之间相互关系的高度发展。人与自然是一个生态系统，是一个生命共同体。这些环境的和谐共生是幼儿健康成长的重要因素。

幼儿有着独有的看世界的方式，他们不是用简单的因果逻辑和线性的思维看待世界。在生活中不难发现，幼儿会为了池塘里的小鱼死去而伤心落泪好半天，并寻找原因；对小燕子的秋去春回充满期待；还为狗狗的随地大小便感到烦恼；为身边的文明的行为和有爱的设施感到欣喜等。这些都是幼儿内心深处充满爱的最真实的表现。我们需要将这种发自幼儿本真的东西，通过一定的环境氛围和引导，鼓励幼儿用语言表达、用自己的行动去感染身边的人，用最纯真的善良与爱去感染心灵。

《3－6 岁儿童学习与发展指南》指出：3～4 岁幼儿能初步了解和体会动植物与人类的关系；4～5 岁幼儿能感知和发现不同季节的特点，体验动植物对人的影响；5～6 岁幼儿能初步了解人们的生活与生活环境的密切关系，知道尊重和珍惜生命，保护环境。

幼儿的生活经验和认知水平有限，这就需要我们教育者及时地将幼儿的这种情感做针对性的引导，将他们感兴趣的问题进行收集、整理，通过提供机会和支持让幼儿近距离地走进环境、了解环境，让幼儿大胆表达自己的发现和感受，用力所能及的行为保护有爱的设施设备，懂得人与自然、人与身边的环境密不可分，并喜欢做大自然的朋友。在这个过程中，感受人与自然、人与环境共生的美好，为幼儿一生的发展奠定基础。

二、主题目标

(一)主题目标

"共生的环境"主题活动的主题目标主要是帮助幼儿对大自然、周边的环境产生探究的兴趣；让幼儿喜欢做一些力所能及的事情，提高保护环境的意识；使幼儿初步懂得人与环境之间的关系，体悟人与自然的共生、共长。

(二)各年龄段目标

"共生的环境"主题活动针对幼儿园各年龄阶段的幼儿又有着不同的目标要求。它要求小班幼儿喜欢美好的自然环境，乐意参与亲近环境的活动，能用简单的语言表达自己的内心感受，初步懂得保护环境；要求中班幼儿学会运用多种感官，发现环境的美好，能运用简单的材料进行制作，体验变废为宝的乐趣，积极参与保护环境的活动，乐意从身边点滴事情做起；要求大班幼儿喜欢美好的环境，并能用各种方式表达自己的情感，能运用多感官参与创新制作活动，体验创客活动的乐趣，了解人与环境共发展的重要性，乐意参与人与环境和谐共生的行动。

三、探究特点

(一)在真实的生活环境中发现和探究

好奇、好问、好探究是幼儿认识周围事物的明显特征，幼儿在生活中遇到的问题才是真问题，幼儿可以把它们作为探究的对象，循序渐进地发现其中的奥秘，依托直观的经验，进行观察、实验、测量，发现环境与人们生活的关系。日常生活中，教师要善于捕捉幼儿感兴趣的点，进行探究。孩子们在日湖游玩时无意中看到岸边有几条漂浮着的小鱼，就开始猜测小鱼怎么了，为什么小鱼好好的就死去了呢？这一系列的疑问引发了孩子们对日湖水质追踪检测的活动。他们就开始怀疑或许是因为有人向湖里扔了垃圾，水变脏了，或许是因为小鱼被饿死了，要保护日湖的小鱼、保护日湖水的想法油然而生。当小燕子飞来在幼儿园的门厅攀爬区做窝，从此会导致美丽的大厅每天有鸟的便便，而且会影响孩子的游戏，可是善良纯真的孩子却觉得可以想办法让小燕子的便便落到自己设计的便便容器里，或是搭建一个网兜，把便便兜住。小燕子更像是他们的伙伴，他们觉得大自然的小动物就是他们最亲密的朋友。

只要我们成人善于发现教育的契机，及时地给予想法的支持和引导，儿童的世界就会更加美好，他们从中获得的品质会影响其一生的发展。

(二)在实践中制作和表达

幼儿认识周围事物的过程需经历提出问题，假设与猜想，制订计划，实验制作，分析、表达与交流，其中幼儿的制作是实现想法的重要途径，而表达是呈现他们内心想法和思维的重要方式。因此教师需要为幼儿创设宽松的氛围，提供适宜的支持，为幼儿的大胆表达和制作提供支架，这样的探究才能真正满足幼儿的内在需求。

在日湖公园游戏时，孩子们看到狗狗随地大小便，就想到了有什么好办法可以让狗狗有大小便的地方。孩子们的讨论开始了，他们开始设计各种各样的狗狗公厕。狗狗公厕的想法不仅使环境变干净了，而且为小树的成长提供了便便肥料。孩子们在大胆表达中分享着实验制作的乐趣，体悟着为打造美丽环境付出力所能及的力量的喜悦和成功体验。

我们培养的是善创造的幼儿,善字有"善良、擅长"的含义。用爱创造,用科技造福人类。造福环境,有利于实现环境友好。让幼儿"初步了解人们的生活与自然环境的密切关系,知道尊重和珍惜生命,保护环境"的重要性,感受世界万物的美好。这种情感的激发,应该是一种主动的内在需求,从身边的事物着手,让幼儿懂得我们的生活环境保护需要人人参与,我们与环境共生共长。

第二节　活动案例

一、亲亲日湖水　探秘日湖桥

(一)项目说明

宁波地处东海之滨,自古就与桥有着源远流长的联系。先祖们取木石为基,架桥为渡,千百年来,形成了丰富而独特的桥梁文化。我们的兴宁桥、琴桥、灵桥、江厦桥、甬江大桥、新江桥、解放桥、永丰桥、外滩大桥、庆丰桥……连接着这个城市最繁华、最喧嚣的地方。桥梁,最初是用来跨越江河的,如今还有架在十字路口的立交桥、人行天桥,这些桥不仅保证道路安全畅通,而且成了城市的漂亮建筑。

对于幼儿来说,桥蕴含着丰富的教育资源。首先,桥使我们的生活变得方便和快捷。离我们仅700米之遥的日湖公园里,就有大大小小、形态各异的40余座桥,成了幼儿探索发现"桥"的最佳学习场所。其次,桥是科学和艺术结合的产物,它有着丰富的形态,柔美的、庄严的、轻巧的、沉重的……无论是哪种,其造型的独特之处及材料的巧妙运用都透射出独特的力学原理,其设计和建筑艺术深深吸引着我们。最后,那些关于桥的美好故事、历史传说蕴含着丰富的文化。所以说,"桥"是一个集科学、艺术、社会、语言文化为一体的综合性项目活动。

(二)项目生成

本项目活动最初是由幼儿园"城市公园"课程引发的。距离甬港幼儿园不过700米的地方有宁波著名的日湖公园。日湖公园是一个开放型的城市公园,也是目前宁波城区最大的公园。公园总占地面积约0.436平方千米,水域面积约 0.155 平方千米，在约 0.146 平方千米的绿地区域内，种植了大量的银杏、水杉、香樟、合欢等乔木，丛林茂密。日湖公园的主要景点有桃溪观鱼、黄金沙滩、伊甸园、亲水平台、滨水廊道五大景点，环境宜人，课程资源丰富。所以我们经常带着孩子到日湖公园，走进自然、发现自然、拥抱自然。

记得一次在日湖关于"树"的游学活动中，孩子们在日湖的氧吧观察各种各样的树，探究着他们感兴趣的话题。忽然，一个孩子发现水杉林旁有很多桥：蜿蜒的廊桥、带台阶的木桥，拱形的桥、平面的桥……"你们看，这里有好多桥！""嗯，还是用木头造的桥。""其他地方还会有桥吗？"于是，在几个孩子的鼓动下，他们组成了一个探桥小分队，去寻找日湖公园里的桥。"桥"的探究活动由此生成。

(三)问题引发

在探寻日湖的桥之后，孩子们似乎意犹未尽，他们围绕着"桥"展开了非常激烈的讨论：

"为什么日湖有那么多的桥，有的弯弯曲曲，有的像个拱门？"

"我看到了一座石头桥，上面还刻着云，是云朵桥吗？"

"桥是怎么造出来的呢？"

"为什么桥的形状都是不一样的？"

"木头桥、竹子桥，下雨淋湿了，还能走吗？"

"我看到的桥晚上会发光，装了很多彩色的灯，可漂亮了。"

…………

从孩子们的讨论中可以看出，他们对"桥"有初步的感知经验，并具有浓厚的兴趣。在直接探寻中，自发地有了感兴趣的对象——"桥"。

(四)形成主题

"桥"项目活动可以开展哪些活动呢？从班级幼儿对桥的了解程度、探究能力、知识结构出发，我们和孩子们一起调查、分析、整理。追随探究的兴趣点，我们预设了三个板块的活动——日湖公园的桥、奇妙的桥实验、我心中的桥，并设计了活动目标、活动框架及主题活动内容、区域活动内容和主题墙的活动轨迹呈现等。由此及彼、由近及远将项目推进，支持孩子们通过多种途径和方式，了解、探究日湖、宁波乃至世界的桥梁和科学技术。

1. 项目活动目标

第一，初步认识桥，感受桥的多样性美，体验桥给人们生活带来的便利。

第二，通过观察与操作，探究桥的科学原理，并尝试用多种材料、方法设计、制作桥，探索使桥更牢固的方法，感受造桥工程的不易，体会劳动人民的勤劳和智慧。

第三，初步了解桥的演变过程以及蕴含的美好之意。

2. 项目活动框架

针对此次活动，我们设计了如图 9-1 所示的活动框架图。

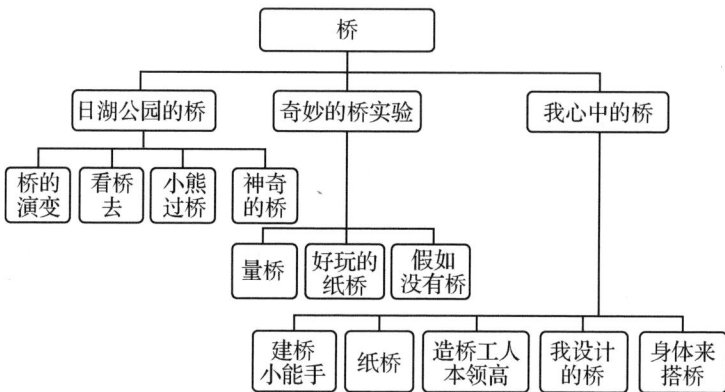

图 9-1 "桥"的活动框架图

3. 项目活动内容

(1)主题活动

表 9-1 "桥"的主题活动一览表

主题展开思路	活动名称	活动目标	侧重领域与涉及领域	活动场地
日湖公园的桥	日湖的桥（亲子活动）	认识日湖的桥，了解桥的基本结构和功能；对桥的分类感兴趣，积极参与讨论。	科学 社会 语言	日湖
	有趣的独木桥	了解独木桥是桥的最初形态，尝试在较矮的物体上平稳地走路，体验走独木桥的乐趣。	健康 社会 科学	幼儿园

主题展开思路	活动名称	活动目标	侧重领域与涉及领域	活动场地
日湖公园的桥	好看的石拱桥	欣赏油画,感受拱桥的形态美和小桥流水的宁静意境。	艺术 科学 语言	幼儿园
	小熊过桥	体会小熊走独木桥的心理,知道遇到困难要勇敢,不退缩。	语言 社会 艺术	幼儿园
	世界名桥	了解世界名桥的名称以及独特之处,感受造桥工艺的精湛。	社会	幼儿园
	宁波的名片——桥	尝试同伴合作,利用各种废旧材料进行宁波的桥的艺术创作。	艺术	幼儿园
	桥上桥下比一比	能用多种工具测量物体的长度并能用数字记录。	科学 语言	幼儿园
	假如没有桥	感受桥与环境、人的生活的关系。	社会 科学 艺术	幼儿园
	桥的过去、现在和未来	了解桥的发展历史,感受桥的变化。	社会 艺术 语言	幼儿园
奇妙的桥实验	猴子造桥	感受故事的趣味性,了解桥的功能和造桥需要的基本条件。	社会 科学 语言	幼儿园
	桥梁专家茅以升爷爷	知道茅以升是著名的桥梁专家,进一步理解桥梁牢固的重要性,并能积极地探索加固桥梁的办法。	社会 语言 科学	幼儿园
	桥的秘密	通过实验操作,感知影响纸桥承重的主要因素,理解桥的形状与承重之间的关系。	科学 社会 语言	日湖
	身体来搭桥	尝试用身体大胆地表现各种桥的形态。感受合作游戏,体验想象的乐趣。	健康 社会 艺术	日湖

主题展开思路	活动名称	活动目标	侧重领域与涉及领域	活动场地
奇妙的桥实验	用泥来塑桥	通过泥塑的方法，对桥进行全方位的立体表现。	社会 科学 健康	幼儿园
	图形来拼桥	感受梯形的基本特征，能用各种图形来合作拼桥。	科学 艺术 语言	幼儿园
	剪纸桥、折纸桥	尝试用剪纸、折纸的方式表现心中的桥梁。	艺术 语言	幼儿园
	搭桥过河	探究用小板凳搭桥过河的办法，锻炼身体的平衡能力。	健康 社会 科学	幼儿园
我心中的桥	亲亲外婆桥	学唱歌曲，通过表情、动作来表达歌曲抒情优美的意境，感受祖孙间的亲情。	语言 社会 艺术	幼儿园
	象鼻子桥	感受歌曲欢快的情绪，理解朋友之间相互帮助的美好情感。	语言 艺术 科学	幼儿园
	友谊桥	理解绘本内容，知道遇到问题时要与同伴友好协商，愿意接受他人的建议或意见。	语言 社会 健康	幼儿园
	我心中的桥	大胆想象，说出自己喜欢的桥，并用绘画的方式表达自己内心美好的愿望。	艺术 语言 科学	幼儿园
	桥的聚会（亲子活动）	能用多种材料来建构桥；享受和爸爸妈妈一起游戏的快乐。	社会 健康 艺术	日湖

(2)区域活动

①语言区

桥的故事我来说

——活动需要的材料：

桥的科普读物、图片、图书(《桥》《摇摇晃晃的桥》《小猴造桥》《象鼻子桥》)等。提供猴、兔子、大象、狐狸等指偶，独木桥、小河流、草地树林等立体布景道具等。

——可能引发的活动：

a. 请幼儿说说生活中有哪些桥，它们目的什么材料，是什么形状，建造在什么地方，桥上有什么，桥下有什么等。

b. 儿歌《小白兔过桥》以图文方式张贴在语言区，启发幼儿边念儿歌边进行指偶表演，还可以改编故事进行表演。

——对教师指导的建议：

a. 投放多种支撑材料，与幼儿共同创编和记录《小白兔过桥》的故事。

b. 共同制作故事中出现的小动物的指偶、手偶等。

②表演区

A. 小白兔过桥

——活动需要的材料：

猴、兔子、大象、狐狸等小动物指偶，独木桥、小河流、草地树林等立体布景道具，故事背景音乐和故事录音等。

——可能引发的活动：

a. 选择喜欢表演的伙伴，进行角色的分配和讨论。

b. 寻找适合的音乐，背景供表演情景剧使用。

——对教师指导的建议：

a. 与幼儿一起布置与儿歌内容相符的场景如独木桥、小河流等，让幼儿分别戴上小白兔、大象、狐狸指偶进行表演。

b. 幼儿将《小白兔过桥》改编成故事，教师用录音笔进行记录。

c. 幼儿利用语言区提供的其他道具和指偶，自主创编语言故事并进行指偶表演，如《小羊过桥》等，教师用录音笔记录。

B. 我和桥的故事

——活动需要的材料：

在表演区的墙面展示造型感十足的桥梁图片。提供纸板、麻绳等辅助材料。

——可能引发的活动：

a. 寻找伙伴，进行身体造桥的方案探讨。

b. 和同伴共同利用身体造桥，可以利用教师提供的辅助材料，为桥取名字，并说说设计的想法，拍照留念，供同伴欣赏学习，共同提高。

——对教师指导的建议：

a. 指导和帮助幼儿关注桥面的独特造型。

b. 鼓励幼儿互相协商合作进行身体造桥，从中感受扮演"建筑师"造桥的乐趣。

c. 为幼儿做好影像和文字的记录，作为同伴间分享的案例，让幼儿获得成功感和满足感。

③美工区

A. 小小造桥师

——活动需要的材料：

桥的制作图，剪刀、胶水、卡纸、瓦楞纸、纸板、吸管、游戏棒(冰棍棒)、牙膏盒、绳子、水彩笔、橡皮泥等材料与工具。

——可能引发的活动：

a. 观察美工区张贴的照片，自主设计桥的造型。

b. 自主选择自己喜欢的材料和工具，动手制作桥。如橡皮泥捏桥、卡纸做桥等。

c. 挑选合适的位置展示自己做好的桥，为桥取名字，同伴们相互欣赏。

——对教师指导的建议：

a. 指导和帮助有需要的幼儿初步学习打结、绕、绑等方法。

b. 鼓励幼儿运用多种材料进行创作，体验艺术创作的乐趣。

B. 我心中的桥

——活动需要的材料：

关于桥的视频以及照片，记号笔、水彩笔、油画棒等各种材料。

——可能引发的活动：

a. 观察美工区张贴的照片，自主设计桥的形态、颜色、功能。

b. 创作前，能够说说自己对心中的桥的设计想法，希望自己设计的桥能够带给人们怎样的便利。

c. 同伴间互相欣赏绘画作品，并交流自己对桥的解读。

——对教师指导的建议：

a. 引导幼儿观察桥的形态，关注桥的功能性。

b. 鼓励幼儿发挥想象，运用多种绘画方式进行创作。

C. 未来的桥

——活动需要的材料：

各种颜料、水粉笔、毛笔、墨汁、调色盘、油画棒、水粉纸、宣纸、刮画纸等美工材料与工具，水管制作的展示架。

——可能引发的活动：

a. 与同伴说说未来世界里桥的样子是怎样的以及周边的风景。

b. 选择自己喜欢的绘画材料与工具，围绕"未来的桥"大胆创作。

——对教师指导的建议：

a. 对幼儿的奇思妙想给予肯定。

b. 提醒幼儿要表现出未来桥的特别之处，例如：造桥的地点、桥的造型、颜色、功用等。

④科学区

A. 桥梁博物馆

——活动需要的材料：

展示各种各样的桥的模型，桥的演变过程图片。

——可能引发的活动：

a. 观察各种各样的桥的模型和图片，对比桥的形状、材料、用途，用记录的方式呈现桥的不同特征。

b. 寻找桥的历史发展过程，感受造桥工艺的卓越。

——对教师指导的建议：

a. 对幼儿的活动进行及时的肯定和资源的共享。

b. 和幼儿一起探究桥的发展史，并用展板的形式展出。

B. 纸桥的承重

——活动需要的材料：

同样大小的积木、雪花片若干，卡纸两张，纸和笔。

——可能引发的活动：

a. 两张卡纸，一张当桥墩，可以随意折叠。

b. 用自己喜欢的方式折叠好桥墩、桥面，然后在桥面上堆放积木块，记录下桥墩、桥面的折叠方式以及所能承重的积木块数量。

c. 换一种折叠桥墩或桥面的方式，继续做记录。

d. 完成记录后与同伴交流，观察比较哪种桥的承重力最强。

——对教师指导建议：

a. 提醒幼儿堆放积木时要轻拿轻放，有层次地叠加，避免随意堆放。

b. 指导幼儿用正确方式记录下桥墩或桥面的折叠方式和承重力。

C. 桥洞的秘密

——活动需要的材料：

kt 板两块，高度和宽度与卫生间里的水槽相同，在其中一块 kt 板的下部位置挖出三个直径为 4~5 厘米的拱桥；一个小脸盆。

——可能引发的活动：

a. 一名幼儿将无洞的 kt 板放在水槽的中段，另一名幼儿用脸盆接上半盆水，猛然朝着 kt 板倒入，观察 kt 板是否倒塌，感受手所承受的力。

b. 再将有拱桥的 kt 板卡在水槽中，用脸盆接上半盆水，猛然朝着 kt 板倒入，观察 kt 板是否倒翻，感受手所承受的力。

c. 如果都倒翻了，则脸盆里少接一点水或加长倒水的距离，继续做实验观察。

——对教师指导的建议：

a. 提醒幼儿先少接点水，倒水的位置与 kt 板的距离不宜太近。

b. 幼儿找同伴一起玩，中途应交换分工，使每名幼儿都能感受桥的不同受力。

⑤数学区

A. 几何图形的桥

——活动需要的材料：

各种几何图形若干，画有几何图形的白色底纸、固体胶、笔。

——可能引发的活动：

a. 在白色底纹的空白处，用几何图形自由拼搭桥，然后用固体胶固定。

b. 数一数各种图形分别有几个，将数量记录在白色底纹纸的相应图形旁边。

c. 将拼贴好的桥展示在数学区。

——对教师指导的建议：

a. 引导幼儿仔细观察，正确统计图形的数量。

b. 建构区内，展示网上下载来的各种桥的图片，也可以展示幼儿搭建的桥的作品，鼓励幼儿进一步自主模仿和搭建桥。

B. 桥的测量

——活动需要的材料：

长短不一的工具，如尺子、绳子、小棒、积塑 、纸条、笔、测量记录表等。

——可能引发的活动：

a. 尝试利用各种工具来量桥的长度，探索正确的测量方法。

b. 寻找最适合量桥的工具。

——对教师指导的建议：

a. 引导幼儿仔细观察，正确测量桥的长度。

b. 支持幼儿进行探索结果的分享。

（3）主题墙

①日湖里各种各样的桥

主要展示师幼共同收集的各种桥的图片，按照类别分区块张贴备注的名称。如按桥的不同类型分为拱桥、索桥等；按桥的不同材质分为木桥、石桥、砖桥等。幼儿在比较中初步发现桥的主要结构，如桥分为上部和下部，包括桥身、桥面、桥墩等，从中充分感受桥的多样性、造型美以及历史悠久。

②世界十大名桥

主要展示国内外著名的桥梁，图片下面配文字说明。如赵州桥、金门大桥、明石海峡大桥等，初步感受桥的建筑美与艺术美。

③我和桥的故事

主要展示幼儿合作用身体变出各种桥的照片，照片下面备注幼儿给桥取的名称，从中感受扮演"建筑师"造桥的乐趣。

④我心中的桥

主要展示幼儿用绘画方式表达的自己对桥的感受和体验，绘画作品下面可以备注幼儿对桥的解读。

（五）实践探究

1. 寻：日湖公园的桥

（1）日湖的桥——我是形象代言人

我们主要采取亲子踩点的形式进行，因为公园就在附近，亲子小团队经常在离园之后顺路走进公园开始考察。孩子们会选择自己最喜爱的桥，桥上桥下走一走、摸一摸、探一探，他们最感兴趣的是用照相机记录下桥的形态及桥周边的景物……无奈日湖很多桥没有名字，孩子们为了能更加形象地分享和表述自己找的桥，就有了属于他们独一无二的"桥的地图"。比如，在日湖公园周围或里面的桥就能够比较明显地进行呈现，当其他孩子根据地图找到了桥时，带给双方的成就感都是不小的。渐渐地，孩子们也会用这样的方式将宁波的桥梁进行分享介绍。

（2）日湖的桥——我给桥儿取名字

日湖的桥，孩子们最耳熟能详的便是"湖心桥"。为什么叫湖心桥呢？为什么其他桥没有名字呢？于是，桥的"取名大会"开始了。有的孩子延续先前根据桥的地理位置来取名，如沙滩桥、亭桥、湖边桥等；有的孩子根据桥的材料来取名，如石头桥、木板桥、水泥桥等；有的孩子根据桥的造型来取名，如彩虹桥、蛇桥、短桥、走廊桥等；还有的孩子根据桥上的雕刻形象来取名，如爱心桥、云朵桥、花儿桥等。"取名大会"大大开阔了孩子们的思路，这不仅带领着他们进一步走进日湖的桥，对桥的地理位置、建构材料和造型特点有进一步的认识，而且对桥的亲近感和友好情愫也油然而生。当然，桥最终的名字以孩子们的投票确定下来，于是，日湖公园的桥有了名字。

（3）日湖的桥——测测量量找"之最"

在孩子们多次走近日湖桥之后，他们对桥的探究兴趣已拓至桥的本身：数数一共有多少级台阶；用尺子、绳子等来测量一下台阶、桥栏的长度和宽度是多少；桥栏的数量等已成为孩子们乐此不疲的事。在一次次的测量中，孩子们找到了许多"日湖桥之最"。比如，台阶级数最多的桥、护栏最多的桥、最宽的桥、最长的桥……当然在这其中，孩子们还因为不同的测量工具结果不一样而发生了"争辩"，可正是这些争辩，让孩子们对桥的测量探究得更深入……

（4）日湖的桥——作画写生显其形

孩子们提议给桥来个写生。约上好伙伴，找一座自己最喜欢的桥，用自己的眼睛去观察，用自己的方式去表现……面对早已熟悉又有特别情感的桥，孩子们的写生让人大为惊叹。当然，也有部分孩子起初有点无从下笔，那么就从观察入手，感知桥的整体特征，然后进行局部观察，之后不同角度对比，最后是呈现细节。

幼儿自己的桥是形不似而神似，所以我们要听幼儿说画。"桥的展览会"中，大家有画说话，大胆地描绘和倾听着自己和同伴对桥的表达。这让我们更清楚地看到和听到孩子们对桥个性化的认知和特别的情感。这样的写生活动，我们会"更儿童"地开展下去！

(5)日湖的桥——桥的传说故事会

桥不仅实用美观，而且很多桥还有着丰厚的文化底蕴，由此衍生出过许多关于桥的典故、诗篇和成语。在"桥的传说故事会"中，恩恩分享道："在日湖有一座鸳鸯桥，这个名字好像没有确定下来，但大家都喜欢这么叫它。因为这座桥离日湖的婚庆广场很近，很多人来这里拍结婚照，家住附近的人也会在结婚的时候在鸳鸯桥上合影留念。"这是孩子们从日湖公园管理处负责人处了解到的。也许孩子们不知道什么叫鸳鸯见证爱情，但他们知道那是一条代表幸福的桥。还有很多孩子说起了宁波最有名的古桥"老江桥"。

就这样，追随着孩子们的兴趣点，我们一起走进了日湖公园。桥上桥下走一走、摸一摸、探一探，给桥取个名字，用照相机记录下桥的形态，量量哪座桥最长，数数桥上一共有多少级台阶，画画自己最喜欢的桥，听爷爷奶奶讲讲桥的故事……同伴合作、自然测量、大胆描绘，在对桥的个性化认知中，我们打破了时间的桎梏、学习场的桎梏和活动既定内容的桎梏，孩子们沉浸在自己设计的活动中，和桥之间有了一种说不出的微妙的情感。

2. 探：奇妙的桥实验

活动在不断地继续着……"桥，为什么这么牢固，车也可以在上面开？"在了解日湖公园桥的基础上，孩子们的"奇妙的桥实验"拉开了序幕。

(1)实验一：桥的一身"缺一不可"

桥实验从建构一座桥开始，重点探究是"先有桥墩还是先有桥面"。很多孩子都倾向桥面设计好才能确定桥墩，而实际上承重较好的桥都是先将桥墩建好，再将桥面"放上"，原因之一是可以更好地把握桥墩间的距离和桥面的用料量，其二是避免桥面和桥墩之间不稳固。孩子们最大的感悟便是：原来不同的桥墩距离，不仅影响桥面的长度也关系到桥面的厚度(抗压性)。

(2)实验二：桥的力量"何其之大"

做桥的承重实验，是孩子们最乐此不疲的事情了。在"纸桥的力量大"中，孩子们会自主寻找活动所需的材料，并不断地尝试和发现。

实验"硬币桥"，是一座可以支撑100枚硬币的大桥。挑战是什么呢？建造大桥的材料只能是一张打印纸和5个回形针。孩子们在不断地重复实验中思考：如何通过折叠、弯曲、撕开、卷起、缠绕或扭转等方式提高纸张的强度？如何布局5个回形针来增加桥的稳定性和强度？

(3)实验三：桥墩桥洞"深藏不露"

关于桥洞的秘密，一个实验虽然很简单，却让孩子们深感桥洞的本领：一张长条纸，两端向下折成一座小桥。趴在桌上，嘴对桥洞使劲地吹气，结果会是怎样呢？

桥墩是桥的重要组成部分，桥墩的作用就如房子的地基般。实验"让力量与你同在"，是一个关于桥墩承受力的实验。你能够站在用纸巾筒做成的各种大梁上，但同时又不至于让你的体重将纸巾筒压扁吗？或许你可以试一试。

所以这个实验我们可以设计一个相关的表格，当孩子们做完实验一看表：哪个纸巾筒垮掉了？那么有关各种不同的建筑材料的强度结果也就显而易见了。我们可以引导幼儿思考如何使用不同的材料来影响强度。

这些实验中，孩子们有关注桥的组成的：先有桥墩还是先有桥面？有关注桥的力量的：不同的桥墩距离有什么作用？桥面的长度和桥的厚度之间有什么关系？更有聚焦桥洞秘密的：为什么要设计不同材质、形状的桥洞？为什么高架桥桥墩很大，但与桥面接触的地方，却是很小的像垫片一样的东西？一个个问题，在持续的、直接的实验中被探寻着。虽然面临挑战，但孩子们走进了课程，成了主角，探寻着"桥"的秘密，而我们则在活动中更深入地认识着每一个孩子，不断支持和强化着他们各个领域的学习，培养着孩子们天生喜欢探究的那种气质。

这些在我们课程之外也可以做，而我们做的意义除了其序列性和系统性之外，更多是因为它来源于日湖桥，在其探究的中期和后期又回归于日湖和生活中的桥。孩子们又有了新的疑问："拱桥的力量大，可是宁波为什么有那么多梁桥？""很多梁桥下面还藏着小拱桥，是为了让更多的车可以通过吗？"在这样循环往复的过程中，带给孩子的关于桥的认知和经验是真正服务于生活的，基于此，他们在实验中生发出了智慧与快乐。

3. 造：我心中的桥

(1)桥的游戏——玩起来

游戏是幼儿的天性。关于桥的游戏，有预设的、有生成的、还有自发的；有个人的、集体的，也有亲子形式的；有健康类的，也有语言类、益智类的等。我们重点以健康类桥的游戏展开介绍，详见表9-3。

表9-3 "我与桥儿做游戏"之健康篇

类型			内容和玩法	意义
搭座桥儿做运动	预设类		"过桥洞""鸭子上桥""小羊过桥""变个花样过小桥""过桥摘果""小桥摇摇摇""多变的桥""小心，桥下有鳄鱼""勇过绳索桥""过河拆桥"等。	为锻炼身体的平衡性、提高动作的协调性、促进同伴的合作性，我们充分利用游戏情境，主要以比赛形式，引导幼儿在其中摸索、探究、掌握要领，并以激励性策略让幼儿在搭桥、玩桥中爱上运动。
	自发类	一种材料的桥	例："乌龟壳"大变身——将一个个"乌龟壳"连在一起，一座简易的长桥快速形成。提高难度的方法是增大材料间距，将其放在软垫上，这对平衡性提出了更高的要求。	此类游戏只要是类似梅花桩等的游戏材料皆可，同时还可以通过材料间的高低排列来增加游戏的挑战性。
		多种材料的桥	例：轮胎和梯子的组合——轮胎做桥墩，梯子做桥面。为了让游戏更具有挑战性，桥墩可以变高（关键在于稳），桥面可以加长（关键是加桥墩）。	此类游戏关键在于材料间组合的适宜性。要搭建一座坚固、安全、好玩的桥，需要孩子动作和思维的共同参与。活动能较好地体现孩子们的探索能力、创新精神和合作意识，这也决定了游戏的多样性，孩子们在其中认识自我，增强自信。
		身体来变桥	游戏简单却非常多样和有趣。起初孩子们只是三三两两在尝试用身体变座桥，结果一变变出了花样：手臂搭桥（平行和交叉的、2人至4人的）、小脚来搭桥、用背来搭桥、背着也能搭桥……而且身体姿势不一样，出来的造型就非常多样。	此类游戏的互动性强，能吸引孩子们的积极参与，而他们在这其中学习着与同伴之间的协调、合作、谦让等，这让这个游戏的生命力无限延续着，最后孩子们决定来场"桥儿来奔跑"的游戏，将整个游戏推入高潮。

类型	内容和玩法	意义
传统游戏桥上玩	如："两人三足桥上玩"。"两人三足"是幼儿非常喜欢的一种民间游戏，它能锻炼幼儿的下肢力量，发展身体的协调性和肢体力量，而且由于其成功的秘诀在于按节奏同步前进，所以也是非常考验团队合作能力的趣味游戏。放在桥上玩既是挑战，又能更好地把握节奏，生生、亲子的形式都令人意犹未尽。	民间游戏具有浓厚区域文化气息，玩法简单易学，趣味性强，材料简便，不受人教数场地、环境限制，需要我们去传承。殊不知，在桥上玩民间游戏又别有一番风味。 此类游戏非常多，如"盲人过桥""桥上走高靴""跳房子""跳竹竿""滚铁环"等。我们充分挖掘日湖的桥资源，根据游戏的场地选择不同的桥，把这些游戏进行得淋漓尽致。

(2)桥的家族——建起来

用各类积塑和辅助材料搭建桥一直是孩子们很感兴趣、很有成就感的一项活动，那些简单的几何形体经随意拼接、摆弄就可以变成各式各样自己喜欢的桥。然而小小造桥者们并不是瞎忙活，他们的忙活让我们看到了"学习进阶性"，积塑建构水平的进阶、积塑空间组合能力的进阶，当然也意味着所呈现桥的形态、功能等方面的进阶。

在孩子们建构能力不断提升的同时，他们逐步形成了建构桥的基本步骤：选址、设计、施工、装饰、验收。就这样，孩子们实实在在当了一回小小造桥者，"长长的桥""高个子的桥""结实的拱桥""会拐弯的桥""不翻车的桥""漂亮的人行天桥""四通八达的立交桥"……他们常常舍不得拆掉辛辛苦苦搭建的"大桥"，于是"大桥"就会在区域中吸引孩子们的驻足。我们为孩子们贴上"建筑师"的名字，也会把桥一一拍摄下来，加入"桥的大家族"。

随着孩子们对建桥活动的深入，他们产生了建造一座"真实桥"的想法。经过讨论和征求家长与孩子们的意见，我们决定进行一次亲子共同建桥的活动。通过活动前期的资料收集、材料准备，活动中的分工明确、团结协作，活动后的介绍及检验等，最后以"实用美观"为标准，由幼儿投票产生了本次的"桥冠军"。真实的造桥活动，带给孩子们更多造桥的别样情怀。

就这样，在探究活动的推进中，孩子们从单一材料的桥到综合材料的桥，从只是观赏的桥到可以在上面行走的桥……在一次次的造桥中，孩子们自发地探索、选择、建构，真是不亦乐乎。而我们则看到了他们不断螺旋上升的"学习进阶"：建构水平、设计能力、材料选择、同伴合作、责任担当的进阶……

4. 后续：桥的设计活动

沉浸在"桥"的探究活动中的孩子们，把自己化身为"桥梁设计师"，憧憬着美好的未来。

跟随着课程的推进，孩子们已不满足于搭建一座见过的桥，他们越来越需要设计一座属于自己梦想中的桥梁，而建构区材料已实现不了他们的远大抱负。于是孩子们转战"桥的创意俱乐部"，开始大展身手，画桥、剪纸桥、折纸桥、泥塑桥都已不在话下。每座桥少则一次游戏活动时间，多则好几次，有的孩子还会求助家长实现自己的想法。成功后孩子们会挑选合适的位置展示自己做好的桥，和小伙伴一起欣赏、为桥取名字，或是胸有成竹地和朋友们分享着他们"心中的桥"。看看孩子们设计的桥："我的桥装上了太阳伞和喷雾气，夏天可以让过路的人凉快点。""我的桥可以移动，哪里堵了就可以到哪里。""我的桥可以折叠和升降，不用的时候收起来不占地方。"……

沉浸在"桥"的创想活动中的孩子们，既感受着作为"设计师"的乐趣，又进一步体会着"造桥"的科学性和艺术性，还有造桥者的心情和精神，而我们也对孩子们的每一个成长过程惊喜并感动着。探究性的项目活动中，我们给了孩子们最大的自由建构自身学习的目标、范围与空间，让孩子们视自己为成功的学习者，相信他们将来也会是成功的学习者。

二、暖暖大家园　探秘燕朋友

（一）项目说明

"燕子"这个课程实例来源于一个偶然的春日，幼儿园的门厅迎来了这样一位不速之客。这是一个周一的早上，门卫奶奶早早地开始扫地、整理，迎接小朋友来园，起初她并没有在意，只是边扫地边抱怨："门厅哪来的鸟大便，怎么回事？"她四下寻找，发现门厅墙上的支架处，留下了一点黑色的东西。拥有丰富生活经验的门卫奶奶便向上班来的每一位老师讲述她的烦心事——燕子来门厅做窝了，地上弄得乱七八糟的。

这件事很快在老师群里被热烈讨论，大家都表达着自己的惊奇。但是考虑到燕子做窝的地方——支架，正好是孩子们室内拓展攀爬活动的工具。为了保证孩子们活动的需要和安全，我们决定给燕子制造点麻烦，让它主动放弃，换一个地方去做窝。于是一场赶走燕子的行动就开始了。考虑到燕子都是趁着没有人的时间来的，在下午放学后，门卫保安师傅关闭了通向门厅的两个卷帘门，没有门的一个通道也用一大块屏风挡住了。本以为小燕子会因此放弃来做窝，谁料想第二天门卫奶奶向大家讲述了昨晚燕子拼命要飞进门厅做窝的故事。两只小燕子不断尝试飞入门厅的三个入口，在屏风的小缝隙处不断尝试却没有成功，晚上、白天在幼儿园的操场留恋徘徊，不愿离开。这一次又引发了，全体老师的议论。"小燕子这样会受伤吗？""要不还是让它留下来做窝吧，说明我们这里环境好。""是呀是呀，孩子们肯定会很喜欢小燕子的，也会同意让小燕子留下做窝。""那室内拓展游戏就不能玩了，怎么办？"看到不愿放弃的小燕子，大家有些动容，但是面对幼儿园正在开展的室内拓展活动和燕子做窝之间的矛盾，谁去谁留？

"如果留下燕子，那我们是不是可以进行燕子的项目活动呢？"一个老师的声音得到了大家的关注。古往今来，燕子与人们一直保持着良好的关系，燕子在过去的农耕生活中一直扮演着重要的角色。农家常视在屋檐下的燕子为重要的"家庭成员"，因为"燕来有喜"。在他们眼中，燕子筑巢象征着幸福和运气即将到来。除此之外，燕子不仅可以捕捉害虫，保护农田和庄稼，长期观察燕子的生活习性的人类还得出"燕子低飞要下雨"的俗语，更体现了燕子在人类生活和劳动中的作用。尽管我们很少伤害象征吉祥的燕子，但近年来由于住房的改建，空气、河流、土地的污染，杀虫剂使用后虫类减少等，都导致了燕子生存环境日渐恶劣，它们的生存空间一步步被压缩。于是，我们渐渐发现，过去常飞入人家的燕子越来越少了，孩子们也几乎没有亲眼见过燕子。

宁波位于中国的东南部沿海城市，属于亚热带季风气候，夏季高温多雨，冬季温和少雨。由于宁波冬季的温度不适宜燕子的生存，它们会在9～10月成群结队飞往南方，来年2月再向北迁徙，在3月左右重回到浙江及长江下游一带，并于 5～7 月进行繁衍。留下燕子不仅可以近距离观察它们的外形特征、燕子做窝的过程、需要的材料、做窝的方法，甚至还能看到燕子宝宝。同时，我们相信所有家庭中长辈的资源和力量，能带给我们更多的分享。在对价值进行了初步的分析与判断后，我们得出结论：如果将小燕子作为孩子们走进春天、认识春天的使者，开展相关的项目活动对孩子而言是很有意义的。

（二）项目生成

1. 项目活动目标

第一，在燕子筑巢、繁衍的过程中，观察、探究燕子的外形特征、生活习性和生长过程，产生对燕子的喜爱之情。

第二，欣赏与燕子相关的艺术作品，乐于用多种方式表现自己对燕子的认识和感受。

第三，懂得燕子是人类的好朋友，了解燕子的现实生存状况，树立保护燕子的意识。

2. 项目活动框架

针对这次活动，我们设计了如图 9-2 所示的活动框架图。

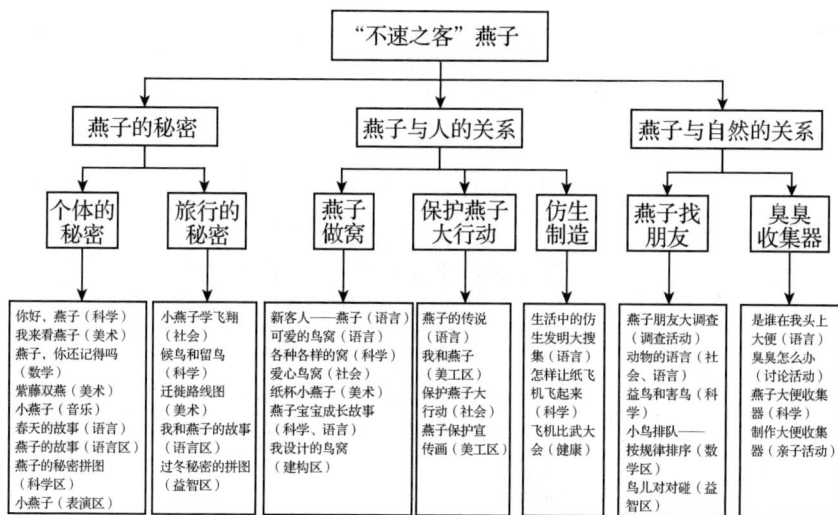

图 9-2　"燕子"活动框架图

3. 项目活动内容

(1)主题内容

表9-4 "燕子"主题活动一览表

主题展开思路		活动名称	活动目标	侧重领域与涉及领域	活动场地
燕子的秘密	个体的秘密	你好，燕子	初步了解燕子的外形特征及生活习性与生长过程，激发对小燕子的喜爱之情。	科学语言	班级
		我来看燕子	观察燕子的外形特征，并尝试用喜欢的方式表现可爱的燕子的不同状态。	美术语言	门厅
		燕子，你还记得吗	通过绘本故事，探索自然界存在的规律。	数学语言	班级
		紫藤双燕	欣赏国画《紫藤双燕》，感受传统艺术的魅力。	美术语言 社会	班级
		小燕子	在活泼有趣的情境中，尝试多种形式表现出两段音乐不同的演唱风格。	音乐社会	班级
		春天的故事	理解诗歌的语言和意境美，尝试有表情地朗诵。进一步了解春天的季节特征。	语言（诗歌）社会	班级
	旅行的秘密	小燕子学飞翔	感知小燕子学飞翔的过程，学会遇到困难不害怕，勇敢面对的精神。	社会科学	班级
		候鸟和留鸟	了解常见的留鸟和候鸟，对候鸟迁徙的现象产生探究的兴趣。	科学语言 社会	班级
		迁徙路线图	尝试在地图上感知燕子迁徙的方向，并尝试用自己喜欢的方式绘制路线图和沿途的特色风景与建筑。	美术	班级

主题展开思路		活动名称	活动目标	侧重领域与涉及领域	活动场地
燕子与人的关系	燕子做窝	新客人——燕子	能用简单的语言说出观察到的燕子的样子和特点。知道燕子是人类的朋友,我们要和燕子和睦相处。	语言 社会	门厅
		可爱的鸟窝	通过观察感知燕子筑巢的过程和燕子筑巢的方法与材料。	语言 社会 健康	班级
		各种各样的窝	了解常见动物的不同做窝的方式,探究不同形状、地方的窝的作用和特点。	科学 语言	班级
		爱心鸟窝	对鸟窝有进一步的了解,尝试为燕子提供合适的材料,供它筑巢。	社会 语言 科学	班级
		纸杯小燕子	尝试用纸杯、绘画、粘贴等多种方式表现燕子的不同形态。	美术 语言	班级
		燕子宝宝成长故事	通过观察记录,探究燕子宝宝的成长过程,对燕子产生探究的兴趣。	科学 语言	班级
	保护燕子大行动	燕子的传说	通过故事了解燕子在民间故事中的寓意,对燕子产生喜爱之情。	语言	班级
		我和燕子	尝试用绘画的方式表现"我"和燕子在一起的有趣的故事。	美术	班级
		保护燕子大行动	知道燕子是益鸟,燕子对于我们生活的重要作用,产生保护燕子的情感并尝试制作鸟窝标语来保护燕子。	社会	班级
	仿生制造	生活中的仿生发明大搜集	能大胆表达自己生活中见过的仿生发明的物品。	语言	班级
		怎样让纸机飞起来	尝试用多种方式让纸飞机飞起来。观察纸飞机的飞行状态,能尝试改进飞机。	科学 美工	班级
		飞机比武大会	观察并比较纸飞机的飞行方式,喜欢参加竞赛游戏。	健康	操场

主题展开思路		活动名称	活动目标	侧重领域与涉及领域	活动场地
燕子与自然的关系	与其他动物的关系	动物的语言	知道"燕子低飞要下雨"这样有关动物的特殊语言。	社会 语言	班级
		益鸟和害鸟	区别益鸟和害鸟，知道昆虫与人们的关系，了解一些保护益鸟的方法。	科学 语言 社会	班级
	与环境的关系	是谁在我头上大便	知道不同动物有不同颜色、形状的粪便。了解粪便也是有用的。	语言 社会	班级
		燕子大便收集器	尝试不断调整收集器的位置和样子，收集燕子大便进行回收利用。	科学 社会	门厅

(2)区域活动

①语言区

燕子的故事

——活动需要的材料：

有关燕子的故事书、绘本《燕子的四季》《燕子为什么向南飞》《燕子，你还记得吗》等，燕子的生长过程图片等。提供地图，燕子手偶，湖面、田野、林间的幼儿绘画背景图。

——可能引发的活动：

a. 说说燕子的生长过程，它们是什么样的、燕子一年筑巢三次，都是为了下蛋迎接小生命的到来，每个巢窝只住一次，等到小燕子长大能飞时就弃窝而去。燕子筑窝大概 45 日，7～10 日下蛋，用 15 日左右孵蛋，出世的小燕子会在 45～50 日后飞走。这一段过程前后时间约 110 日。

b. 散文诗《春天的故事》，以图文方式贴在语言区，启发幼儿边看图谱边表演指偶，还可以进行仿编。

c. 自制绘本《小燕子》，尝试绘制观察到的小燕子或者自己喜欢的小燕子，进行故事书制作。

——对教师指导的建议：

a. 多提供一些春天典型动物、植物的图片，为幼儿仿编提供充分的图谱支架。

b. 共同制作表演的小动物指偶和背景图片等。

②科学区

燕子的秘密拼图

——活动需要的材料：

燕子身体秘密、旅行的秘密图片拼图。

——可能引发的活动：

a. 观察燕子身体的局部画面，完成拼图。

b. 尝试边拼边讲述碎片中燕子的外形特点和小秘密。

——对教师指导的建议：

a. 引导幼儿仔细观察燕子身体秘密的碎片，并鼓励幼儿大胆和同伴分享自己的发现。

b. 不断更换图片或者增加拼图的片数，或者采用幼儿绘画作为拼图来增加幼儿游戏的持续性。

③表演区

歌曲《小燕子》

——活动需要的材料：

《小燕子》的节奏音乐，形象生动的歌词图谱，小燕子装扮、头饰若干。

——可能引发的活动：

选择喜欢表演的伙伴，进行歌唱表演。

——对教师指导的建议：

a. 引导幼儿感受歌曲《小燕子》中 A 段的优美抒情和 B 段的活泼热情，大胆演唱歌曲。

b. 在活泼有趣的情境中，能多形式地表现出两段音乐不同的演唱风格。

④美工区

可爱的小燕子

——活动需要的材料：

纸杯、黑色卡纸、活动眼珠、记号笔、各色彩纸、画笔、太空泥等。

——可能引发的活动：

a. 观察美工区张贴的照片，尝试用合适的材料制作不用形态的燕子。

b. 自主选择自己喜欢的工具，动手制作纸杯燕子、泥工燕子等。

c. 将作品放在展示区进行展示，并向同伴大胆介绍自己的作品。

——对教师指导的建议：

a. 鼓励幼儿运用多种材料进行创作，体验艺术创造的乐趣。

b. 能根据图示，尝试制作纸杯燕子，并进行大胆的创作。

B. 我和燕子的故事

——活动需要的材料：

有关燕子的视频、照片，记号笔、蜡笔等。

——可能引发的活动：

a. 观察燕子的照片，说说自己最感兴趣的燕子的事情。

b. 向同伴介绍自己和燕子的故事，并交流对图画的解读。

——对教师指导的建议：

a. 引导幼儿观察燕子的形态，关注燕子飞行时和停下来时不同的外形。

b. 鼓励幼儿大胆发挥想象，运用粘贴、绘画等多种方式。

⑤数学区

按规律排序

——活动需要的材料：

燕子、麻雀、啄木鸟，春天的小花、小草、大树等图片卡，春天背景图。

——可能引发的活动：

a. 能根据已有的图片卡的排列规律，找出规律接下去排列。

b. 选择喜欢的春天背景图，选择喜欢的动物和植物进行有规律的排序。

——对教师指导的建议：

a. 引导幼儿先仔细观察已有图片卡的排列规律，并用语言大胆表达。

b. 鼓励幼儿用多种方式对喜欢的事物有规律地排列。如 ABAB、ABCABC、ABAC 等。

⑥建构区

A. 我设计的鸟窝

——活动需要的材料：

建构积木、纸杯、树枝、硬纸板片、插塑积木等。

——可能引发的活动：

a. 观察图片，了解不同鸟窝的特点，设计自己喜欢的鸟窝。

b. 尝试用各种主材和辅助材料，搭建圆形、多边形的鸟窝。

——对教师指导的建议：

a. 幼儿建构前要丰富幼儿对鸟窝的认知，在建构区贴上各种形态的鸟窝，供幼儿学习参考。

b. 鼓励幼儿使用各种辅助材料的组合，搭建造型各异的鸟窝，并丰富春天的场景。

⑦益智区

鸟儿对对碰

——活动需要的材料：

候鸟和留鸟图片棋、益鸟和害鸟图片棋，底板若干。

——可能引发的活动：

a. 配对游戏，根据图片进行候鸟或者留鸟、益鸟或者害鸟的配对游戏。

b. 翻棋游戏，翻到一样的棋子，适当移动，相同棋碰在一起拿走，并要准确说出是益鸟还是害鸟、候鸟还是留鸟，才能拿走两个棋子，棋子多者赢。

——对教师指导的建议：可以不断更新鸟类图片来增加难度。

（3）主题墙

①燕子朋友大调查

主要呈现幼儿的问卷调查和幼儿有关燕子的已有经验。具体从燕子的外形特征、"我"知道的燕子的小秘密等方面展开，充分调动幼儿对燕子探究的兴趣。

②燕子的秘密

主要展示主题教学活动后，有关燕子个体的秘密的内容。还有师幼共同收集到的相关资料。如燕子的生长过程图，介绍燕子从蛋孵化成雏鸟到成鸟的过程。如神奇的燕窝，幼儿回家通过多种途径查找资料，并向集体介绍后在主题墙上以图文结合的方式呈现。

③燕子的旅行

主要展示燕子在秋季成群结队地由北方飞向遥远的南方，在春天由南向北，南北大迁徙的路径图和迁徙路上有趣的小秘密以及幼儿的所思所想。以更加清晰的图文并茂的方式展示南北迁徙的旅行，从而激发幼儿对于动物迁徙的探究兴趣。

④我和燕子的故事

主要记录幼儿园大厅的燕子筑巢的过程和燕子筑巢过程中幼儿观察发现的秘密和有趣的故事。如"我帮燕子来筑巢""燕子大便收集器"，以探究故事的方式不断推进和呈现。在"我和燕子的故事"中，不断促进幼儿的思维能力、表达能力、动手能力的发展。

⑤可爱的燕子

主要展示幼儿用绘画、手工等艺术表现手法表达的自己对燕子的感知和喜欢。绘画作品下面可以备注幼儿的语言解读。

(4)家长工作

首先，主题活动期间，推动家园联合，请家长与孩子共同查阅、搜集相关资料，如燕子迁徙的秘密、各种仿生发明等。

其次，请家长积极参与、配合班级活动，如为孩子的"保护燕子大行动"共同出谋划策。

(三)实践探究

1. 燕子的秘密

(1)燕子的秘密——你好，燕子

在项目的进展过程中，我们主要采用小组学习的形式。因为小燕子每天在幼儿园门厅飞进飞出，在墙壁上筑巢，既能观察到动态的飞行状态又能观察到比较静态的筑巢情况，孩子们有充足的时间、机会去细致观察小燕子的外形特征及生活习性和生长的过程。孩子们通过小组的观察记录、回家的资料收集，一段时间后再进行科学活动"你好，燕子"。用集体的分享交流，将个别零散的经验(发现的、查找到的)，逐步建构成相对完整的燕子外形特征、生活习性的经验。这种陪伴式的观察学习，替代以前的图片认识，更好地让幼儿在观察中主动学习、主动架构新经验，并且真正激发对小燕子的喜爱之情。

(2)燕子的秘密——燕子的日记

原本预设的美术活动是通过观察，引导孩子用自己喜欢的方式画下燕子的不同形态。但在活动后，他们对于画燕子仍然充满兴趣。在每天观察燕子的时间，为了不影响燕子、不吓到燕子，孩子们喜欢用画笔画下他们观察到的燕子。在自主游戏时间，孩子们也会想起小燕子，想想它们在做窝找干草、小树枝过程中可能发生的有趣的故事。"燕子的日记"活动便自然地开始，以小组日记的方式，大家一同画出了"小燕子在甬港的日记"。

(3)旅行的秘密——迁徙的燕子

孩子们对于小燕子"年年春天到这里"的现象提出了很多的问题。"为什么小燕子春天要飞到南方？""它们不能一直生活在我们这里吗？"……看来孩子们对于候鸟和留鸟有了认知的兴趣，而且知道了有些鸟是一直生活在一个地方，也知道了像小燕子这样的鸟是要迁徙的。就和主题开始的预设一样，孩子们通过科学活动"候鸟和留鸟"，对候鸟的迁徙产生了更多的好奇、疑问。绘本《小燕子学飞翔》，让孩子们了解迁徙背后的故事，也感受到了小燕子勇敢坚强的品质。顺着孩子们的兴趣点，借助他们带来的地球仪、绘本故事，我们还绘制了迁徙的路线图。

2. 燕子与人的关系

(1)我和燕子朋友——燕子做窝

燕子做窝一直都是最受孩子们关注的话题。从发现黑色的不明物的猜想，到燕子做窝的材料、方法、结构，到燕子大便的处理，再到小燕子出生……在两只燕子一天又一天的做窝过程中，我们对燕子做窝、燕子的秘密的探究也在不断深入。

孩子们对于如何筑巢的问题特别感兴趣，开始记录燕子筑巢的过程。豆豆通过掉落的小树枝，发现了筑巢材料的秘密。阳阳查资料后向大家分享燕子用口水黏合的秘密。凯凯通过迁移经验发现了燕子筑巢需要找到支架，选择位置的秘密。

不久之后，两只燕子就完成了精心之作——鸟巢，一个半包围状的精美的窝。想到燕子们就用一张小小的嘴巴完成了大作，孩子们对于燕子产生了更多的情愫，因为了解而更加喜欢，因为了解而成为朋友。幼儿园的孩子们一有空就喜欢来看燕子，燕子也似乎知道一样，不时地探出脑袋来看看。孩子们因此讨论得更热烈了，也会有孩子说："嘘，别吓到小燕子，它会害怕的。"暖暖的味道在幼儿园的门厅荡漾。

故事还在继续，又过了几天……

"这是什么？闻起来有点臭臭的？"

"可能是什么小动物留下的大便吧。"

"对了，是燕子，肯定是它。"

大家发现了更多的蛛丝马迹，锁定了这个捣蛋鬼就是燕子！

于是，孩子们开始想办法解决粪便的问题。粪便收集器的活动便如火如荼地开始了。孩子们设计了很多不同的收集器，并画下了样图，经过投票选择，最后决定用一块小木板挡在鸟巢下面，接住掉下来的大便。

(2)保护燕子大行动

在与燕子的相处中，轻轻的嘘声、安静的观察、情不自禁的赞美，这一切一切的经历，让孩子们与燕子建立起浓厚的情感，也让保护燕子大行动变得更加有血有肉。

3. 燕子与自然的关系

在和燕子相处的过程中，小朋友们都想给两只燕子的宝宝小燕子喂食。对于小燕子喜欢吃什么的问题，他们经过一番讨论和查找资料，知道小燕子以蚊蝇等昆虫为主食。这样益鸟和害鸟的活动便顺利进行了。

4. 后续活动

小燕子有着惊人的记忆能力，无论迁徙飞多远的路，哪怕隔千山万水，它们也能够靠着记忆往返故乡。只要没有遭到人为破坏或者天敌威胁，燕子都会回到原来的窝。在来年的春天，燕子迁徙回来，它们还是原来的燕子吗？燕子为什么经过那么远的路还记得自己的窝呢？诸如此类的问题，令孩子们对燕子的这个特点有了更多的思考。

5. 活动反思

通过这场与燕子偶然的遇见，我们抓住生命教育的契机，让孩子们在对燕子的探究中，从生命本质的探求开始，认识和尊重生命，努力关注和照顾自己、他人和世界。同时也从孩子们的生活入手，顺应孩子的兴趣和天性，我们以不同领域的融合为手段，让孩子们对大自然中的燕子产生更多的喜爱之情，从而萌发爱护小动物的情感、热爱大自然的情怀，让孩子们在动手、动口、动脑中建构新经验。

从情感的培养角度，"留还是不留"，"设计大便收集器"等活动的开展，在关爱小燕子的情感线推动下，很好地结合了语言、科学、数学等多个领域，始终围绕小燕子这个话题，引导孩子走近小燕子、了解小燕子，最终和小燕子和谐相处。

但在项目开展中也存在着一些不足之处，在设计大便收集器的过程中，孩子们的设计是创意十足，但是实用性不强。最后，选择用最简单的方式，木板支架上面放一个小盆子。在下次开展类似的活动时，可以引导孩子们在设计前考虑一些问题。什么是小燕子喜欢并且能接受的？设计的大便收集器会不会影响燕子飞进飞出？如果在开始设计前，引导孩子们思考什么样的装置适合小燕子，那最后的设计图就会更有针对性。给对方最适合的，而不是自己喜欢的，设身处地为他们着想，这才是真正的关爱情感。

第十章

探究性课程——和谐的社会

第一节　主题说明、主题目标、探究特点

一、主题说明

社会是人与人、人与环境形成的关系的总和。科学技术是人们认识世界、改造世界的强大武器。科学技术的发展给人类社会和自然界打上了深深的印记。它也是促进人与自然和谐发展的有效途径。

和为贵，谐为美。自古以来，和谐是一个神秘又引人注目的话题。和谐的社会则是人与人之间诚信友爱，温暖互助，充满秩序和活力；人与自然和谐相处，科学技术发展，生态平衡，人们的生活幸福美满，呈现出一种共同发展的状态。

处于学前期的幼儿，乐意关注事物现象背后的发展过程，如对生活中常见的物品，一张桌子、一座亭子，他们会好奇这是用什么工具，怎么做出来的。他们也开始尝试制作一些简单的工具，体验着创造的乐趣；他们还喜欢自己设计小木屋，借助小工具，用各种材料进行实验，为流浪的小猫小狗送去温暖，用自己的行动做一些力所能及的事情，在创作与实践中体验着成功的乐趣和帮助他人的快乐！

《3—6岁儿童学习与发展指南》指出，引导幼儿关注和了解自然、科技产品与人们生活的密切关系，逐渐懂得热爱、尊重、保护自然。我们应支持、鼓励并积极为幼儿创设一个主动、独立、亲身体验的探究式学习氛围，帮助幼儿获得有利于身心发展的新经验，支持幼儿用自己的行

动，表达对自然的尊重和保护，从而发现身边的事物美好。鼓励幼儿带着好奇和疑问走近身边的科技，通过采访互动的形式了解它的过去、现在，让幼儿尝试用各种简单的工具，能有计划地进行设计与创造，乐意服务身边人。在这个过程中，让幼儿感受到创造的乐趣，体验技术带给人们的便利，体悟一代又一代中国人的智慧和勤劳，从而乐意用感恩的心对待身边的每一样事物，体验和谐的美好。

二、主题目标

(一)主题目标

"和谐的社会"主题活动的主题目标主要是帮助幼儿对生活中美好的事物产生探究的兴趣；学会寻找、发现生活中美好的事物，能用多种方式表达自己的发现和感受；能感知美好的事物与人们生活之间的关系，尝试用各种简单的工具，有计划地进行设计与创造，乐意服务身边人，做一个善良、有爱的人。

(二)各年龄段目标

"和谐的社会"主题活动针对幼儿园各年龄阶段的幼儿又有着不同的目标要求。它要求中班幼儿学会寻找美好、发现美好的事物，了解身边的人对自己的关爱和帮助，能用简单的语言、行动表达自己对身边人的爱，尝试设计、制作各种能给身边的人和事提供方便的物品；要求大班幼儿学会关心生活中的人和事，懂得美好的生活离不开人们的辛苦付出，理解、尊重他人的劳动成果，萌发感恩之心，并以力所能及的行动进行回报，学会发现事物的发展规律，乐意大胆想象、设计与制作，创造心中的小美好。

三、探究特点

(一)善于发现美好的事物

幼儿的探究通过直观的感知来了解，用手去摸，用眼睛去看，用耳朵去听，从而正确认识事物、看待问题。在幼儿生活的环境中，客观事物以多种多样的形式存在，如身边的好人好事，奇妙富有创意的七巧书，宁波有名的红帮裁缝等。这就需要教师充分运用身边的资源，让幼儿带着好奇和疑问走近他们。如走近袁松才爷爷，在采访中，孩子们好奇袁爷爷为什么一直做木工、做好事、修建那么多的亭子。一方面，孩子自然而然地佩服袁爷爷的本领，另一方面，对袁爷爷的好人事迹表示钦佩，感悟着袁爷爷身上所具有的精神和他的良好品质，从而萌发由内而外地喜欢袁爷爷的情感。

（二）乐意用行动表达美好

幼儿表达喜欢的方式是最直观的，他们因为担心幼儿园树林里的小鸟会太冷，为它们设计鸟窝，制作鸟窝。他们的想法特别，甚至天马行空，虽然不一定能真正实现，但是他们会因为这样的一个想法，主动采访、积极调查，在过程中发现原来袁爷爷做木工的工具也是各种各样的，以前的工具和现在的工具都是不同的，现在的工具做起木工来更方便，从中发现科技的力量。过程的体验是幼儿主动获得新经验的过程，也最能表达幼儿向善的美好之情。

幼儿就是这样带着问题，自主探究，在交流分享中解决问题，在动手操作中发展能力，获得快乐与美好的情感体验。因此，教育需要我们创造机会让幼儿走进和谐社会中的好人好事，走进每一个感人的故事，感悟好人们身上所具有的良好品质带给社会的影响。让幼儿自己用眼睛去看，用耳朵去听，用心灵去感受，从而在自己的心中培植一颗感恩的心，乐意用友善对待身边的每一个人、每一件事，去感受人与人、人与自然、人与社会的关系，呵护好善良的萌芽，对待世界、对待社会。我们每一位教育者也会随幼儿一起成长，生命将得到滋润。

第二节　活动案例

一、中国好人袁松才

（一）项目说明

1. 问题驱动：追随儿童的学习兴趣

在日湖游学活动时，孩子们看到日湖广场上展览着一块块显眼的宣传版块，并走近细看。孩子们开始询问："为什么要把这些人的照片放在这里啊？"有的孩子说："他们都是好人！你看这里写着'好人'两个字。"在讨论中，大家的目光聚焦在了"中国好人榜"上袁松才爷爷的身上，他是一个从 15 岁起就开始做木工的老匠人，生活在江北，人们称赞他为"愚公"，他的身上有许多平凡却不平淡的故事。

孩子们对这位袁爷爷充满好奇：为什么叫这位爷爷"愚公"呢？袁爷爷会做哪些木工？袁爷爷几岁开始做木工的？爷爷还做了哪些好事？……带着这份好奇，孩子们萌发了想认识这位"好人袁爷爷"的想法。就这样，我们开启了采访袁爷爷的行动之旅。

2. 项目价值：甄别适宜儿童的学习内容

这个项目活动的资源是属于园外的社会资源，类似这样的课程资源，为孩子们的主动探究与学习搭建了更广阔的平台。《3—6 岁儿童学习与发展指南》指出："幼儿主要是通过在实际生活和活动中，积累有关经验、获得体验来学习的，教师要注意通过环境影响和感染幼儿。"考虑到大班幼儿社会性发展具有情境性、模仿性、从他性的特点，并从不稳定向稳定逐步发展。走进好人袁松才，能让幼儿从生活出发，了解身边的好人好事，通过语言的交流、行为的实践、艺术的表达与创想获得新经验。追寻袁爷爷的事迹，连接幼儿在社会与生活之间的密切关系，从而乐意学做像爷爷一样的好人，初步懂得感恩自己的亲人，感恩身边人，感恩一切的美好，使社会领域的学习真正从生活出发，回归幼儿生活，为每一个幼儿的发展提供最有效的支持和保障。

(二)项目生成

1. 项目活动目标

第一，寻找身边的好人，感受美好的故事和情感。

第二，走进袁爷爷，聆听爷爷的故事，并尝试用各种方式表达自己的想法与发现，体会做好人的快乐。

第三，学习爷爷好榜样，萌发感恩意识，懂得感恩身边的人。

2. 项目活动框架

针对此次活动，我们设计了如图 10-1 所示的活动框架图。

1.教学活动：九只鸟的故事（语言）

2.游戏活动：我们来做鸟窝（艺术、科学）

3.教学活动：我为小动物造家（社会、艺术）

4.教学活动：亭子的力量（科学）

5.游戏活动：生活小创客（科学）

6.节日活动：义卖活动

……

1.亲子活动：采访袁爷爷

2.教学活动：愚公移山（语言）

3.教学活动：爷爷的故事（语言）

4.教学活动：锯子大探秘（科学、社会）

5.教学活动：鲁班的故事（语言）

爷爷的好人故事

我学爷爷好榜样

我与袁爷爷在一起

爷爷本领大

1.教学活动：夸夸袁爷爷（社会）

2.游学活动：游步道采风（社会）

3.游戏活动：各种各样的亭子（科学、艺术）

4.教学活动：爷爷的木工工具（科学）

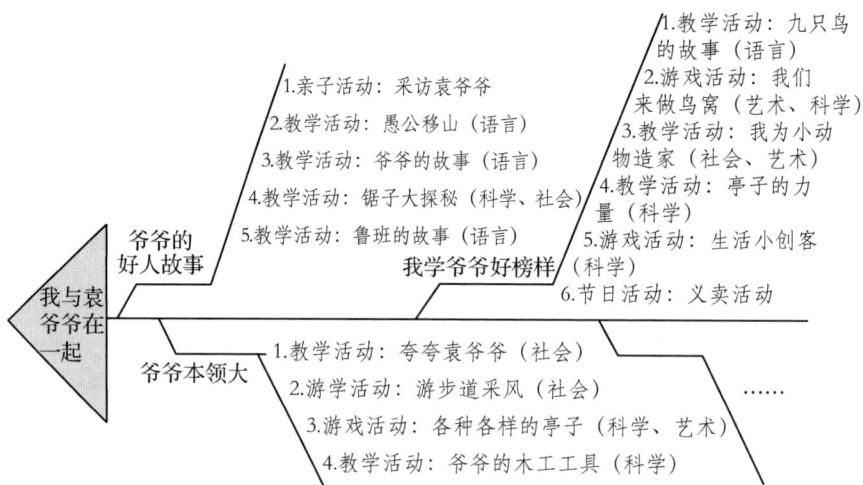

图 10-1 "我与袁爷爷在一起"的活动框架图

3. 项目活动内容

（1）主题活动

表 10-1 "中国好人袁松才"主题活动一览表

主题展开思路	活动名称	活动目标	侧重领域与涉及领域	活动场地	实施途径
爷爷的好人故事	好人调查活动	了解好人的含义；乐意积极参与调查活动，寻找身边的好人。	社会 语言	家庭	小组学习
	采访袁爷爷	通过采访爷爷，了解爷爷的好人故事，并记录自己的想法。	健康 社会	园外	小组学习
	愚公移山的故事	了解故事内容，乐意表达自己的想法；懂得坚持做一件事情的恒心和毅力很重要。	语言 社会	幼儿园	集体学习
	鲁班的故事	了解锯子的由来；知道遇到问题要多思考，大胆表述自己的发现。	语言 科学	幼儿园	集体学习
	锯子大探秘	发现锯子的秘密，乐意观察，尝试创意小制作。	科学 艺术	幼儿园	小组学习

主题展开思路	活动名称	活动目标	侧重领域与涉及领域	活动场地	实施途径
爷爷本领大	游步道采风记	用自己的方式记录爷爷修建的游步道的故事；游步道的过去、现在和将来创想。	艺术 社会	园外	小组学习
	木工工具	了解爷爷做好事的工具，发现工具的奇妙。	科学 语言	幼儿园	集体学习
	各种各样的亭子	发现爷爷造的亭子多种多样，能用多种方式记录亭子的秘密，发现亭子的作用。	科学 艺术	幼儿园	集体学习
	夸一夸爷爷	了解爷爷做木工的本领，尝试进行歌词改编，加深敬爱爷爷的情感。	艺术 语言	幼儿园	集体学习
我学爷爷好榜样	九只鸟的故事	了解故事内容，感受人与自然的和谐关系。	语言 科学	幼儿园	集体学习
	我们也来做鸟窝	尝试设计鸟窝结构图，为小鸟建造美丽的家园，体悟人与自然的和谐关系。	艺术 科学	幼儿园	个别学习
	亭子的力量	尝试用各种材料制作小亭子，探索亭子的承重力；乐意与同伴合作游戏，体验成功的喜悦。	科学 艺术	幼儿园	集体学习
	义卖策划行动	能用调查的方式了解身边需要帮助的人，学会用统计的方式记录义卖的物品。	社会 艺术	幼儿园	个别学习
	生活小创客	尝试设计有特殊功能的亭子，乐意大胆表达。	科学 艺术	幼儿园	个别学习
	爱心义卖	通过用力所能及的行动为需要帮助的人献出自己的一份爱心。	社会 健康	幼儿园	个别学习

（2）区域活动

①语言区

A. 巧手工匠鲁班

——活动需要的材料：

《鲁班造锯》故事图片，自然生命科学图书，记号笔、水彩笔，白纸，录音笔。

——可能引发的活动：

a. 故事《鲁班造锯》以图片的方式张贴在语言区，启发幼儿观察画面，尝试讲述故事。

b. 发现动植物的外形特征、特殊本领在日常生活中的迁移运用。

c. 尝试创编"现代小鲁班"的故事。

——对教师指导的建议：

a. 引导幼儿细心观察画面。

b. 用录音笔将幼儿创编的"现代小鲁班"的故事记录下来。

B. 游步道的变化

——活动需要的材料：

游步道过去的和现在的图片，记号笔、水彩笔，白纸，录音笔，万能工匠、积木、乐高等建构材料。

——可能引发的活动：

a. 根据游步道过去的和现在的图片，幼儿讲述游步道发生的变化。

b. 幼儿自主设计我心目中游步道的样子。

c. 幼儿根据自己的设计图用万能工匠、积木、乐高等搭建游步道。

d. 幼儿扮演"导游"，为游客介绍游步道的变化以及未来的设想。

——对教师指导的建议：

a. 聆听幼儿设计的游步道想法。

b. 用录音笔将幼儿介绍"游步道变化"的故事记录下来。

②表演区

A. 老爷爷与九只鸟

——活动需要的材料：

老爷爷、小鸟等皮影道具，白色幕布，手电筒，故事背景音乐等。

——可能引发的活动：

a. 根据情节协商有什么角色，并协商分配角色。

b. 创造性地改编故事的部分情节。

——对教师指导的建议：

a. 幼儿在活动前对《九只鸟的故事》有一定的了解。

b. 与幼儿一起商量故事情节及角色分配。

c. 引导幼儿根据故事情节使用简单的道具。

B. 感恩的心

——活动需要的材料：

音乐《感恩的心》

——可能引发的活动：

a. 与伙伴一起演唱《感恩的心》。

b. 根据歌词内容，用肢体表达，创编优美的动作。

——对教师指导的建议：

a. 教师对幼儿的表现及时给予肯定，鼓励幼儿大胆表达。

b. 鼓励幼儿向同伴表演歌舞时，充分展现自信的魅力。

③美工区

A. 各种各样的亭子

——活动需要的材料：

一次性筷子；白胶、颜料、超轻黏土等各种操作材料。

——可能引发的活动：

a. 观察、了解亭子的建筑特点，自主设计亭子。

b. 尝试为亭子取名。

——对教师指导的建议：

a. 在活动开展前分享袁松才老爷爷建造的亭子，每一座亭子都有自己名字的由来故事。如观海亭可以从亭子处遥望看见镇海；孔雀长廊曾经生活着两只野生的孔雀等。

b. 和幼儿共同商讨需要投放的材料。

c. 鼓励幼儿大胆创想亭子的多功能。

B. 最棒的鸟窝

——活动需要的材料：

鸟窝的图片；树枝、毛线、棉花、卡纸、冰棒棍等材料。

——可能引发的活动：

a. 了解鸟窝的作用，自主设计鸟窝的图纸。

b. 根据自己设计的鸟窝图，选择适合的材料和工具，动手制作鸟窝。

——对教师指导的建议：

a. 活动前和幼儿分享绘本故事《最棒的鸟窝》。

b. 和幼儿共同商讨需要投放的材料，根据幼儿的需求进行投放。

c. 鼓励幼儿大胆地运用绘画、泥塑、手工等不同方式进行创作，体验艺术创作的乐趣。

C. 冬日里的暖窝

——活动需要的材料：

泡沫箱，胶带纸，旧衣服或者软垫，防水袋等各种材料；榔头，木板等材料；记号笔，白纸。

——可能引发的活动：

a. 对身边的流浪小猫进行了解，并对它们的窝需要具备什么条件进行讨论。

b. 自主为流浪小猫设计适宜的窝，选择适合的材料和工具来制作窝。如泡沫箱用防水的材料包裹起来；用木板拼接制作等。

c. 将制作完成的窝放到幼儿园及幼儿园周边的公园。

——对教师指导的建议：

a. 在活动进行前和幼儿分享绘本故事《一只流浪狗的幸福生活》。

b. 和幼儿共同商讨需要投放的材料，根据幼儿的需求进行投放。

c. 鼓励幼儿发挥想象，体验艺术创作的乐趣。

④科学区

A. 亭子和宝塔

——活动需要的材料：

展示各种亭子和塔的模型、图片；记号笔，观察记录表等。

——可能引发的活动：

a. 观察各种各样亭子和塔的模型及图片，将塔和亭子进行对比，用记录的方式呈现亭子与塔的不同。

b. 鼓励幼儿创作自己喜欢的亭子或塔。

——对教师指导的建议：

a. 对幼儿的活动要及时进行肯定。

b. 和幼儿一起探索发现，将幼儿的发现、创作用展板总结展出。

B. 亭子的测量

——活动需要的材料：

长短不一的工具，如毛线、彩带、小棒等；记号笔、测量记录表等；孩子们自制的亭子。

——可能引发的活动：

尝试利用各种工具来测量亭子的高度，探索正确的测量方法。

——对教师指导的建议：

a. 引导幼儿仔细观察，选用合适的工具进行测量。

b. 鼓励幼儿分享自己的发现。

C. 我们的游步道测量

——活动需要的材料：

长短不一的工具，如毛线、彩带、小棒等；记号笔、测量记录表等；孩子们已经搭建好的游步道。

——可能引发的活动：

a. 尝试利用各种工具测量自建的游步道长度。

b. 寻找最适合用来测量游步道的工具。

——对教师指导的建议：

引导幼儿运用首尾相接的方法测量。

(3)主题墙

①爷爷的好人故事

将孩子们对袁爷爷因好奇而提出的问题进行呈现，并进行饼状图分析，将孩子们最感兴趣的问题进行罗列；收集关于袁爷爷的各种故事；用调查访问表的方式记录孩子们收获的信息。

②爷爷本领大

用绘画的方式记录爷爷的本领。将爷爷造亭子的工具分类，并记录下自己的发现。将收集的工具图与它在生活中的用途，采用搭配互动贴的方式呈现。把爷爷造的亭子和修建的游步道用照片的方式张贴。展现一幅大爱心图——把我们可以做的力所能及的好事用图画的方式记录下来。

③我学爷爷好榜样

用思维导图的方式呈现：我们要帮助的人—我们的义卖计划—我们在行动三个板块，将孩子们参与义卖的整个过程用图文结合的方式呈现。

（三）实践探究

1. 问题式推进——游学探秘

大班幼儿能有针对性地根据感兴趣的事物进行持续探究，这就让孩子们的第一次游学变得更有目的。第一次与爷爷见面，孩子们七嘴八舌地开始采访，有问不完的为什么！"爷爷几岁开始做木工的？爷爷木工做了几年了？爷爷做好事，建造了多少亭子啊？爷爷造亭子辛苦吗？为什么要造那么多亭子啊？造亭子需要哪些工具呢?"爷爷一一向孩子们解答着："我已经做了56年的木工啦！""我觉得做自己喜欢的事情就不辛苦！""造那么多的亭子是为了让爬山的人可以在那里好好休息啊！"孩子们听着爷爷耐心的解答不禁发出"哇""啊"的声音。这位袁爷爷做了56年的木工，修建了15个亭子，爷爷还将自己修建的15个亭子的照片送给孩子们。短短的半天时间，袁爷爷瞬间成了孩子们心中的偶像。就这样，开启了"走近袁爷爷"的活动之旅。

回园之后，孩子们继续与小伙伴们分享着袁爷爷的故事，特别是对爷爷送的15个亭子图，充满了兴趣。

班级里掀起了"探亭子"的热潮。开展了"亭子大探秘""我设计的亭子""亭子的故事"等系列活动，教师则追随儿童的兴趣和需求，支持他们多途径的表达。

在班级的区域里，孩子们设计我的木工计划书，学爷爷设计各种各样的亭子，用木工制作小亭子活动；多功能亭子大创意等活动。孩子们设计的跳舞亭，登高望远亭，阁楼亭……充满着无限想象。孩子们在说说议议、敲敲打打中感受着创造的无限乐趣，更增进了对爷爷的钦佩之情。

2. 体验式推进——邀请互动

幼儿的学习需要直观的体验，真实的生活场景有助于推动幼儿的主动探索。这一次孩子们想请爷爷到幼儿园来做客，于是，孩子们讨论：用什么样的方式邀请爷爷来幼儿园，怎么样告诉爷爷我们幼儿园的位置，这样爷爷不会迷路？孩子们分组讨论，设计了邀请帖，画幼儿园的地图。从孩子们的热情可以看到，孩子们对爷爷充满了爱。

幼儿在社会领域的学习是一个潜移默化的过程，用身边这样一个袁爷爷的榜样人物，能让孩子真切、直观地感受到"好人袁爷爷"身上的品质。

这一次见面，爷爷还带来了一种神奇的植物——带锯齿的植物，他给孩子们讲述了"鲁班造锯"的故事。现场为孩子们演示了锯的使用方法，袁爷爷还说："现在的科技越来越发达了，用的是电锯，可以切割不同大小的木头，一下子就完成了!"爷爷建造亭子时用的就是电锯，速度可快了! 爷爷还说："在山上建造亭子会遇到很多的困难，但是我相信办法总比困难多!"

袁爷爷用最朴实的语言讲述着自己故事，深深打动着孩子们。让孩子们看到了不一样的爷爷，原来袁爷爷真有学问，也像鲁班一样，遇到事情会思考，就会发现大奥秘呢!"我们也要学爷爷一样，做一个会动脑筋，不怕困难的人。"孩子们不由自主地产生了这样的意愿和想法。

从这次请进来的活动，我们能感受到袁爷爷带给孩子们的影响远远比我们所预料的要深远，孩子们又一次惊叹袁爷爷的聪明与智慧。

于是，孩子们的小创客开启了。孩子们开始寻找，生活中有没有遇到这样那样的小麻烦，也需要我们来做一个小小发明家呢? 通过调查问卷，收集了许多生活中的小麻烦，然后小组开始大讨论，通过查找资料，组内交流分享，寻找解决问题的好办法。比如，有孩子说："我爸爸戴着眼镜在吃热乎乎的面条时，会遇上大麻烦，热气会把镜片糊掉，爸爸不得不摘下眼镜，要是在眼镜上安装一个自动雨刮器那该多好!"其中有一个孩子说："爷爷造的亭子，是不是也可以有多功能的啊?"这个提议，引起了大家的认同，于是多功能亭子的设计和创意开始了! 孩子们设计了会自动提供茶水的亭子，有彩虹观光亭，有鸟窝的高塔亭子，这样可以听着鸟叫声，欣赏风景等诸如此类的小创客大智慧，孩子们讨论着、行动着，在建构区里、美工区孩子们开始忙碌着，他们合作着、动手制作着实现自己的想法。并在幼儿园里开展一场"我的小创客"展览活动，通过制作邀请函，分配角色争当解说员，向幼儿园里的小伙伴们分享着自己的创意金点子，体悟着被认可的喜悦。

3. 作品式推进——搭建有效连接

有意识地在语言区投放一些关于好人好事的文学作品、绘本，让孩子们将美好的儿童文学与真实生活建立经验连接。孩子们对《九只鸟的故事》产生了特别的兴趣，他们觉得为小鸟做鸟窝的老爷爷，应该就是袁爷爷吧! 因为这位爷爷跟袁爷爷一样住在山里，还会做木工，而且他也是一个好人呢!

不难发现，孩子们已经把袁爷爷的精神不知不觉地烙印在心底，并自主唤起了对袁爷爷的崇拜和热爱之情。于是，鸟窝制作活动开启了！

孩子们设计了各种各样的鸟窝制作计划，通过小组合作搜集所需要的材料，在班级区域里用不同方式表现着自己心目中的鸟窝。建构小组、美工小组、木工小组，大家沉浸在鸟窝制作的活动里。其中，木工组的幼儿遇到了将平面的木块搭建成立方体的困难，这是一个关于立体图形的关键经验，对于大班幼儿而言，教师如何助推幼儿建立立体图形的经验呢？于是，我们鼓励幼儿先观察一块正方体的积木，并将图形的每一个面印画在硬板纸上，由此来发现立体图形与平面图形的关系。通过这样经验迁移的方式，木制鸟窝搭建的难点也解决了。幼儿的学习就是需要教师的等待与适时的支持，在自然的情景中发生，在生活的场景中积累，从而更好地回归生活。

最后，孩子们将亲手设计制作的鸟窝，放在幼儿园前操场的小树上，后操场的小树林，为公园里的流浪猫送去温暖的家，让这个寒冷的冬季变温暖了。

在整个过程中，在幼儿的问题驱动下，教师追随着幼儿的兴趣，提供适宜的支持，孩子们在交流分享、合作互助、想象表达、操作实践中获得新经验，建构新经验，体验"鸟窝活动的快乐"，体悟赠人玫瑰，手留余香的幸福。

孩子们在袁爷爷的影响下，正在不知不觉传递着自己的爱，从对身边的弟弟、妹妹的爱开始蔓延，对公园里的流浪小猫的关心，对身边人的关心，发现生活中的温暖，感悟生活中的各种幸福。这就是回归幼儿生活的学习吧！这更是激发幼儿内心深处以善为本的萌芽。

4. 活动媒介推进——爱心传递在行动

幼儿的社会情感的迁移与培养需要在实践中论证，这就可以借助幼儿园的各种活动或是节日活动展开。正值江北区与贵州册亨葛家坝中心幼儿园结对时期，于是，孩子们想到了在春节到来之际，能为那里的小朋友献上新年礼物。有孩子提议为那里的小朋友捐礼物，有的孩子说直接捐钱，也有孩子觉得应该要用自己的劳动去换取捐款的东西，就像我们的袁爷爷一样，于是孩子们的讨论大会开始了。

孩子们为爱心义卖收集点子、做策划、设计海报，义卖商品包装，宣传活动，推选最佳售货员……大家分工合作，有序进行，把家里的图书、玩具拿来，用手工制作工艺品等多种方式进行爱心义卖，最后将义卖所得的收入，全都用于图书的购买，将爱心书籍寄到远在贵州的小朋友。孩子们就是在这样的真实情境中，发现问题、解决问题，获得经验，感受着帮助他人的快乐。

此时，我们深深地感受到袁爷爷在孩子们心中的位置，就像一个指明灯无时无刻不在指引着孩子们，这种潜移默化的影响，助推着孩子形成良好的品格。这时，无须教师用过多的语言暗示，就能发现孩子们在活动中专注的眼神，积极的状态。

在这暖暖的冬日，孩子们用自己的行动诠释着爱的味道，让新年成为更加温馨传递爱表达爱的节日。"从小事起，从我开始，将爱传递"，在这个寒冷的冬天化身为"爱心小太阳"传递爱的热量，让身边的人在这个寒冷的冬日感受到如阳光般温暖的关怀。

相信这暖冬之爱会长留在孩子们的幼小心灵之中，因为有爱，他们会在暖暖的爱中微笑成长，因为有爱，未来的日子里他们会把爱传递给身边的每一个人。

5. 活动反思

在走进袁爷爷的一系列活动中，我们共同感受着袁爷爷身上所具有的好人品质，孩子们在与爷爷的互动中，带着问题去探索，带着思考去发现，用画笔记录着美好，记录着发现，用行动践行着力所能及的好事，感受袁爷爷的辛苦和袁爷爷的精神。在活动推进过程中，有以下亮点。

(1)发现真问题，支持真探究

走进袁爷爷的项目活动，通过追随幼儿感兴趣的话题，寻找好人袁爷爷的活动。合理运用了"袁爷爷"这样一个人文资源，在与袁爷爷的一次次互动中，最大限度地激发幼儿学习的主动性和自觉性。教师及时发现孩子并支持儿童的问题，为每个幼儿的探究及时提供多样的活动类型和多种材料，幼儿在与同伴商量、讨论中决定玩什么、和谁玩、怎样玩、因什么玩，从而积极地与同伴、玩具、材料互动，调动他们全部的智慧，去探索、去发现、去尝试，并有效地去同化外部世界，建构新经验。

(2)体现真自主，突显真合作

"我和袁爷爷在一起"的课程推进中，活动的空间是开放的，不仅仅局限在幼儿园里，通过走出去，请进来等多种方式，拓展了幼儿学习的空间。教师为幼儿创设了与生活中的人、事、物积极互动、自主探索、自由表达的机会，在新经验的建构中获得多元发展，助推着幼儿的深度学习。

(3)传递真情感，助力真成长

活动开展中，由开始时部分幼儿的兴趣到后来带动了全班幼儿对袁爷爷的关注，这说明爱是会悄悄传递的。在与袁爷爷的一次次交流互动中，孩子们聆听着爷爷的故事，体悟着袁爷爷这个好人身上的能量。宽松的氛围，真实的情感，滋长了孩子们对袁爷爷发自内心的崇拜和热爱，更推动了孩子们在活动中的积极投入的状态，引发了幼儿的自觉学习，在不断探索、实践中获得对"好人"概念的经验建构，再用他们自己的行动，表达对大自然、身边事物的关爱情感，展现出一个五彩缤纷的充满爱的童心世界。

在"走进袁爷爷"的课程实践中，社会情感发展为隐性线索，助推着幼儿的主动学习与发现，大胆探索与表达，感受着生活的美好。我们在课程实践中，能够较敏感地捕捉幼儿感兴趣的问题，进行识别，并及时的给予支持和引导，建构幼儿的新经验，我们与幼儿共同收获着美好的感动与惊喜。

二、宁波帮鼻祖严信厚

(一)项目说明

1. 缘起

本项目活动最初是在幼儿园开展的游学活动"走访宁波帮博物馆"中引发的。作为一座城市的人文博物馆，宁波帮博物馆主建筑群为"甬"字形结构，玻璃廊道结合水街长庭的"时光甬道"，从北向南贯穿整个建筑群，各展厅间隔着玻璃竹院与"甬道"相接。

就在这里，孩子们惊喜地发现了一座石像，周边的介绍牌上，写下了他数不清的丰功伟绩，他竟是我们的宁波江北人——严信厚爷爷。

2. 课程开展的价值分析

(1)对"鼻祖严信厚"的探究价值分析

在宁波，有这样一位了不起的人，他被我们宁波人所钦佩、崇拜，口耳相传代代称赞。他就是传统儒学教化下的宁波商帮第一人——严信厚。他以血缘姻亲和地缘乡谊为纽带，秉承职业操守，顺应时势，把握商机，完成近代转型，不仅创办近代中国第一批工厂，而且参与创办近代中国第一家银行和第一个商会。与此同时，他更是以其朴实无华的为人、坦率直言的秉性、踏实勤恳的作风，声名鹊起，成为宁波人的骄傲。除此之外，严信厚还热心于大量的慈善公益事业，曾捐巨资助建塘沽铁路、宁波铁路，捐建了许许多多的学堂和义塾，还筹建宁波新式学堂——储才学堂(现宁波中学前身)。

严信厚不仅仅是一个成功的商人，还是一个多才多艺的才子，他能写会画，其父严恒将七巧图及书法艺术巧妙加以结合，发挥想象进行离合变化，科学拼成 1~10 画简明常用字，计 550 式字体，令人赞叹不绝。

严信厚带给我们的，不仅仅是对宁波的贡献，更是那份善心善行，以及用实际行动诠释着最朴素的民族观、宁波情。对幼儿来说，走进宁波帮博物馆，是一个很有意义的活动，他们能够追寻严信厚的足迹，了解严信厚经商时的智慧与果敢，敬佩他带领宁波帮人士在商界开疆拓土的勇气和信心，感受他心系桑梓的大爱胸怀，乐善好施的美德以及对社会公益事业的热心。通过走进宁波帮博物馆，走进严信厚，可以引导孩子在心中树立起榜样的力量，燃起向伟人学习的信念，感受这份来自社会以及身边人的美好。

(2)对资源的分析

宁波帮博物馆中记载了大量关于严信厚的资料，孩子们通过走进博物馆，就能够更好地了解严信厚的事迹。其次，严信厚的故居正处于江北区杨善路 1 号——宁波老外滩中，老外滩是孩子们比较熟悉的地方，距离幼儿园较近，便于孩子们参观、走访，更深入地寻找严信厚的足迹。

(二)项目生成

"宁波帮鼻祖严信厚"项目活动可以开展哪些活动呢？从一开始的走进宁波帮博物馆、发现了不起的宁波人严信厚爷爷，我们跟随着孩子的兴趣，与孩子一起走进严信厚爷爷，发现他的点点滴滴。我们和孩子们一起调查、分析、整理着，共预设了两个板块的活动："探"严信厚的足迹和"享"严信厚的事迹，并设计了活动目标、活动框架及主题活动内容、区域活动内容和主题墙的活动轨迹呈现等。由此让孩子们能够更深入地走进严信厚爷爷，了解他对社会的伟大贡献，萌发身为宁波人的自豪感。

1. 项目活动目标

(1)通过走进宁波帮博物馆，走访故居、亲子调查等途径，了解严信厚，了解宁波帮对宁波做出的贡献。

(2)感受严信厚用自己的双手为社会创造的美好，对自己的家乡和好人产生崇敬之情。

(3)用自己的方式来表现，向严信厚学习，学做好人。

2. 项目活动框架

针对此次活动，我们设计了如图 10-2 所示的活动框架图。

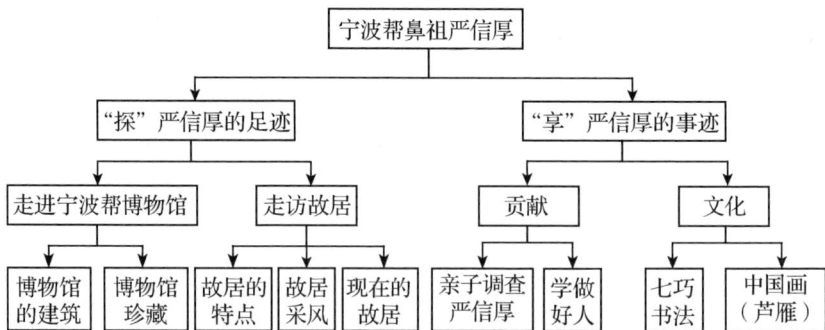

图 10-2 "宁波帮鼻祖严信厚"活动框架图

3. 项目活动内容

(1)主题活动

表 10-2 "宁波帮鼻祖严信厚"主题活动一览表

主题展开思路	活动名称	活动目标	侧重领域与涉及领域	活动场地
探足迹	严爷爷亲子调查	初步了解严爷爷；积极参与亲子调查活动。	语言 社会	家庭
	严爷爷的家	了解严爷爷的故居，知道严爷爷故居的特点。	社会 语言	幼儿园
	博物馆的建筑	发现博物馆建筑的形状、数量、颜色等特征，并大胆表述。	科学 语言	幼儿园
	博物馆里的宝贝	发现博物馆里的珍藏物品，学会自己观察特点，并与同伴相互交流。	科学 语言	幼儿园
	走进爷爷的家	通过走访爷爷故居，实践了解严爷爷故居的历史文化和特点。	社会 语言 艺术	幼儿园
	爷爷的家真美丽	观察严爷爷家颜色、形状等特征，画一画严爷爷的家。	艺术 社会 科学	幼儿园

主题展开思路	活动名称	活动目标	侧重领域与涉及领域	活动场地
享事迹	我学爷爷做好事	了解好人的定义；乐意积极学爷爷做好事，并寻找身边的好人。	社会 语言	幼儿园
	神奇的盐	观察发现盐的特点；实践操作盐溶于水会增加浮力的现象。	科学 语言	幼儿园
	认识算盘	认识、了解钱币的演变，学习一些简单的算盘操作。	科学 艺术	幼儿园
	我来说说严爷爷	了解严爷爷的各种事迹，并用语言大胆表述。	语言 社会	幼儿园
	画芦雁	观察严爷爷画的芦雁的特征，并大胆尝试自己创作。	艺术 语言 科学	幼儿园
享事迹	各种各样的动物	尝试用七巧板拼出各种各样的动物图形，感受七巧板的神奇。	艺术 科学 语言	幼儿园
	七巧书法	观察七巧书法的特点，愿意与同伴共同大胆创作。	艺术 社会	幼儿园
	感恩的心	知道严爷爷的伟大，愿意用肢体语言表达对严爷爷的爱。	艺术 健康 社会	幼儿园

(2)区域活动

①语言区

严爷爷的故事我来说

——活动需要的材料：

严信厚的读物、宁波帮博物馆的照片资料等。

——可能引发的活动：

a. 请幼儿说说看了严信厚爷爷的资料读物有什么感触；觉得严信厚爷爷是一个怎样的人；严信厚爷爷为我们宁波帮做了多大的贡献；我们应该怎样向严信厚爷爷学习。

b."走进宁波帮博物馆"以图文方式张贴在语言区，启发幼儿边讲故事边演绎。

——对教师指导的建议：

a. 投放多种资料图文，引导并鼓励幼儿说一说人物故事。

b. 共同制作故事影像中出现的物品等。

②表演区

情景剧——宁波帮的演变

——活动需要的材料：

各类道具、服饰，故事背景音乐和故事录音等。

——可能引发的活动：

a. 表演区小组成员讨论后进行角色的分配。

b. 用无毒可擦化妆笔为自己或帮助他人进行角色化妆。

c. 道具组成员摆设情景剧场道具。

——对教师指导的建议：

a. 表演前当幼儿化妆或摆设道具遇到困难时予以提醒或帮助。

b. 幼儿利用表演区提供的其他道具和服装，自主创编语言故事并进行故事表演，教师拍摄记录。

③美工区

A. 制作陶泥塑像

——活动需要的材料：

严信厚的人物像；宁波商帮的历史资料图。剪刀、胶水、记号笔、彩纸、树叶、陶泥、泥工板、儿童木刻刀、蜡笔、超轻黏土等材料与工具。

——可能引发的活动：

a. 观察严信厚的人物照片以及宁波商帮的历史资料图，自主选择，通过观察照片绘画出严信厚的人物画像或是宁波商帮画。

b. 自主选择自己喜欢的材料和工具，动手表现。如太空泥或陶泥捏出严信厚像等等。

c. 将绘画制作好的作品进行展示，比如将画像张贴在作品墙上，将陶泥作品放在作品陈列区，供同伴们相互欣赏学习作品。

——对教师指导的建议：

a. 指导和帮助有需要的幼儿初步学习做陶泥时捏、刻、印等方法。

b. 鼓励幼儿运用多种材料进行创作，体验艺术创作的乐趣。

B. 学画七巧书法

——活动需要的材料：

关于七巧书法的资料以及照片、记号笔、水彩笔、油画棒、彩纸等材料。

——可能引发的活动：

a. 观察七巧书法的图片，自主创作七巧书法。幼儿相互讨论，说一说七巧书法的特点。

b. 绘画作品同伴互相欣赏，并交流自己对七巧书法的解读，启发灵感再创造。

——对教师指导的建议：

a. 引导幼儿观察七巧书法的特点。

b. 鼓励幼儿发挥想象，激发幼儿的创作兴趣并大胆自由创作。

④建构区

A. 我学爷爷搭铁路

——活动需要的材料：

记号笔、蜡笔、水彩笔、纸；各式的木头积木、雪花片、聪明棒、管道积木。

——可能引发的活动：

a. 建构区成员讨论如何设计铁路搭建，有哪些功能区及安全措施，并绘制设计图。

b. 按照设计方案选择适合的铁路搭建材料，对基座进行较牢固的搭建。

——对教师指导的建议：

a. 对幼儿搭建铁路进行指导。

b. 将幼儿的设计图放在建构区墙面张贴，老师记录大家感受到的实际建构困难，并将解决方案记录张贴，同伴学习。

B. 我是小小工程师——我来扩建宁波帮

——活动需要的材料：

木板、纸制砖头。

——可能引发的活动：

a. 根据宁波帮的造型图纸，讨论如何扩建宁波帮，并画好设计图纸。

b. 同伴间互相合作，探究发现多种多样的组合扩建的方法。

——对教师指导建议：

a. 提醒幼儿在扩建宁波帮的时候，要向四周扩建扩大。

b. 鼓励幼儿自己创作搭建，将大家的作品展示，突出重点特征互相学习。

⑤益智区

七巧板拼搭

——活动需要的材料：

七巧板若干，自制材料，成品图等。

——可能引发的活动：

a. 观察七巧板，发现七巧板的特点。

b. 根据七巧板成品图的拼搭过程，自主学习拼搭七巧板。

c. 大胆创作，拼搭出新的作品。

——对教师指导的建议：

a. 引导幼儿相互合作，共同拼搭七巧板。

b. 鼓励幼儿进行大胆的创作，自由想象，创作出新的作品。

⑥科学区

A. 宁波帮的盐务帮办——奇妙的盐

——活动需要的材料：

盐、白醋、小苏打、搅拌棒，杯子若干，土豆片等。

——可能引发的活动：

a. 根据讲述的故事，观察盐的特点。

b. 幼儿合作操作并观察盐溶解于水会增加浮力的现象。

——对教师指导的建议：

a. 鼓励培养幼儿对探究、操作的兴趣。

b. 引导幼儿进行科学实验操作，注意控制盐的放量。

B. 宁波帮的船只构造

——活动需要的材料：

记录表、记号笔，废旧物品。

——可能引发的活动：

a. 观察了解船只的构造和船只的演变过程。

b. 制作记录表并利用废旧物品制作船只。

c. 完成记录后与同伴相互交流，进行比较讨论。

——对教师指导的建议：

a. 提醒幼儿在制作船只过程中，注意安全。

b. 指导并与幼儿一起讨论制作船只的方法并绘制记录表。

⑦数学区

认识算盘

——活动需要的材料：

算盘、钱币以及演变资料。

——可能引发的活动：

a. 认识、了解钱币的演变，学习一些简单的计算活动。

b. 认识算盘，初步了解算盘的简易操作。

——对教师指导的建议：

a. 对幼儿的学习和操作给予支持、鼓励和肯定。

b. 指导幼儿进一步了解算盘，知道算盘各部分的名称，并初步学会用算盘计数和数数。

（3）主题墙

根据项目进程创设以下几个板块：

①宁波帮鼻祖严信厚

主要介绍严信厚的个人简介和主要事迹。

②宁波帮的演变

让幼儿通过宁波帮的各种资料和图片影像等，了解到宁波帮的转变，了解严信厚不仅创办了近代中国第一批工厂，而且还参与和创办了近代中国第一家银行和第一个商会，除此之外，严信厚还热心于大量的慈善公益事业，曾捐巨资助建塘沽铁路、宁波铁路，捐建了许许多多的学堂和义塾，还筹建了宁波新式学堂——储才学堂(现宁波中学前身)，将宁波帮发展得更加强大。

③宁波帮为社会生活带来的变化

主要展示幼儿对铁路进行搭建，对盐进行研究，对宁波帮船只进行构造的活动轨迹，通过幼儿的亲手实践操作，让他们体会到宁波帮的重要性，以及宁波帮的发展为社会生活带来的巨大变化。

④走进宁波帮博物馆——寻找严信厚

主要让幼儿亲身实践，走进宁波帮博物馆，更加了解宁波帮，也更加深入了解严信厚爷爷，并且萌发一定的自豪感。

(三)实践探究

1.“探”严信厚的足迹

(1)走访故居

当孩子们了解到严信厚老爷爷的故居就在宁波江北后，纷纷表示自己的家也在江北，他们都迫不及待地想去严爷爷的家里瞧瞧。但是，严爷爷的家究竟在哪儿呢？孩子们想出了好办法——不如问一问家中年长的爷爷、奶奶，或者和爸爸、妈妈一起上网查一查资料吧。最终，我们发现，严信厚爷爷的严氏山庄就在宁波著名的老外滩里！

带着迫切的心情，我们再次进行了游学活动，来到杨善路 1 号后，眼前这座饱含着历史和现代气息并存的"美"的建筑，一下子就吸引住了孩子们。"严爷爷的家可真漂亮啊！有一个这么长的圆形露台！""还有好多的窗户呢，而且是木头做成的呀！"……

价值分析：孩子们知道严爷爷的家在江北后，回家纷纷想办法了解故居的位置，当了解到严爷爷的家就在我们熟悉的宁波老外滩时，孩子们非常高兴，他们迫切地期待着能去严爷爷的家中参观。因此，我决定带着孩子们再次进行游学活动。

(2)现在的故居

"可是这里怎么变成咖啡店了呀？"一个声音打破了孩子们的讨论声。"让我们进去看看吧！"孩子们提议道。来到里面后，我们发现如今的严氏山庄已经被三家店铺所分割，分别是星巴克、半岛饭店、哈雷酒吧。虽然内部装潢早已变得时尚洋气，但外立面依旧采用的是一百多年前较为流行的西式巴洛克宫廷建筑风格。

"严爷爷的家里可真大，比我们幼儿园还要大呢！""哇，里面的门上窗户上都有好看的花纹。""还有用石膏装饰的顶棚呢！"

"我妈妈查资料的时候看到，严爷爷的家可是宁波市级文物保护点之一呢！""哇，严爷爷这么厉害，他的家更厉害哦！"回来后，孩子们对严爷爷的故居赞不绝口！对严爷爷的崇拜之情也是更上一层楼呢！

价值分析：孩子们在这次走访故居中惊喜地发现如今的严信厚故居虽然已经变成了咖啡店、饭店和酒吧，但是依旧能看到曾经的风格和样子。听着孩子们赞不绝口的交谈声，我们相信此时此刻，故居拉近了孩子们与严爷爷之间的距离。

2.“享”严信厚的事迹

(1)亲子调查严信厚

“严爷爷还做了什么了不起的事情?”“严爷爷一共做了多少好事情呢?是数也数不清的吗?”孩子们想要了解更多关于严爷爷的事,那就让我们一起来做一个亲子调查,看看谁能和爸爸、妈妈一起了解更多关于严爷爷做的好事吧!孩子们纷纷表示同意,于是,一场关于严爷爷的亲子调查活动就开始了。

孩子们行动着、发现着、记录着,问卷调查收回后,孩子们向同伴介绍起自己和爸爸、妈妈一起找到的新发现:

“严爷爷以前开过很多的钱庄,钱庄里可以换钱可以存钱,所以才有了现在的银行呢!”

“以前的人做衣服都是用棉花手工做,特别的慢,后来严爷爷引进了扎棉花的机器,那速度就快了好多呢!”

“严氏山庄里有42个房间,很多人都去严爷爷的家里念书,严爷爷还捐赠了好多所学校,让小朋友都能上学。”

“我发现严爷爷画画也很厉害呢!他最喜欢画的是芦雁,可漂亮啦!”

“对呀对呀,他的爸爸还用了七巧板和书法结合,创造了七巧书法呢,我也想用七巧板来写字呢!”

活动价值分析:通过亲子调查,孩子们对严爷爷的崇拜之情更上一层楼,用孩子的话来说,严爷爷做的好事数都数不清,说都说不完。通过这次亲子调查活动,孩子们都表示要向严爷爷学习,好好学本领,以后也要成为一个了不起的好人,能够去帮助身边的人,做更多的好事情!

(2)认识七巧书法

亲子调查后,有个孩子对七巧书法特别的感兴趣,他带来了几张严爷爷父亲自创的“七巧书法”的图片。孩子们见到后纷纷表示很惊奇:“哇,这个字里面有三角形、正方形、长方形、菱形……”“这些形状竟然真的能拼成字,严爷爷和他的爸爸都好聪明呀!”“原来这就是七巧书法呀!我们也有七巧板,也能拼出字来吗?”“我好想去试试呀,我已经认识字啦!”

没想到,几张七巧书法的图片激起了孩子们极大的兴趣,我鼓励孩子们动手去试一试,可以用区域里的七巧板模仿严爷爷父亲的作品,也可以自创来拼字。

后　记

　　每一个孩子都是独特的个体，每一本书都有独特的味道。

　　探究性课程在幼儿园"善养童心，水润童年"文化理念的引领下，从蹒跚学步到完整书稿的呈现，每一步都是甬港人用情、用心、用力的深深印记。这一路得益于师幼的共同努力；得益于家长、社会的热心相助；更得益于众多领导、专家、同行的支持、指导与帮助。

　　我们是幸福的，有一批专家始终引领着我们前行。刘占兰、秦元东、王春燕、金感芳、吴晶京、余海军、王秀华、李映凤等专家，全程关注探究性课程，多次莅临我园，走进活动现场，给我们带来了先进的课程理念、科学的研究方法，以及严谨、踏实的治学风格和对幼教事业的责任感、使命感。他们对课程的深刻见解，对课程实践的孜孜不倦激励着我们每一个人，在此，对专家们真诚地说一声谢谢！

　　我们是幸福的，有一帮志同道合的同事。我们研讨、设计、规划，勘察、深入探究，有时倾心聆听，有时为了一个想法争得面红耳赤。我们一起构思、共同探讨，一个个方案从一次次思维碰撞中产生，在各种可能性中坚守着前行的方向，分享着共同成长的喜悦。在此感谢童燕斌老师，和我一起完成书稿整体框架构建、理论篇的文献查找及探究性课程内含的解析与部分撰写工作；感谢陈夏梅老师协助我开展探究性课程的实践推进及项目活动方案的部分撰写与整理工作。感谢袁海萍、葛君萍、戎丹英、乌晶晶、陈徐芬、郑烨、朱虹琳、史倩倩、景佳妮等为代表的骨干教师为此研究贡献的智慧。

　　我们是幸福的，有一群充满好奇心、拥有创造力的孩子，我们一起走进自然、走进社会、走进生活。春天，我们亲手种下种子，细心照顾，感受万物生发的春意。在细雨蒙蒙的日子，聆听鸟儿和雨点的歌声，寻找小蜗牛、小蚯蚓的痕迹。夏天，到户外搭帐篷、过滤水源、自取火源……秋天，收集落叶，研究纹理，制造一场落叶雨。冬天，一起期待一场大雪，享受创意的乐趣……我们一起探寻、一起游戏，用自己的方式发现着大千世界的秘密，建构着对世界的看法，展现着惊人的学习能力与学习激情。

我们是幸福的，因为沉浸在探究性课程中。它日渐丰盈，展现着特有的魅力，深深吸引着每一个甬港人。我们一同追求品质教育的使命与情怀，探索教育改革的智慧与灵性，践行教书育人的爱心与责任。感谢探究性课程带给我们教学生活的丰富和快乐，忙碌与充实。探究性课程期盼着得到同行的参与与指正。

和您一起探究，我们更有活力！

何　妨
2020 年 1 月 9 日